LE COMTE DE COSNAC

(GABRIEL-JULES)

SOUVENIRS
DU RÈGNE
DE LOUIS XIV

TOME PREMIER

SOUVENIRS
DU RÈGNE
DE LOUIS XIV

TOME I

Paris. — Typographie de Ad. Lainé et J. Havard, rue des Saints-Pères, 19.

SOUVENIRS
DU RÈGNE
DE LOUIS XIV

PAR

LE COMTE DE COSNAC

(GABRIEL-JULES)

TOME PREMIER

PARIS

Vᵛᵉ J. RENOUARD, ÉDITEUR

LIBRAIRE DE LA SOCIÉTÉ DE L'HISTOIRE DE FRANCE

6, rue de Tournon, 6

1866

Droits réservés.

INTRODUCTION.

Neque auro, neque argento, sed honore.
(Devise de Cosnac.)

Le succès obtenu par la publication des Mémoires de Daniel de Cosnac, que nous avons faite pour la première fois, en 1852, dans la collection de la Société de l'Histoire de France [1], société à laquelle nous nous honorons d'appartenir, et la préparation d'une seconde édition

[1] *Mémoires de Daniel de Cosnac*, archevêque d'Aix, conseiller du roi en ses conseils, commandeur de l'Ordre du Saint-Esprit, publiés pour la *Société de l'histoire de France*, par le comte Jules de Cosnac. 2 vol. A Paris, chez Jules Renouard, 1852.

de ces Mémoires sont l'origine du livre que nous faisons paraître.

Ces Mémoires étaient jusqu'alors inédits, mais leur existence était connue : le P. Lelong les a signalés dans l'édition de 1768 de la *Bibliothèque de France* continuée par Fevret de Fontette ; Voltaire en a parlé dans sa correspondance ; le président Hénault, dans son *Abrégé chronologique de l'histoire de France*, leur a emprunté le ravissant portrait de la belle et infortunée princesse Henriette d'Angleterre. Les positions diverses qu'avait successivement occupées Daniel de Cosnac, premier gentilhomme de la chambre du prince de Conti, évêque et comte de Valence et de Die, prince de Soyons, conseiller d'État, premier aumônier de Monsieur, duc d'Orléans, frère de Louis XIV, confident d'Henriette d'Angleterre, archevêque d'Aix, commandeur de l'Ordre du Saint-Esprit, membre important des Assemblées du clergé de France, président des États de Provence, les phases historiques qu'il avait parcourues depuis les agitations de la Fronde jusqu'au calme majestueux de la monarchie du grand roi, ne pouvaient que fournir un récit instructif et intéressant. Cette attente n'a pas été démentie. Ces Mémoires sont devenus une source authentique et nouvelle où nos meilleurs écrivains ont puisé, les uns des preuves historiques, d'autres de curieux épisodes, quelques-uns des analyses tracées avec une plume de maître. Il suffit de citer : *Madame de Longueville*, par M. Cousin; les *Nièces de Mazarin*, par M. Amédée Renée; les *Études littéraires et historiques* de M. le baron de Barante, les *Causeries du lundi* de M. Sainte-Beuve; ils ont fourni à MM. de Monmerqué et Paulin Paris des notes précieuses pour leur édition si complète des Mémoires de Tallemant des Réaux; l'éditeur de la dernière édition des Mémoires du duc de Saint-Simon les a pareillement utilisés. Enfin ces Mémoires ont été, de la part d'érudits distingués, l'occasion de recherches qui n'ont pas été infructueuses pour des publications de documents inédits et pour des éditions d'ouvrages oubliés auxquels ils apportaient un intérêt nouveau : citons les lettres inédites adressées par Daniel de Cosnac au maréchal de Noailles, conservées à la bibliothèque du Louvre et publiées dans le *Bulletin de la Société de l'histoire de France* de l'année 1852; les documents publiés ou indiqués par M. Parent du Rozan dans le même *Bulletin*, année 1853; les *Lettres inédites de la princesse des Ursins*, publiées par M. Geffroy, dont plusieurs sont relatives à Angélique de Cosnac, depuis princesse d'Egmont, nièce de Daniel de Cosnac[1], *les Larmes de Jacques Pineton de Chambrun,* ministre protestant, qui se plaint avec ingratitude d'avoir été persécuté par Daniel de Cosnac auquel il devait la vie, édition nouvelle donnée par M. Schœffer; nous-même, enfin, nous avons publié dans le *Bulletin de* 1858 *de la Société de l'histoire de France,* sous le titre de *Supplément aux Mémoires de Daniel de Cosnac,* un certain nombre de documents que nous nous étions procurés depuis la publication de ces Mémoires.

Dès que le succès des Mémoires de Daniel de Cosnac nous eut fait prévoir l'épuisement de la première édition, fait accompli aujourd'hui, nous avons songé longtemps à l'avance à en préparer une seconde, en la complétant par de nouveaux documents. Nos recherches persévérantes nous en ont procuré de nombreux, outre ceux qui avaient été compris dans notre *Supplément* de 1858. Nous avons acquis d'un érudit, M. Rochas, une collection de pièces relatives au Dauphiné, très-intéressante au point de vue de l'histoire de cette province et de l'administration des évêchés de Valence et de Die, dont Daniel

---

[1] La publication de M. Geffroy comprend une lettre de la princesse des Ursins, dont nous possédons l'original, et que nous avions publiée pour la première fois dans le *Bulletin de* 1858 *de la Société de l'histoire de France.*

de Cosnac fut titulaire ayant sa promotion à l'archevêché d'Aix. Ces documents s'étendent même à l'administration seigneuriale et diocésaine du neveu et de l'arrière-neveu de Daniel de Cosnac, Gabriel de Cosnac et Daniel-Joseph de Cosnac, qui montèrent successivement après lui sur le siége épiscopal de la ville de Die. Nous nous sommes procuré encore d'autres documents provenant de diverses sources, et nous devons à l'obligeante communication de M. Charles de Croze deux lettres inédites de Daniel de Cosnac, dont l'une lui appartient, et l'autre est la propriété de M. Anatole de Gallier. Parmi les œuvres imprimées, de plus persévérantes lectures nous ont fait connaître enfin un plus grand nombre de passages se rapportant à Daniel de Cosnac, ou aux faits qu'il raconte, particulièrement dans les *Lettres de la marquise de Sévigné,* les *Mémoires du marquis de Chouppes,* la *Gazette de France* publiée par *Renaudot.*

Cette abondance de matériaux nous a jeté dans cet embarras des richesses dont les hommes se plaignent si rarement. Le respect du texte ne nous permettait pas d'introduire dans le milieu même des Mémoires des documents que leur auteur n'y avait pas joints et n'aurait pu y joindre, car la plupart lui étaient certainement inconnus ; les ajouter tous en appendice eût été produire au jour une œuvre sans liaison, dont le corps aurait présenté des proportions démesurées relativement à la tête. Pour ne pas laisser dans leur obscurité les résultats intéressants de nos recherches, nous nous sommes arrêté à un autre parti. Nous donnerons ultérieurement une seconde édition des Mémoires de Daniel de Cosnac, pour laquelle nous réserverons un certain nombre seulement de nos nouveaux documents ajoutés à la suite ; et, dès aujourd'hui, nous utilisons les autres pour publier une étude sur le règne de Louis XIV.

A cette étude nous donnerons le titre de *Souvenirs*. Pourquoi ce titre? Comment saurions-nous raconter les souvenirs d'une époque dans laquelle nous n'avons pas vécu! Matériellement, en effet, nous lui sommes étranger; moralement, par la longue étude que nous en avons faite, nous avons passé bien des jours avec ses personnages; nous les connaissons; leurs vertus, leurs passions, leurs intérêts, nous ont ému ; le titre de *Souvenirs* sera donc une réalité peut-être, bien plus qu'une fiction.

Ce titre en outre nous donnait la liberté d'allures dont nous avions besoin dans la marche que nous nous proposions de suivre : qualifier notre œuvre du nom de *Mémoires* était impossible, et ce n'est cependant pas une histoire dans l'acception ordinaire de ce mot, que nous publions. Dans une histoire, entre l'importance des faits et la longueur du récit qui leur est consacré, il doit y avoir des proportions harmoniques; dans notre œuvre, dont le but est de mettre plus particulièrement en relief certaines parties du règne du grand roi, celles surtout qui sont restées les plus ignorées, nous ne pouvions suivre cette règle. Les grands faits seront sans doute consignés à la place qu'ils doivent occuper, mais souvent par une analyse rapide, tandis que des faits plus secondaires mais intéressants seront développés. Notre œuvre, dans son mode de rédaction, tiendra donc à la fois de l'histoire et des mémoires, mais plus encore du second genre que du premier.

Lorsque nous nous sommes arrêté au parti de publier ces *Souvenirs,* trop riche de matériaux pour une seconde édition des *Mémoires de Daniel de Cosnac,* nous l'étions moins pour une œuvre qui comportait une plus vaste étendue; nous nous sommes donc livré à des recherches nouvelles. Nous les avons faites dans les manuscrits des bibliothèques de Paris, mines d'or très-explorées, mais où l'on peut rencontrer encore quelques paillettes oubliées du précieux métal; les Archives de l'Empire, sur la demande que nous en avons faite à M. le comte de Laborde, directeur, nous ont ouvert aussi leurs précieux arcanes; enfin un jeune ami, capitaine d'état-major attaché au ministère de la guerre, M. le comte de Locmaria, nous ayant dit un jour que ce ministère renfermait un dépôt d'anciennes archives, M. le général Blondel, directeur, nous a gracieusement autorisé à les compulser.

A Bordeaux, nous avons fait également des investigations; elles ont été moins heureuses, bien que nous nous plaisions à constater le bienveillant concours que nous ont offert M. Gorgères, le respectable conservateur de la bibliothèque, et M. Delpit, membre d'une société savante de cette ville. La bibliothèque de Bordeaux ne possède aucuns manuscrits du temps vers lequel nous dirigions principalement nos recherches, la Fronde, époque où cette ville a joué un rôle des plus importants. Les registres du parlement correspondant à cette époque ont eux-mêmes disparu; Louis XIV les fit anéantir pour effacer, s'il eût pu, jusqu'au souvenir d'un temps où l'exercice absolu de l'autorité souveraine avait été contesté. La préfecture possède un dépôt considérable d'archives, mais les préposés à sa garde, à part les pièces les plus modernes, ignorent eux-mêmes son contenu; nul fil conducteur n'existe pour diriger dans ce dédale dans lequel on nous a paru peu soucieux du reste de laisser pénétrer.

Lorsqu'on écrit sur un sujet historique, on ne peut pas avoir la prétention de ne dire que des choses nouvelles; nous avons consulté, comparé les écrits nombreux sur cette époque, les ouvrages contemporains comme ceux qui ont paru depuis : les Mémoires du cardinal de Retz, de Guy Joly, du duc de La Rochefoucauld, de Gourville, d'Omer Talon, du comte de Montrésor, du comte de Chavagnac, du marquis de Monglat, du prince de Tarente, du comte de Tavannes, de Mademoiselle de Montpensier, de Madame de Motteville, de l'abbé de Choisy, du duc de Saint-Simon, du marquis de Dangeau, l'Esprit de la Fronde, l'Histoire du prince de Condé par Désormeaux, l'Histoire de la Fronde par le comte de Sainte-Aulaire, les Études de M. Cousin sur Madame de Longueville et bien d'autres encore.

Les Mémoires de Daniel de Cosnac fourniront eux-mêmes leur contingent à notre publication, ils y paraîtront sous une forme nouvelle; mais notre premier volume et le suivant leur emprunteront à peine quelques pages. Ces Mémoires se composent de deux versions, l'auteur ayant écrit son œuvre, une première fois, dans son âge mûr, et l'ayant recommencée dans sa vieillesse. Il en résulte que ces deux

versions ont chacune leur intérêt particulier :
la première s'étend sur la jeunesse de l'auteur; la seconde sur l'hiver de sa vie; celle-ci
en passe à peu près sous silence le printemps
écoulé dans les agitations de la Fronde, événements qu'il était de rigueur d'avoir oublié,
lorsque le règne de Louis XIV eut acquis sa
plénitude. Le manuscrit de la seconde version,
probablement par suite d'une erreur commise
lors de la vente, le 17 décembre 1741, de la belle
bibliothèque de Daniel-Joseph de Cosnac, évêque de Die, est arrivé entre les mains d'un savant distingué, M. le docteur Long. Il a bien
voulu nous donner, dans le passé et pour l'avenir, toute latitude pour user de cette seconde
version; nous le ferons pour la seconde édition
des *Mémoires* et pour ces *Souvenirs*. Le récit de
la partie moyenne des Mémoires, comprenant
le milieu de la vie de l'auteur, se trouve, par
suite de cette double rédaction, deux fois recommencé. Malgré quelques nuances qui ne manquent pas d'intérêt, cette répétition peut produire
à certains lecteurs quelque fatigue; mais le respect dû aux textes ne permettait pas de faire une
fusion de la partie moyenne des deux versions,
et lorsque nous donnerons une seconde édition,
nous observerons le même respect que dans la
première. Dans ces *Souvenirs*, au contraire, nous

emprunterons une fois seulement le récit des faits et nous y incorporerons les nombreux matériaux historiques que nous avons recueillis. Les documents qui seraient trop étendus, ou qui, par une raison quelconque, seraient de nature à suspendre le cours du récit, seront placés dans des *Appendices* à la fin de chaque volume.

Notre livre commence par des aperçus sur les ancêtres de Daniel de Cosnac, sur la conspiration du comte de Chalais, sur la vicomté de Turenne, sur la maison de Condé, sur l'hôtel de Rambouillet, type de la Société du dix-septième siècle, ces préliminaires formant une entrée en matière de quelque intérêt pour la suite de ces *Souvenirs;* puis nous abordons les événements de la Fronde, à laquelle les premiers volumes seront presque exclusivement consacrés.

Une opinion de convention, parmi beaucoup d'écrivains, est de considérer la Fronde comme une commotion tellement empreinte d'inconséquence et de légèreté qu'elle ne présente aucun caractère sérieux. Nous ne partageons pas cette manière de voir : jamais, il est vrai, la légèreté et l'inconséquence de l'esprit français ne se manifestèrent avec plus d'exubérance, d'entrain, de gaieté, de folie même; mais sous ces apparences trop frivoles, il y avait un fond d'aspirations politiques très-sérieuses. Ceux qui en jugent autrement, apportent peut-être à cette appréciation quelque chose de cette légèreté qui les frappe, uniquement par la raison qu'eux-mêmes ne scrutent pas assez. Il a manqué à la Fronde une direction; il lui a manqué un homme; si cet homme se fût trouvé, dès cette époque, sans ces commotions violentes qui font couler des fleuves de sang, et laissent après elles des ruines morales et matérielles, les réformes politiques nécessaires eussent été accomplies, un gouvernement représentatif établi sur des bases régulières, la monarchie eût été sauvée malgré elle du pouvoir absolu qui faisait son aspiration la plus chère et qui a causé sa perte, la terrible révolution du siècle suivant eût été prévenue. Ces conséquences ressortent de notre étude.

Pour les parties saillantes de la Fronde que tout le monde connaît, nous nous sommes plus occupé à grouper l'ensemble des faits qu'à décrire tous leurs détails; nous nous sommes efforcé surtout de jeter quelque clarté dans un dédale où les historiens ont laissé ou peut-être même apporté quelque confusion. Nous en faisons ressortir les quatre phases actives, séparées par des intervalles plus ou moins agités, considérés chaque fois cependant comme une paix définitive et qui n'étaient que des trêves passagères. Pendant la première phase qui commence en 1648, la Fronde parlementaire, soutenue par la bourgeoisie et le peuple de Paris, arrive à son apogée avec la célèbre journée des barricades, et se termine le 24 octobre de cette même année par des concessions qui, usurpation sans exemple, substituent, pour les prérogatives et le mandat représentatif, le Parlement aux états généraux. Dans la seconde phase qui commence avec l'année 1649, le mouvement prend un caractère plus général, une alliance s'opère entre les princes, la noblesse et les parlements du royaume, la Fronde règne en souveraine à Paris, elle a son gouvernement et son armée; cette phase est courte et se termine par la paix signée avec la cour le 11 mars 1649. L'emprisonnement des princes, le 28 janvier 1650, commence la troisième phase, signalée par le siége de Bordeaux, terminée par la délivrance des princes et le premier exil du cardinal Mazarin, le 12 février 1651; le mariage stipulé du prince de Conti avec Mademoiselle de Chevreuse fut le pacte qui amena ce double résultat. La fuite à Saint-Maur du prince de Condé, le 6 juillet 1651, fut le point de départ de la quatrième et dernière phase, la plus longue de toutes, dans laquelle les troubles dans Paris s'allièrent à la guerre civile dans les provinces et à la guerre étrangère; elle prit fin pour la capitale par la rentrée du roi à Paris le 21 octobre 1652, mais ne se termina dans les provinces que par la paix de Bordeaux, à la fin du mois de juillet 1653. Cette phase qui comprend la guerre dans la Guyenne, l'Agenais, le Périgord, le Limousin, l'Aunis, la Saintonge, et le Poitou, est celle à laquelle notre récit donnera le plus grand développement. Les historiens, préoccupés surtout de raconter la Fronde de Paris, ont négligé la Fronde des provinces; nous avons la bonne fortune de pouvoir donner sur pièces authentiques un récit pour ainsi dire nouveau de la campagne du prince de Condé dans ces provinces et de celle qui suivit son départ, car ce sujet jusqu'ici n'a été que légèrement effleuré. Enfin les événements qui se sont déroulés à Bordeaux, les troubles dont cette ville fut agitée, les désordres de la faction hideuse qui s'intitulait l'Ormée, la paix du mois de juillet 1653, bien qu'ayant trouvé quelques narrateurs, n'ont été retracés par aucun d'une manière complète; nous comblerons aussi cette lacune historique.

Après la Fronde, le mariage du prince de Conti avec une nièce du cardinal Mazarin, des détails sur la famille du tout-puissant ministre, la guerre de Catalogne, la paix des Pyrénées et le mariage de Louis XIV, en 1660, nous fourniront plus d'un intéressant épisode. Cette date de 1660 nous introduira dans les splendeurs du règne de Louis XIV ; ce prince y arrive à l'apogée de sa force et de sa puissance. Quand le ministre qui lui a ménagé une autorité sans bornes, quand sa mère qui lui a fait traverser avec tant de courage, d'imprudence peut-être, mais avec tant de bonheur, il faut le dire, son orageuse minorité, disparaîtront, l'un après l'autre, emportés par la mort, le monarque qui devient à lui seul son premier ministre et son conseil, qui prononce et justifie cette parole : « l'État c'est moi », continue sans ébranlement sa course que nul obstacle intérieur n'arrêtera désormais. Au milieu de cette cour brillante, certains faits nous attacheront plus particulièrement : le mariage du duc d'Orléans avec la gracieuse princesse Henriette d'Angleterre ; la mission en France du cardinal Chigi venant apporter des réparations pour une insulte faite à Rome à l'ambassadeur de France ; la campagne de Hollande en 1667 ; le caractère du duc d'Orléans, la faveur du chevalier de Lorraine, les négociations avec l'Angleterre en 1670 ; la mort mystérieuse de la ravissante et infortunée duchesse d'Orléans. Dans un autre ordre de faits, les Assemblées du clergé de France, la célèbre déclaration de 1682, la révocation de l'édit de Nantes, en 1685, les dragonnades des Cévennes, les mesures prises contre les protestants dans le Vivarais et dans le Dauphiné, les États de Provence, les prétentions rivales de l'archevêque d'Aix et du comte de Grignan pour la présidence de leurs assemblées, l'intervention de la marquise de Sévigné pour conseiller son gendre et sa fille, nous occuperont successivement. Enfin, lorsque la couronne d'Espagne, placée sur la tête du petit-fils de Louis XIV, donnera carrière à la politique et à la diplomatie de la princesse des Ursins, nous aborderons cet intéressant sujet d'études, pour lesquelles le portefeuille d'Amelot, marquis de Gournay, ambassadeur en Espagne, provenant de la succession du dernier descendant direct de l'ambassadeur, le marquis Amelot de Gournay, mort en 1786, a été bienveillamment mis à notre disposition par notre parente, madame la comtesse Amelot.

En nous occupant des choses du passé, parfois nous ferons quelque retour sur les choses du présent. Ces comparaisons, ces applications, sont un des attraits les plus vifs de l'histoire; elles en font la méditation utile, et rendraient les hommes plus prévoyants et plus sages, si jamais les générations jeunes voulaient profiter de l'expérience de celles qui les ont précédées.

Nous offrons cependant un ouvrage digne d'être lu, bien moins pour le contingent personnel de travail que nous lui avons apporté, que pour les œuvres des collaborateurs illustres que nous nous sommes associés. Quand des hommes d'État comme Louis XIV, Mazarin, Le Tellier et d'autres ministres, quand d'illustres capitaines comme le grand Condé, Turenne, d'Harcourt, quand des généraux d'armée et de braves guerriers comme le maréchal de l'Hôpital, Vendôme, Candale, Lislebonne, Montausier, Marin, Saint-Luc, du Plessis-Bellière et d'autres auxquels l'histoire oublieuse n'a pas fait toujours une part suffisante de souvenir, quand un prince comme Armand de Bourbon, prince de Conti, spirituel, singulier, jeté par les contrastes les plus opposés dans la plus bizarre destinée, quand des femmes d'élite comme Mademoiselle de Montpensier, comme la belle Julie, marquise de Montausier, comme Henriette d'Angleterre, duchesse d'Orléans, comme Suzanne-Charlotte de Gramont, marquise de Saint-Chaumont, et d'autres personnages encore qui ont joué un rôle dans les événements, viennent participer au récit par l'adjonction de lettres, de rapports, d'écrits divers, dont beaucoup sont inédits et apporter des renseignements nouveaux, on peut espérer que le livre qui renferme ces documents acquerra par eux une incontestable valeur.

Notre livre est un écrin qui contient des joyaux; trouvera-t-on que nous les avons enchâssés dans un métal assez pur ou montés avec assez d'art? Nous avons du penchant pour ces travaux qui embrassent, avec l'histoire, la politique et l'économie politique et sociale; mais un attrait n'implique pas toujours le talent, et les écrivains en prose pourraient parfois prendre utilement leur part du conseil de Boileau aux écrivains en vers :

> Craignez d'un vain plaisir les trompeuses amorces,
> Et consultez longtemps votre esprit et vos forces.

Nous avons dit les motifs d'illustre collaboration qui nous ont décidé, ajoutés à nos goûts prononcés pour ces études, goûts qui nous rappellent des souvenirs beaucoup moins anciens que ceux qu'évoquera ce livre.

En des jours qui s'éloignent, et qui passeront bientôt pour nous à l'état de légende, après avoir terminé nos cours de droit, nous fîmes partie d'une Conférence à Paris, connue sous le nom de conférence d'Orsay, qui réunissait une jeunesse d'élite s'exerçant, comme dans une véritable représentation nationale, à l'examen et à la discussion des questions politiques et sociales ; aux luttes vives, mais courtoises de la tribune. De cette pépinière de jeunes gens sont sortis des hommes distingués dans les carrières les plus diverses. Dans les lettres, dans la diplomatie, dans la presse, dans la haute administration, dans la grande industrie, dans la magistrature, dans le barreau, se sont signalés : M. le prince Albert de Broglie, diplomate et académicien ; M. le duc de Gramont, ambassadeur ; M. Henri de Riancey et son frère Charles, enlevé trop tôt aux lettres ; M. le baron Anatole Lemercier, ancien député ; MM. Buffet et Forcade de Laroquette, anciens ministres, l'un député, l'autre vice-président du conseil d'État ; MM. de Lavenay et Chamblain, conseillers d'État ; M. le comte de Matharel, inspecteur général des finances ; M. Réal, ancien préfet, administrateur de l'une de nos plus importantes entreprises de chemins de fer ; MM. Oscar de Vallée, Desmarest et Nicolet, et bien d'autres dont la liste serait trop longue pour la citer tout entière. A ces collègues d'autrefois, nous rapportons pour une bonne part l'inspiration et l'honneur, s'il nous en revient du suffrage des lecteurs, du travail que nous publions aujourd'hui. Ils nous ont donné le goût, en les suivant de loin, des occupations de l'intelligence. Pour eux, pour leurs discussions, nous avons écrit et fait imprimer deux Mémoires, l'un relatif à *l'abrogation des lois de septembre*, l'autre en faveur de la *décentralisation administrative;* ce dernier, livré en même temps à la publicité, en 1844, sous forme de brochure [1], obtint du journalisme un accueil encourageant et flatteur. Quand la Conférence d'Orsay eut disparu, comme disparaissent avec non moins de facilité des institutions que les hommes estiment plus durables, nous publiâmes, après la révolution de 1848, pour combattre les idées antisociales qui menaçaient la religion, la famille et la propriété, un livre intitulé : *Questions du jour, République, Socialisme et Pouvoir*[2], dont plus d'une considération serait de circonstance encore. Avec le calme qui renaissait en 1852, nous fîmes paraître les *Mémoires*[3] de Daniel de Cosnac. En 1860, lorsqu'une violente attaque était dirigée contre le pouvoir temporel du souverain pontife, avec l'intention secrète d'anéantir son pouvoir spirituel, nous sommes entré dans la lutte par un écrit intitulé : *Question romaine, Croisade*[4].

Depuis cette date, si nous avons collectionné des matériaux, nous n'avons publié que quel-

---

[1] Dentu, éditeur.
[2] Lecou, éditeur.
[3] Renouard, éditeur.
[4] Douniol, éditeur.

ques articles épars sur diverses questions, n'ayant jamais eu d'autres prétentions que de nous porter d'abord du côté où nous pouvions croire que nous accomplirions les travaux les plus utiles. L'agriculture, qu'il faudrait non-seulement rendre prospère, mais remettre en honneur, pour moraliser, pour décentraliser, pour faire de la vie des champs la vie la plus heureuse et la plus considérée que puisse ambitionner autant l'ouvrier qui vit de son labeur que l'homme plus favorisé de la fortune qui vit de ses revenus, l'agriculture a pris une partie de nos loisirs et nous avons recueilli quelques palmes sur cette voie : entre autres succès, concurrent à la prime d'honneur dans le département de la Corrèze, en 1864, pour les améliorations agricoles de notre terre du Pin, nous avons obtenu la seule médaille d'or, grand module, décernée après la prime d'honneur, médaille qui devenait en réalité la première récompense donnée aux agriculteurs concourant avec leurs seules forces, la prime d'honneur ayant été attribuée à une ferme-école subventionnée par l'État. Nous avons aussi théoriquement abordé avec notre plume les questions agricoles par des articles insérés dans le *Journal d'agriculture pratique*.

Porté par beaucoup de nos concitoyens comme

candidat à la députation en 1857, nous échouâmes en présence d'une candidature officielle, et nous n'en avons pas moins exercé avec dévouement une sorte de mandat libre pour des questions intéressant notre département, mandat donné même par des délibérations de conseils municipaux, pour tâcher d'obtenir en faveur du département de la Corrèze et de plusieurs cantons de celui de la Haute-Vienne une part plus équitable dans la répartition des voies ferrées indispensables aujourd'hui à la prospérité de l'agriculture comme à la prospérité de l'industrie. Nous avons défendu, par nos écrits et notre parole, ces intérêts devant le Comité consultatif des chemins de fer, et nous conserverons, comme un titre de noblesse nouveau à transmettre à nos descendants, une délibération qui nous a été envoyée, en 1865, par le conseil municipal de la ville d'Uzerche, pour nous remercier de notre zèle et de la persévérance de nos efforts : une contrée tout entière, dépossédée du transit immémorial de Paris à Toulouse, contrée dont les ressources fécondes ne demandaient qu'à être développées, leur eût mérité un succès plus heureux. Enfin, président de la Commission d'agriculture du comité départemental de la Corrèze pour l'Exposition universelle de 1867, nous apportons notre part de soins au succès de cette lutte grande et pacifique à laquelle est convié l'univers tout entier. Partageant notre vie entre Paris et la Corrèze, en chaque lieu nous exerçons des fonctions publiques aussi modestes que désintéressées, car l'amour de la patrie est la première des affections politiques dans le cœur d'un Français, et nous pensons que l'on ne doit pas, par une abstention systématique, refuser ses services à son pays. D'un côté, membre d'un conseil municipal rural, de l'autre, depuis longues années, officier de la garde nationale de Paris, nous croyons que l'antagonisme entre les classes élevées et les classes inférieures repose sur des malentendus : quelle que soit l'accessibilité des hautes classes pour les hommes intelligents des classes inférieures, comme classes chacune doit rester à sa place; toutes ont besoin de se donner un réciproque concours ; les unes sont la tête, les autres sont les bras; les unes comme les autres ont leur rôle marqué par la Providence dans l'économie sociale ; et, dans notre étroite sphère, nous nous sommes appliqué à des rapprochements. Lorsque, en 1862, pour nos modestes services, le général marquis de Lawœstine, au nom de l'Empereur, a placé sur notre poitrine la croix d'honneur, nous avons senti une reconnaissance vraie et nous avons été fier de porter ce signe qui a conquis une popularité si française.

Ces soins divers ne nous ont pas permis de nous consacrer exclusivement aux occupations de l'écrivain ; aussi ces explications étaient nécessaires pour appeler l'indulgence du lecteur. Nous avons toujours cherché les œuvres utiles plutôt que les œuvres brillantes, parce que les premières étaient plus à notre portée que les secondes ; elles s'offrent à chaque pas, et il suffit de vouloir les saisir. Un livre qui complète l'histoire d'une époque si importante dans nos fastes, est nécessairement une œuvre utile. Il nous a coûté de longues et consciencieuses recherches ; nous avons travaillé comme l'abeille, et si le lecteur trouve que nous ne lui avons pas préparé un miel assez savoureux, qu'il considère que le miel est accompagné d'un produit plus secondaire, la cire, et avec elle nous avons composé un modeste flambeau pour éclairer surtout quelques parties de l'histoire du règne de Louis XIV laissées dans la pénombre par le brillant soleil dont ce monarque avait pris l'emblème.

SOUVENIRS
DU
RÈGNE DE LOUIS XIV.

CHAPITRE PREMIER.

Le Limousin. — Le château et le nom de Cosnac. — Éléonore de Talleyrand. — Mort tragique de Henri de Saint-Aulaire. — François, seigneur de Cosnac. — Transformation politique et sociale. — Conspiration du comte de Chalais, beau-frère de François de Cosnac. — La comtesse de Chalais. — La duchesse de Chevreuse. — Les principaux chefs de la conspiration. — Le cardinal de Richelieu rejoint le roi. — Trahison du comte de Louvigny. — Le jugement, la condamnation et la mort du comte de Chalais. — Mariage du duc d'Orléans, frère de Louis XIII. — Les ancêtres de Daniel de Cosnac attachés à la cour. — Livre de François, seigneur de Cosnac, contre le ministre protestant de Turenne. — Les abbesses de la maison de Cosnac. — Le cardinal Bertrand de Cosnac nonce en Espagne. — Les évèques de la maison de Cosnac. — Éducation de Daniel de Cosnac. — Le collége de Navarre. — Le caractère de Daniel de Cosnac apprécié par des juges illustres. — Ses degrés à l'Université et à la Sorbonne. — Son entrée dans le monde.

Notre beau pays de France renferme au centre le plus reculé de ses provinces une riante contrée aux paysages de Suisse; on y rencontre d'aussi fraîches vallées que parcourent des eaux aussi limpides, et ces premières et verdoyantes assises des escarpements montagneux, moins les cimes ardues aux neiges éternelles. Jadis cette contrée fut le théâtre de grands événements : les Sarrasins envahisseurs y soutinrent les chocs des Francs que commandait Charles Martel ; les longues guerres contre les Anglais y firent retentir le glorieux cliquetis des armes ; les guerres des catholiques et des protestants ensanglantèrent son sol de leurs luttes fratricides ; les partisans de Henri IV et les ligueurs du duc de Mayenne y croisèrent le fer ; la Fronde y fit luire ses épées et entendre ses chansons satiriques. Turgot sillonna cette province d'une grande artère, unissant le Nord au Midi ; aux bruits guerriers du passé, cette route devait faire succéder l'activité qui engendre la prospérité agricole, manufacturière et commerciale. Aujourd'hui nul bruit ne réveille les échos silencieux des vallées ; la vie ancienne s'est éteinte, la vie moderne n'a pas commencé. Cette route même tracée par l'illustre intendant qui devint ministre, après avoir vu les lents et nombreux chariots du roulage pesant et les voitures aux roues rapides soulevant la poussière de son ruban argenté, entendu les grelots des chevaux et le retentissement du fouet des postillons, est silencieuse et déserte. Les chemins de fer, en évitant le centre pour toucher à peine à quelques points de la circonférence, sont allés porter ailleurs le mouvement, la richesse et la vie. Pourquoi le touriste irait-il, loin de sa patrie, chercher ces émotions devenues rares d'un pays que les progrès de la civilisation moderne n'ont point envahi? En Amérique, il trouverait un élan qui devance le nôtre; en Afrique, des chemins de fer ouverts par nos propres soldats; en Asie, une station de rail-way le fera bientôt descendre à la porte devenue plus hospitalière de l'hôtellerie où naquit le Sauveur du monde. Il lui reste l'Océanie, peut-être; mais qu'il vienne plutôt visiter la vieille province de Limousin; il lui faudra moins de temps, peu de périls à affronter; et si l'habitant délaissé gémit de l'abandon où est resté son beau pays, le touriste bénira ceux qui lui ont ménagé des émotions et des plaisirs difficiles à rencontrer!

Cette verte et riante province du Limousin fut la patrie de Daniel de Cosnac; le château de Cosnac, placé sur la croupe de l'une de ces arêtes qui découpent la contrée en feuille de fougère, fut son berceau. Cette demeure, rebâtie presque en entier en style moderne sur la fin du règne de Louis XIV, offrait anciennement, avec sa double enceinte de fossés, ses hautes tours carrées découpant sur le ciel la dentelure de leurs créneaux, cet aspect rêveur des constructions fortes et solides, qui, ayant bravé les efforts du temps, rappellent les souvenirs du passé et portent dans leurs flancs l'histoire d'une famille. L'antique chapelle, aux arcades romanes, servant d'église paroissiale aujourd'hui, se joignait au château par une soudure si étroite subsistant encore que, d'une galerie intérieure du château, au premier étage, on arrive à une tribune donnant sur la nef. Ce mutuel appui de la foi religieuse et de la force de l'autorité laïque, gardant, dans une intime union, leur réciproque indépendance, suivant l'esprit de l'Évangile, a imprimé à l'ancienne France cette énergie qui lui a permis de résister si longtemps aux plus terribles secousses. Le château de Cosnac et son église restent comme un symbole de cette antique alliance. Ce château, avec la seigneurie qui en dépendait, petite souveraineté féodale ejouissant de tous les droits de haute, moyenne et basse justice, était lui-même le berceau de la famille de celui autour de la vie duquel nous grouperons les événements variés dont ce livre réveillera les souvenirs.

Dès le commencement du dixième siècle, des chartes authentiques consacrant de pieuses donations aux abbayes de Tulle et d'Uzerche, constatent que sa famille était en possession de cette seigneurie depuis une époque déjà reculée. Lorsque Daniel de Cosnac fit ses preuves de noblesse pour l'Ordre du Saint-Esprit[1]; il prouva dix-sept générations suivies, de mâle en mâle, sans mésalliance; sans changement de nom, d'armes, ni de terre; sans compter des aïeux antérieurs dont l'éloignement des temps ne permettait pas de suivre la filiation exacte.

Pour remonter aux étymologies, *Conak,* en langue orientale, signifie : Seigneur; il signifie encore : demeure, palais, château. Ce nom ne serait-il pas resté comme une trace de l'invasion des Sarrasins, venus d'Espagne? Lorsque, après la terrible défaite de Poitiers, infligée par Charles Martel aux soldats du prophète, les Francs victorieux durent refouler les envahisseurs de provinces en provinces, de forteresses en forteresses, l'un d'eux ne put-il pas s'emparer de la demeure fortifiée de l'un de ces paladins et prendre, avec sa conquête, son nom oriental, double et glorieux trophée à transmettre à sa postérité? Ce ne sont que des conjectures basées sur l'étymologie et sur des probabilités historiques; mais leur réalité plairait à une famille qui, après avoir conquis sur le sol de France et sur les infidèles ses titres seigneuriaux, sinon sa noblesse, est allée plus tard en Palestine conquérir encore sur les infidèles son blason appendu au-dessus du nom d'Élie de Cos-

---

[1] Voyez les *Mémoires de Daniel de Cosnac*, t. II.

nac aux lambris historiques des salles des croisades, au château de Versailles.

En 1630, année de la naissance de Daniel de Cosnac, vivait au château de Cosnac le seigneur de cette terre; il s'était éloigné de bonne heure des agitations politiques de son époque, pour vivre dans une de ces retraites alors possibles, où la main placée sur la garde de son épée, un gentilhomme pouvait avoir la paix, parce qu'il ne refusait pas la guerre. Il avait épousé la petite-fille du terrible et brave Montluc, maréchal de France, Éléonore de Talleyrand, fille de Daniel de Talleyrand, seigneur de Grignols, prince de Chalais, et de Françoise de Montluc, marquise d'Excideuil. Éléonore était restée veuve, à vingt ans, de Henry de Beaupoil de Saint-Aulaire, seigneur de La Grénerie, en Limousin, enlevé bien jeune lui-même, dans son château de La Grénerie, par une émouvante catastrophe : Un poisson, honneur des vastes étangs de sa terre, était servi sur sa table : qui aurait vu là les apprêts d'un repas funèbre? Une arête entrée par mégarde dans le gosier du jeune seigneur ne peut en être dégagée; il étouffe, il expire! Au printemps d'une belle vie, Henry de Saint-Aulaire laisse une jeune veuve et de jeunes enfants.

Quelle que fût la poignante douleur d'Éléonore, elle ne fut pas inconsolable, et le voile noir de la veuve fit place encore au voile blanc de l'épousée. Dans la chapelle du château de Saint-Aulaire, en Limousin, le 21 septembre 1618, la bénédiction nuptiale l'unissait à François, seigneur de Cosnac. Cette alliance fut féconde. Ce n'est pas en vain que de précieuses reliques, passées de générations en générations et conservées encore au château de Cosnac, garantissent aux châtelaines l'heureuse issue de leurs épreuves. De chaque union sortaient de nombreux rejetons. Trois fils et quatre filles naquirent de celle-ci. L'aîné des fils, Armand, marquis de Cosnac, fut mestre de camp du régiment de Cosnac, infanterie, qu'il commandait au siége de Valence, en Italie ; Clément fut enseigne des gens d'armes du prince de Conti. Il mourut des suites d'une blessure reçue au combat de Solsonne, en Catalogne. La *Gazette* lui consacra ces lignes : « Le marquis de Cosnac, entre les gens d'armes du prince de Conti, fut dangereusement blessé d'un coup de pistolet dans le col[1]. » Dans un numéro suivant, elle cite comme s'étant particulièrement distingué « le marquis de Cosnac, enseigne des gens d'armes du prince de Conti, lequel eut aussi un cheval tué sous lui[2]. »

La maison de Cosnac paya vaillamment son

---

[1] Numéro du 15 septembre 1655.
[2] Numéro du 30 septembre 1655.

tribut à la patrie pendant les guerres du règne de Louis XIV : trois cousins de l'archevêque d'Aix périrent encore sur les champs de bataille : François de Cosnac, capitaine de cavalerie, tué à Charlemont, en 1673; Daniel de Cosnac, capitaine de cavalerie au régiment de Firmarçon, tué à La Marsaille, en 1693; Claude de Cosnac de La Marque ou La Marck, aide-de-camp du maréchal de Turenne, tué à la journée de Saverne, en 1694[1].

Le troisième fils, né du mariage de François de Cosnac avec Éléonore de Talleyrand, fut Daniel, qui reçut son prénom de Daniel de Talleyrand, son grand-père maternel, dont il fut le filleul. Successivement premier gentilhomme de la chambre du prince de Conti, négociateur du traité de paix de Bordeaux, évêque et comte de Valence et de Die, conseiller d'État, premier aumônier de Monsieur, duc d'Orléans, confident d'Henriette d'Angleterre, archevêque d'Aix, président des Etats de Provence, commandeur de l'ordre du Saint-Esprit, Daniel de Cosnac devait parvenir à la célébrité.

Éléonore de Talleyrand préféra-t-elle sa nouvelle famille aux enfants qu'elle avait eus de son premier mari? Ceux-ci le crurent du moins, d'a-

---

[1] Le numéro de la *Gazette* qui rend compte de la journée de Saverne annonce sa blessure, à laquelle il ne survécut pas.

près les difficultés d'intérêt qu'ils lui suscitèrent dans la suite [1].

On assistait alors à une rapide transformation politique, Richelieu était ministre! La féodalité, vieille armure d'institutions militaires et de châteaux fortifiés dont la France s'était bardée, autant pour se donner une forte cohésion locale par la décentralisation la plus extrême qui ait jamais existé, que pour résister aux invasions du dehors, tombait pièces à pièces en s'éloignant des circonstances qui l'avaient fait naître. La chevalerie, ce corollaire brave, généreux et brillant de la féodalité, avait disparu avec Charles VII, en laissant pour glorieux adieux la France délivrée des Anglais; finissant, comme une poétique légende, avec Jeanne d'Arc, son héroïne, et s'enlevant dans son apothéose au milieu des éclairs et de la fumée de la poudre, proclamant désormais, de la stridente voix des canons, l'égalité des champs de bataille. Dans une ligne parallèle, le fils astucieux de Charles VII, le maître de l'école de Richelieu, travaillait à cette concentration des pouvoirs, continuée par ses successeurs, qui devait aboutir à l'explosion de la grande révolution française d'où est sortie l'égalité politique.

Après Charles VII, il est vrai, un lambeau de

---

[1] Voyez, sur ces faits, l'*Histoire généalogique* du P. Anselme, art. *de Beaupoil de Saint-Aulaire.*

féodalité et un lambeau de chevalerie subsistent encore. A moins d'une révolution radicale, sanglante, le passé ne s'efface jamais que par une plus ou moins lente transition. Les fiefs subsistent de nom ; mais par un système calculé d'appels au roi, permis en prenant le juge à partie, leur juridiction s'évanouit devant la juridiction royale. On voit pour la dernière fois un roi chevalier, François Ier, se faisant donner l'accolade par le pommeau d'une vaillante épée dans la main de Bayard, le dernier chevalier.

Henri IV présente le type de transformation du guerrier du moyen âge en militaire des temps modernes. Quant à sa politique, de même que Hugues-Capet, à peine sorti du rang des grands feudataires, fit courber, bien plus profondément que ses prédécesseurs, ses égaux de la veille sous son sceptre du lendemain, le premier des Bourbons devenu roi de France, à peine sorti lui-même du rang des grands vassaux dont il avait été l'un des plus turbulents, frappa sur les vaillants compagnons auxquels il devait d'avoir conquis sa couronne. Le duc de Biron, alors que la hache fatale était levée sur sa tête, bien que coupable, attendait encore sa grâce, ne pouvant croire à tant d'ingratitude. Le vicomte de Turenne, duc de Bouillon, ce protestant fougueux qui avait assisté Henri de Navarre dans tant de combats, ne sauva sa vie que par sa fuite en Savoie. Le bâtard de Charles IX, le comte d'Auvergne, eût vu trancher le fil de ses jours, s'il n'eût été le frère utérin de la marquise de Verneuil; mais il passa douze ans à la Bastille, d'où il ne sortit qu'après la mort de Henri IV.

Autour du nom de ce monarque est restée cette auréole de popularité qui s'attache à ceux qui triomphent par les armes après avoir traversé de difficiles épreuves, à ceux qui ont la répartie spirituelle et française, à ceux qui ont certains défauts que l'on pardonne; mais Henri IV fut plutôt un grand roi qu'un bon roi; les libertés de toutes sortes lui étaient antipathiques; il les atteignait en haut en abaissant la noblesse, il les frappait en bas par des atteintes sans nombre aux franchises municipales; il poursuivait un idéal : le pouvoir absolu.

Sully, grand ministre, plus administrateur qu'homme politique, travailla avec succès à l'ère de prospérité matérielle qui devait être une des raisons d'être du mode de gouvernement dans lequel l'autorité royale entrait à pleines voiles. Il est, parmi les hommes d'État, le père de l'économie politique, et de l'économie politique la mieux comprise, puisqu'il donnait à l'agriculture la prééminence sur toutes les autres sources de la richesse.

Sous Louis XIV, Colbert, trop vanté, en voulant favoriser l'industrie et le commerce au détriment de l'agriculture, fit tomber celle-ci dans un état de décadence inconnu jusque-là. Elle se relève depuis quelques années par un heureux retour des esprits et des capitaux ; il faut espérer que le libre échange, dont l'expérience se fait, ne viendra pas arrêter ce mouvement de régénération.

Lorsque Louis XIII, après Henri le Grand, monta sur ce grand théâtre de l'histoire, timide plutôt que faible, ce fut par un autre qu'il y fit remplir son rôle. Richelieu couvre sa robe de cardinal de l'hermine royale; mais sous cette blanche fourrure, la toge écarlate qui ne doit rappeler à celui qui la porte que sa résignation à subir le sort des martyrs, s'il le faut pour la défense de la foi, se montrait, au contraire, teinte du sang de ses victimes. Auparavant, la politique se déroulait surtout sur les champs de bataille; le cardinal-ministre en transporte la scène dans son cabinet; et c'est le drame qu'il préfère.

Le comte de Bouteville et le comte des Chapelles, provocateurs, en plein jour et sur la place Royale où ils tirèrent leurs épées, du marquis de Beuvron et du comte de Clermont de Bussy d'Amboise, expièrent par la mort la faute d'avoir enfreint le nouvel édit contre les duels; mais ne furent point des victimes politiques. Richelieu, implacable surtout pour ceux qui s'attaquaient à son pouvoir, leur eût fait grâce, sans doute, s'il n'eût été entraîné par les nécessités d'un système qui, voulant imposer l'autorité par la terreur, se fût imputé l'indulgence comme une faiblesse. A voir les sévérités qui atteignaient les coupables contre les seules lois civiles, on pouvait prévoir celles qui seraient réservées à ceux qui voudraient briser la faveur du ministre. Pour en avoir fait la périlleuse tentative, le jeune et inconsidéré comte de Chalais, le maréchal de Marillac, le brave duc de Montmorency, Cinq-Mars et le vertueux de Thou, périrent sur l'échafaud.

Entre ces diverses tentatives de la noblesse impatiente d'un joug que chaque règne appesantissait de plus en plus sur elle, et rendu plus intolérable encore par Richelieu, celle de Henri de Talleyrand, comte de Chalais, beau-frère de François de Cosnac, arrêtera quelques instants notre récit.

Le comte de Chalais, jeune encore, étourdi, amoureux des beautés qui brillaient à la cour, semblait peu fait pour être le chef d'une entreprise dont le but était de changer la politique de l'État; mais il était connu par son audace, sa bravoure dans les guerres de cette époque. Au siége de Saint-Jean d'Angély, il avait été renversé par une terrible blessure; à celui de Montauban, il s'était distingué dans cet escadron de noblesse qui, après que les troupes avaient fui, ayant mis pied à terre et montant à l'assaut, s'était intrépidement maintenu sur le rempart. Il s'était signalé enfin dans ces duels si fréquents alors, où son épée avait acquis une vaillante renommée. Il fut mis en avant par de plus habiles; si le succès lui eût valu de hautes récompenses, un bâton de maréchal peut-être, les premiers eussent saisi les rênes du char après la chute de son conducteur. Du reste, il pouvait bien se faire illusion, peut-être même ne pas se tromper dans ses ambitieuses espérances. Luynes, qui n'avait ni sa réputation de bravoure, ni sa haute origine, après avoir débarrassé Louis XIII d'un ministre que haïssait ce prince, n'était-il pas devenu connétable, chef du conseil, sans autre titre que celui de favori!

Dans cet événement, s'entre-mêlent le roman, la politique, le drame.

Chalais était marié; en même temps il était amoureux de la belle duchesse de Chevreuse. Il avait épousé la jeune veuve de Charles de Chabot, comte de Charny, Charlotte de Castille, dont le père était Castille, receveur du clergé, et la mère Charlotte Jeannin, fille du président Jeannin qui avait été ambassadeur en Espagne; son frère, Jeannin de Castille, avait succédé à son père dans la charge de receveur du clergé. Le père de la comtesse du Chalais avait quelque prétention de descendre des rois de Castille; ce qu'il y a de plus certain, c'est qu'il était mort le 6 juin 1607, seigneur, comme le disait de lui-même le financier Zamet, sous Henri IV, de plus de trois cent mille écus, somme très-considérable pour ce temps. Alors commençait pour la noblesse, dont la richesse territoriale déclinait avec la puissance féodale, cette recherche de riches mariages destinés à donner à de grands noms l'éclat d'un cadre doré. Du reste, la comtesse avait d'autres avantages que ceux de la fortune qui avaient fait d'elle un des partis les plus recherchés à la cour. Elle était au nombre des beautés que célébraient les poëtes. Lorsque le comte de Charny avait réussi à obtenir sa main, Malherbe écrivit pour lui ces stances :

Enfin ma patience et les soins que j'ai pris
Ont, selon mes souhaits, adouci les esprits
Dont l'injuste rigueur si longtemps m'a fait plaindre ;
    Cessons de soupirer,
Grâces à mon destin je n'ay plus rien à craindre,
    Et puis tout espérer, etc.

Une mort prématurée ayant ravi au comte de Charny son double trésor, le comte de Chalais, moins par de poétiques soupirs, que par l'éclat de sa naissance et de sa valeur, devint à son tour, en décembre 1623, l'heureux époux de Charlotte de Castille. Nous avons parlé de son courage ; sa naissance le rattachait aux comtes souverains du Périgord, dont l'un, à Hugues-Capet qui lui demandait : « Qui t'a fait comte? » ripostait par cette fière réponse : « Qui t'a fait roi? » Si Chalais eût réussi : au nom de la noblesse, une conversation de ce genre se fût sans doute établie avec la royauté, et le filet, soigneusement tissu par les successeurs de Hugues-Capet pour envelopper la France dans les mailles du pouvoir absolu, se fût déchiré.

La possession d'un trésor n'est pas sans péril, surtout lorsque le possesseur, non content du sien, court à d'autres conquêtes. Madame de Chalais fut-elle un peu légère? sans marcher sur le terrain perfide des représailles sérieuses, voulait-elle seulement parfois rappeler son mari des expéditions lointaines pour le ramener à la défense de son propre domaine? ou bien encore l'attrait involontaire de sa personne attirait-il des adorateurs qu'elle ne recherchait pas! Nous n'aborderons pas avec notre plume la solution délicate de ce triple problème, puisque le comte l'aborda lui-même avec son épée sans peut-être le parfaitement éclaircir.

D'Esguilly, frère du comte de Lude, le grand-maître de la Meilleraie, Roger de Daillon, baron de Pontgibaud, Christophe de Lévy, comte de Brion, duc d'Amville, un prince du sang, le comte de Soissons, s'efforcèrent de plaire à la comtesse. Parmi eux, Pontgibaud était connu pour un des hommes les plus beaux qu'on ait jamais vus. Sa flamme, célébrée par une chanson rendue publique, devint plus particulièrement désagréable au comte; un jour qu'il le rencontra sur le Pont-Neuf, il lui fit mettre l'épée à la main, et le tua.

Ce fut une amoureuse intrigue qui conduisit à son tour le comte de Chalais à la mort. Il aimait, nous l'avons dit, la duchesse de Chevreuse, Marie de Rohan, veuve du connétable de Luynes, qui avait épousé, en secondes noces, le duc de Chevreuse, de la maison de Lorraine. Madame de Chevreuse est au premier rang parmi les femmes qui ont joué un rôle politique dans un temps où la plupart de celles qui avaient de l'esprit et de la beauté cherchaient à se donner une influence sur la marche des événements. Cette école des femmes politiques date de la régence de Catherine de Médicis, qui prétendit lutter contre les obstacles et en triompher par l'ascendant peu moral d'un séduisant essaim de jeunes femmes et de jeunes filles de la noblesse, détournées de la vie simple, traditionnelle, patriarcale des vieux châteaux, pour l'existence brillante, mondaine et périlleuse de la cour. Cette princesse, imbue des idées faciles de sa patrie, créa l'institution des filles d'honneur, ces pages féminins de la reine dont les services trop souvent compromettaient un titre qui aurait dû rester immaculé. Plus d'une, sans doute, resta pure en traversant cette atmosphère; mais, parmi celles-ci, combien encore, devenues jeunes femmes, ne se souvinrent que trop des impressions premières qu'elles y avaient reçues! Madame de Chevreuse était l'amie de la reine Anne d'Autriche, qui ne connaissait de la part du triste Louis XIII que l'indifférence de l'époux et la rigueur du monarque. Richelieu entretenait ces dispositions; la reine le savait, parce que le ministre redoutait, sur le roi, tout autre ascendant que le sien. La reine offensée voulait donc perdre le ministre. Son amie la secondait de tout son pouvoir. Lorsqu'à une situation de ce genre vient se joindre l'intérêt, toujours si grand parmi les femmes, d'un mariage à faire ou à rompre, on comprend quelle ardeur dut être portée à l'entreprise.

Un mariage projeté compliquait, en effet, la situation : une compagne à donner au jeune frère du roi, Gaston, encore duc d'Anjou, depuis duc d'Orléans. La reine-mère pressait pour un mariage; mais le roi n'ayant pas d'enfants, Anne d'Autriche redoutait le mariage de son beau-frère qui, devant faire passer la couronne à sa descendance, attirait de son côté le prestige de la royauté. Le roi avait cédé à sa mère. Richelieu, incertain d'abord, s'était contenté de montrer les avantages et les inconvénients; mais il appuyait définitivement le mariage, parce qu'il s'agissait de Mademoiselle de Montpensier, d'une branche cadette de la maison de Bourbon, héritière d'une immense fortune, il est vrai; mais non d'une princesse étrangère, qui eût donné au prince un appui extérieur pour une politique contraire à celle du ministre.

Renverser Richelieu, rompre le mariage de Monsieur, tel fut le programme! Il ne pouvait qu'être agréable aux princes et à la noblesse. La maison de Condé était peu empressée pour le mariage de Monsieur; la première sur les marches du trône, il lui répugnait de descendre les degrés. Trois branches collatérales arrivées légitimement à la couronne depuis cent vingt-huit ans seulement, les d'Orléans avec Louis XII, les d'Angoulême avec François Ier, les Bourbons avec Henri IV, offraient l'exemple d'un avenir possible et flatteur. La noblesse voyait le mariage projeté avec déplaisir, non pour lui-même, comme les Condé; mais, parce que, comptant sur le duc d'Anjou comme sur un chef à opposer aux tendances de la politique royale, elle désirait pour lui une alliance puissante. Princes et gentilshommes, d'accord pour rompre le mariage, bien que par des motifs différents, étaient dans une identité de vues plus complète encore pour renverser le ministre.

La reine, les princes, la noblesse, se rencontrèrent ainsi dans une commune entente, sans concert préalable; mais celui-ci naquit, sans tarder, de la situation même. Pour donner à une tentative, dès lors inévitable, non l'apparence ou le fait d'une conspiration, mais une couleur et une réalité même que nous qualifierions de légalité, en moderne langage, il était habile d'envelopper dans la sphère de l'action le roi lui-même et son frère; on l'essaya.

Ni les désirs, ni les répulsions de la reine, ne pouvaient être des motifs pour Louis XIII de se laisser glisser sur la pente où cette princesse eût voulu l'entraîner. Il fallait arriver par d'autres voies. Sous le règne de plus d'un de ses prédécesseurs, la politique de Catherine de Médicis eût pu être tentée; mais Louis XIII, qui n'aimait pas la reine, n'aimait nulle autre femme, car on ne saurait donner le nom d'attachement à ce penchant timide que le roi manifestait pour Mademoiselle de Lafayette, fille d'honneur, à laquelle ses compagnes disaient en riant : « Ma commère, tu n'auras rien, le roi est sainct. » Sous Henri III, on se fût adressé à un mignon emprisonné dans son juste-au-corps étroit et dans sa haute collerette, à Caylus, à Joyeuse ou à Maugiron ; sous Louis XIII, il fallait s'adresser à un favori. Ce monarque en tutelle se révoltant en secret contre le joug qu'il subissait, que le maître véritable fût Concini ou fût le cardinal, avait besoin de s'épancher ; s'il avait eu du cœur, il se fût épanché dans le cœur d'un ami ; mais il n'en avait pas : égoïste et froid, il lui suffisait d'un favori. Dans son adolescence, Luynes lui avait plu par son talent à dresser des faucons pour la chasse, il devint favori. Le favori, après avoir débarrassé le roi de Concini, devint le maître. Richelieu ayant saisi le pouvoir, Chalais, qui ne lui portait pas ombrage, fut nommé grand-maître de la garde-robe et put devenir favori. Favori, triste rôle auprès de tous les monarques, mais plus triste encore auprès de Louis XIII confident sans être aimé, holocauste toujours prêt à livrer au cardinal ; et, pour tout intérêt du monarque, au moment suprême, quelques questions curieuses sur la grimace du mourant, ou quelque réflexion barbare comme celle-ci : « A l'heure qu'il est, M. le Grand[1] passe mal son temps. » Ce prince était naturellement cruel ; vainement, dans son enfance, essaya-t-on de le corriger pour son fé-

[1] Cinq-Mars, grand écuyer.

roce passe-temps à faire souffrir les animaux, et pour avoir voulu faire tuer un gentilhomme qu'il n'aimait pas : un lâche flatteur, afin de satisfaire ce barbare caprice, avait tiré sur ce gentilhomme une arquebuse chargée à poudre. Chalais ne portait pas ombrage au cardinal, parce que celui-ci ne le jugeait capable ni d'une haute ambition, ni d'un rôle politique; il plaisait au roi par ses prouesses; car depuis ses expéditions contre les protestants, Louis XIII se piquait de valeur guerrière. C'était donc sur le comte de Chalais qu'il fallait agir, pour agir par lui sur le roi; dès lors, l'amie de la reine, la duchesse de Chevreuse, développa son art de sirène pour séduire le favori.

Quant à Gaston, pour le détourner de son mariage avec Mademoiselle de Montpensier, on y réussit facilement par l'intermédiaire du maréchal d'Ornano, son gouverneur.

Ces projets, ces moyens d'action pour arriver au renversement du cardinal, grandissaient, se fortifiaient, pendant un voyage de la cour de Paris en Bretagne, où le roi se rendait pour présider les États. Par un concours favorable de circonstances, le cardinal n'était pas auprès du roi. Le ministre, en outre, devait avoir contre Chalais d'autant moins de méfiance que celui-ci venait de l'informer d'un complot pour l'enlever dans sa maison de Fleury, et avait déterminé Louis XIII à lui envoyer les trente chevau-légers et les trente gendarmes qui firent échouer la tentative.

Ce fait démontre que le comte de Chalais était loin d'avoir préparé de longue main sa périlleuse entreprise ; la séduction exercée sur lui par la duchesse de Chevreuse le décida, et il se trouva placé par elle au centre de la trame dont il devint le nœud. Autour de lui se groupent le prince de Marcillac, le comte d'Egmont, le duc de Montmorency, que la fatale destinée devait aussi conduire un jour sous la hache de l'exécuteur, le comte d'Aubeterre, Boisdanemets, Sauveterre, Baradas et bien d'autres ; nous nommons seulement les plus compromis. Les deux bâtards de Henri IV, le duc de Vendôme et le Grand-Prieur, toujours acquis au parti des mécontents, sont prêts à marcher avec eux. Le prince de Condé et le comte de Soissons les secondent ; à l'intérêt politique qui les unit tous deux se joint, pour le comte de Soissons, un intérêt de cœur ; il prétend lui-même à la main de Mademoiselle de Montpensier, et la rupture du mariage de Monsieur est son vœu le plus cher. Des émissaires sont envoyés aux gouverneurs des provinces pour les avertir de se tenir prêts à soutenir un mouvement contre le cardinal. La Motte Fénelon se rend en Périgord. Cette portion de la Guyenne, avec les provinces qui l'environnent, couverte de châteaux, patrie des plus illustres noms de la noblesse française, est le centre indiqué d'une tentative féodale; dans cette contrée, sous le règne suivant, expirera, avec la Fronde, son dernier effort. En cas d'échec, les chefs de l'entreprise se ménagent sur la frontière de France une place de retraite et de sûreté; d'Obazine est envoyé dans ce but au duc d'Épernon, gouverneur de Metz. On dépêche La Louvière à son frère, le cardinal de La Valette, ce guerrier prélat qui commanda des armées et qui préludait alors, par l'opposition la plus vive contre Richelieu, à l'obséquiosité et au dévouement qui le feront nommer plus tard par le duc d'Epernon, son père, le *cardinal-valet*.

Le roi lui-même fut-il difficile à séduire? nous ne le croyons pas. Il détestait son ministre, qui nous a confié, dans ses Mémoires, qu'il ne conservait son ascendant sur le roi qu'avec une peine infinie : « Ma puissance, disait-il à Du Tremblay, est plus fragile qu'elle ne paraît, parce que le roi ne m'aime pas, qu'il faut le convaincre pour le gouverner, et travailler sans cesse sur nouveaux frais. » Louis XIII dut écouter avec faveur des ouvertures qui le flattaient, les motifs étaient identiques à ceux qui l'avaient poussé à se défaire du maréchal d'Ancre. Pour gouverner par lui-même, il avait abattu ce Florentin parvenu; il était dominé de nouveau, donc il fallait abattre encore. La perte du ministre paraissait d'autant plus assurée que, par la politique habile de ceux qui la poursuivaient, tout complot disparaissait avec ses douteuses et périlleuses chances, pour faire place à un acte de la volonté royale qui aboutirait à un changement de ministère plus ou moins violent, suivant les nécessités ou le hasard des circonstances. Il n'est pas probable que Chalais, par prudence, ait initié le roi à tous les détails des projets concertés; toutefois, en cherchant à réveiller les griefs qui sommeillaient dans son cœur, il lui en dit trop peut-être; car si le roi haïssait Richelieu, il aimait sa politique; et il put entrevoir que l'entreprise ne menaçait pas seulement le ministre, mais devait entraîner la chute de sa politique même.

Sur ces entrefaites, on apprend que Richelieu va rejoindre la cour. Quelques pressentiments nés des bruits vagues que tout projet, même secret, répand autour de lui, le motif tout naturel de la tenue prochaine des États de Bretagne, le ramènent auprès du roi. L'inquiétude grandit à son approche : vient-il renverser sous ses pieds les conjurés avec la conjuration? vient-il lui-même se faire prendre au piége tendu par ses ennemis? On ne sait. Tout dépend de l'attitude que va prendre le roi.

Deux mesures inattendues augmentent les alarmes : on apprend qu'à Paris, Richelieu a fait arrêter et enfermer à Vincennes le maréchal d'Ornano; en même temps, Louis XIII lui-même fait arrêter à Blois et conduire au château d'Amboise le duc de Vendôme, gouverneur de Bretagne, et son frère, le Grand-Prieur, qui sont venus au-devant de lui. La cour, sous ces impressions peu rassurantes, quitte Blois et arrive à Nantes au milieu de l'anxiété la plus vive. Le cardinal y rejoint Louis XIII; aussitôt le comte de Chalais est déclaré prisonnier.

A ces coups de vigueur, on reconnaît la main du ministre et l'on ne peut plus douter qu'il n'ait reconquis son ascendant sur le roi. Louis XIII, comme l'écolier qui a retrouvé son maître et qui tremble d'être puni pour s'être émancipé pendant son absence avec un condisciple étourdi, est trop heureux de livrer son favori à la vengeance du ministre pour apaiser son courroux. Richelieu peut, sans obstacle, faire passer de la théorie à la pratique le système que, deux années auparavant, il a exposé au Conseil : « d'avoir pour maxime de toujours abaisser les grands, quand même ils se gouverneraient bien; comme si leur puissance les rendait si suspects, que leurs actions ne dussent point être considérées. » Ajoutant : « Que c'était chose injuste que de vouloir donner l'exemple par la punition des petits, qui sont arbres qui ne portent point d'ombre[1]. »

Il y avait de la logique dans cette politique : la noblesse avait un esprit d'indépendance qui ne pouvait concorder avec la marche d'un gouvernement sans contre-poids ; il eût été néanmoins plus dans l'intérêt de la grandeur monarchique et de sa durée, et surtout dans l'intérêt de la France, de discipliner la noblesse trop guerrière, dans les cadres d'un gouvernement représentatif régulier, que de l'anéantir politiquement ; mais la tendance était de marcher au pouvoir absolu, en conservant quelques courtisans sans puissance, comme simple ornement du trône par l'éclat de leurs noms. N'avoir plus qu'à régner sur ces petits tant prônés, parce qu'ils sont arbres qui ne portent point d'ombre, semblait alors une facile tâche. Les rois et leurs ministres voulaient se ménager les loisirs d'un gouvernement commode. Tout grand politique qu'était Richelieu, il ne soupçonnait même pas la puissance future de la démocratie. Quand les grands chênes de la forêt ont été abattus, le taillis, grandissant à son tour, a présenté d'ombreuses profondeurs ; l'antique monarchie s'y est égarée !

[1] Voyez dans les *Mémoires du cardinal de Richelieu*, l'exposition de sa conduite au conseil après la disgrâce de la Vieuville.

Le roi, ou plutôt Richelieu, fait expédier le 8 juillet 1626 une commission au garde des sceaux Marillac pour informer des faits de conjuration et de lèse-majesté dont Chalais est accusé. Cette commission est suivie de lettres patentes portant institution d'une chambre de justice criminelle; lettres enregistrées le 5 août au parlement de Rennes. Cette chambre se compose de membres pris dans le Conseil d'État et de membres pris dans le parlement de Bretagne; parmi les premiers, on remarque : Fouquet, Machault, Criqueville; parmi les seconds : Cussé, premier président du parlement, Bry, second président, Descartes et Hay, doyen et sous-doyen. Marillac préside; en ce jour, instrument docile du ministre, lui aussi doit plus tard compter au nombre de ses victimes, et expirer dans une prison, tandis que son frère, le maréchal, sera décapité.

Une commission de juges choisis par un gouvernement, n'est autre chose pour l'accusé que la certitude d'une condamnation.

Le roi désavouant son favori, cette commune entente, qui n'eût été qu'une aspiration permise à un changement de ministère, était une conspiration manifeste. Les fils en sont faciles à saisir; le comte de Louvigny, frère du maréchal de Gramont, en a livré la trame. Louvigny était soupçonné de ne pas être à son coup d'essai en fait de félonie. On rapportait que, se battant en duel contre le maréchal d'Hocquincourt, il lui avait dit : « Otons nos éperons; » et profitant du moment où son adversaire se baissait, il le transperça d'un coup d'épée dont il fut six mois à la mort[1]. Il était cependant l'ami de Chalais, qui lui avait rendu de nombreux services, et qui s'était efforcé de rétablir sa réputation compromise par ce duel; il en avait fait son plus intime confident dans cette entreprise contre Richelieu. Louvigny révéla tout; il chargea même son ami le plus qu'il lui fut possible, en déposant devant la commission, que Chalais avait formé le projet de tuer le cardinal et d'entraîner Monsieur dans une guerre contre le roi.

Les artifices de la duchesse de Chevreuse furent, d'après les mémoires du temps, particulièrement ceux de Madame de Motteville, la cause involontaire de la perte de Chalais. Prenant trop au sérieux sa politique de réussir par la séduction, la duchesse ne s'était pas bornée à vouloir soumettre le comte de Chalais à son tendre joug, tant elle était femme à ne rien négliger. Louvigny avait eu sa part de coquetteries et d'espérances ; mais s'apercevant qu'il était moins bien partagé que son

---

[1] Voyez les *Mémoires du maréchal de la Force*, et les *Historiettes* de Tallemant des Réaux.

ami, celui-ci devint un rival à ses yeux, et la jalousie lui fit trahir l'amitié.

Le duc d'Anjou se laissa entraîner sans peine à cette conduite de faiblesse, d'indifférence et d'abandon qui débute à ces malheureuses circonstances pour continuer, pendant le cours de ce règne, à faire de ses amis autant de victimes du cardinal. Il se résout à la célébration de son mariage avec Mademoiselle de Montpensier. Par un raffinement barbare, on permet que la nouvelle en soit portée à Chalais dans sa prison. Ce prélude peut lui faire entrevoir le sort qui l'attend. Surpris par cette nouvelle, il ne peut s'empêcher de reconnaître l'habileté du ministre qui l'a terrassé, et s'écrie : « Voilà une action de haut biseau, d'avoir non-seulement dissipé une grande faction, mais, en ôtant le sujet, avoir anéanti l'espérance de la rallier. Il n'appartenait qu'à la prudence du roi et de son ministre d'avoir fait ce coup-là ; il est bien employé qu'ils aient pris Monsieur entre bond et volée. Oh! roi trois fois heureux de se servir d'un si grand ministre! O grand ministre digne d'un si grand roi! M. le prince, quand il saura ceci, en sera bien marri, bien qu'il ne le dise pas, et M. le comte[1] en pleurera avec sa mère. » Cette douloureuse exclamation de Cha-

---

[1] Le comte de Soissons.

lais fut rapportée au garde des sceaux et signée par Lamont, exempt des gardes écossaises, préposé à la garde du prisonnier[1]. Monsieur avait su se ménager de belles conditions en retour de sa faiblesse; il avait demandé l'Orléanais, le pays Chartrain, le Blaisois et la Touraine; voici ce qui lui fut accordé : les duchés d'Orléans et de Chartres; le comté de Blois jusqu'à concurrence de cent mille livres de rente, avec tous droits sans en rien retenir, sauf les foi, hommage-lige, droit de ressort et de suzeraineté, la garde des églises privilégiées ou de fondation royale, la connaissance des cas royaux; droit de présentation au roi pour tous bénéfices, excepté aux évêchés; plus cent mille livres de pension sur la recette générale d'Orléans, et, par autres lettres-patentes, un brevet de cinq cent soixante mille livres de pension sur l'épargne royale. Tel fut le prix du sang! Il est à remarquer toutefois à quel point, au milieu de ces prodigalités, la prévoyance de Richelieu apparaît dans ces abandons qui ne constituent plus un de ces apanages d'autrefois, vrais démembrements de la couronne, mais une simple concession de revenus et de droits honorifiques.

La condamnation de Chalais par la commission instituée pour le juger n'était pas douteuse; elle

---

[1] *Mémoires du cardinal de Richelieu.*

fut prononcée. Restait pour ses amis l'espoir de la grâce; il fut déçu. Richelieu n'était pas porté à pardonner quand il s'agissait de sa vie, peut-être; à coup sûr de son autorité. Louis XIII n'était pas un prince à priver sa mélancolie des douloureux récits de la mort d'un favori. On tenta de soustraire la victime au supplice, à défaut d'un exécuteur. Par un dessein combiné, on le fit disparaître. Le comte ne devait pas échapper à son sort; un mercenaire inexpérimenté fut trouvé, un cordonnier, qui, par sa maladresse, fit du supplice un plus hideux spectacle encore, en le rendant plus douloureux.

Les jours de Chalais furent tranchés le 19 août 1626; il n'avait que vingt-six ans[1]. Il ne laissait de son mariage avec Charlotte de Castille qu'une fille qui est morte religieuse à Montmartre. Le comte de Chalais avait un frère aîné, Henry, père d'Adrien Blaise, prince de Chalais, premier mari de la princesse des Ursins que nous verrons dans la suite appeler auprès d'elle Angélique de Cosnac, nièce de Daniel de Cosnac.

Ce coup de vigueur de Richelieu dissipa la con-

[1] Nous avons écrit sur cette mort émouvante du comte de Chalais une tragédie que nous avons offerte au Théâtre-Français. La versification laissait à désirer sans doute, mais l'action était dramatiquement ménagée. M. Émile Augier, alors directeur, nous conseilla de convertir la pièce en un drame en prose. Nous n'avons pas encore donné suite à ce conseil.

juration formée contre son pouvoir, en atterrant ses ennemis, qui n'eussent jamais soupçonné tant de résolution et d'audace. Le cardinal manifestait pour la première fois ce qu'il serait désormais. La veille, il était seul contre tous; et, le lendemain, tous étaient réduits à trembler devant lui. A la nouvelle de l'arrestation de Chalais, le maréchal d'Ornano avait succombé à la Bastille, de saisissement, disent les uns, d'une mort violente, soupçonnèrent beaucoup d'autres. La reine, mandée devant le roi et le cardinal, fut en butte à une scène émouvante de reproches, et reçut la défense de se mêler des affaires de l'État; l'entrée de ses appartements fut interdite aux hommes lorsque le roi n'y serait pas. Richelieu avait donné à entendre à Louis XIII, pour le détacher des projets de ses ennemis, que leur but était de se défaire du Monarque lui-même et de faire épouser la reine par Monsieur. Le comte de Soissons quitta la cour à la hâte. La duchesse de Chevreuse, se séparant avec larmes de la reine, s'enfuit furtivement vers l'Espagne. Habillée en homme et accompagnée d'un gentilhomme qui ignorait son déguisement, elle fit à cheval ce long trajet, à travers tous les incidents que comportait cette situation difficile [1].

Cette fin funeste du comte de Chalais est l'expli-

[1] Voyez *Tallemant des Réaux*.

cation que donne Daniel de Cosnac de la retraite dans laquelle ses parents s'étaient confinés dans leur château, loin de la cour. Aucun document historique, nulle phrase dans les *Mémoires* de Daniel de Cosnac, ne donnent lieu de penser que son père ait participé à l'entreprise de son beau-frère; mais, par sa parenté, il dut toujours être soupçonné d'une connivence plus ou moins directe. Sa présence à la cour, sous les yeux d'un ministre soupçonneux, n'était plus possible; en outre, après un tel événement, elle ne pouvait être agréable à lui-même.

Bien que sa maison appartînt surtout à cette forte race des gentilshommes du vieux temps qui, maîtres et honorés chez eux, préféraient le séjour de leurs domaines à des situations plus élevées, mais dépendantes, auprès des rois, se bornant à accomplir auprès d'eux le service militaire de leurs fiefs, tels que Guillaume de Cosnac, chevalier, qui, en 1223, servit vaillamment Louis VIII dans la guerre contre les Albigeois, quelques-uns de ses ancêtres avaient cependant figuré dans leur entourage.

Louis de Cosnac, chevalier, seigneur de Cosnac, était l'un des cent gentilshommes du roi François Ier. Nous parlerons au chapitre suivant de sa mission en Espagne. Il avait épousé Claude de Beynac, de la puissante maison de Beynac, dont l'an=

tique château, avec le fief qui en dépendait, était une des quatre grandes baronnies du Périgord. Son testament est un témoignage de ses pieux sentiments et de ceux de son époque : après avoir prescrit sa sépulture à côté de celle de ses ancêtres, dans la chapelle du château de Cosnac, il y ordonne neuf cents messes à dire au jour de son enterrement, au service des trente jours et au bout de l'an [1].

Clément de Cosnac fut gentilhomme de la chambre de Henri III ; il fut, en outre, lieutenant de roi du gouvernement de Soissons. On le comptait au nombre des lames les mieux affilées de cette guerrière époque. Ce ne fut point sur un champ de bataille qu'il perdit la vie, mais dans une de ces rencontres devenues si fréquentes et si adoptées par la coutume, que les édits les plus sévères étaient impuissants à les empêcher. Sa rencontre avec le comte de Montrevel est citée par Tallemant des Réaux [2] au nombre des duels célèbres. Gravement insulté par Montrevel, il lui avait froidement adressé ce vers :

Pour une moindre injure on passe l'Achéron.

Ils se battirent sur l'emplacement du palais des

---

[1] Voyez les *Mémoires de Daniel de Cosnac*, ses preuves pour *l'Ordre du Saint-Esprit*.

[2] Voyez *Tallemant des Réaux*, édit. de M. de Monmerqué.

Tournelles démoli, comme un importun et triste souvenir, par Catherine de Médicis, après la mort de Henri II, emplacement qui servait de marché aux chevaux, et qui est devenu la place Royale entourée par Henri IV de constructions régulières. Clément de Cosnac fut mortellement blessé. On voyait jusqu'en 1790, au couvent des Grands-Cordeliers, son nom et ses armes que ces religieux avaient placés dans leur cloître en reconnaissance des dons qu'il leur fit en mourant. Il avait épousé Philippe du Prat, dame d'Assy, de la famille du célèbre chancelier de France, fille de François du Prat, baron de Thiers, et d'Anne Séguier.

Plus qu'aucun de ceux qui l'avaient précédé, Daniel de Cosnac était destiné à jouer un rôle à la cour de nos princes et de nos rois.

Confiné dans son château par le triste événement qui avait fait rejaillir jusqu'à lui la disgrâce royale, le père de Daniel de Cosnac ne s'occupa plus désormais que de l'éducation de ses enfants, du soin de ses vassaux, d'une pratique exacte des devoirs de la religion. Les progrès du protestantisme qu'il avait combattu les armes à la main dans les armées de Louis XIII assombrissaient seuls les joies de sa paisible vie. Le pasteur de la petite ville de Turenne ayant attaqué le dogme de l'Eucharistie dans une lettre publique, il ne put contenir l'élan de sa foi. Il n'y avait plus de guerres alors contre les protestants : d'ailleurs, tenter de convaincre par le raisonnement, n'est-ce pas l'arme la meilleure, la seule même qu'on dût employer? car le triomphe de la force n'a jamais rien prouvé. Après avoir combattu dans son jeune temps, ce fut ainsi qu'il se prit à penser sur ses vieux jours; prenant la plume, il écrivit un livre.

Sa préface ne manque pas d'intérêt sous plus d'un rapport :

« Au lecteur.

« Mon cher lecteur, vous trouverez estrange qu'une personne de ma condition, qui doit avoir plus de commerce avec les armes qu'avec les livres, et à qui la plume est mieux séante au chapeau qu'à la main, oze néantmoins entreprendre d'escrire des controverses sur le plus haut et le plus auguste de nos sacrements. *Sancta sanctis*, criait autrefois le diacre aux approches de ce redoutable mystère. Comme les choses saintes ne doivent estre maniées que par les saints, ainsi les choses doctes ne doivent estre traitées que par les doctes.

« J'avoue que cette considération m'auroit arrêté, si je n'avois esté animé par cette autre, que nul n'est dispensé de crier ou de courir à l'eau, quand il voit que le feu dévore la maison de son père. Lorsque les pirates attaquent un navire, ce ne sont pas seulement les pilotes et les matelots qui combattent, mais encore les passants et les voyageurs qui s'y sont embarquez, et on arme même jusques aux forçats. Aujourd'hui, dans ce déclin des siècles, où la vieillesse de la nature rend nos corps plus sujets aux maladies qu'ils n'étoient autrefois, ce ne sont pas les seuls pharmaciens qui dispensent les remèdes, les familles particulières se les sont rendus domestiques et familiers; et, en temps de peste, il n'est presqu'aucun qui ne compose son antidote. Quoique saint Augustin improuve en d'autres matières la démangeaison d'escrire, il l'approuve néantmoins en celle de controverse. Il est à souhaiter, dit-il, que là où les hérésies règnent on escrive en foule, quelque peu de talent que l'on ait; encore que les autheurs doivent se rencontrer non-seulement en mesme sujet, mais encore en mesmes conceptions; que les uns prennent un essor généreux et que les autres rampent, cela ne doit pas estre un motif de rebut. Une armée n'est pas toute composée de capitaines. Tous les peintres ne sont pas des Apelle, ni tous les philosophes des Platon et des Aristote. Lorsque Moyse dressa le Tabernacle, il receut indifféremment tous ceux qui portaient pour l'orner et pour l'embellir; et du mesme cœur qu'il accepta la pourpre, l'or et les pierreries des mains des riches, il accepta les poils de chèvre et les peaux de mouton des mains des pauvres. Et nostre Seigneur mesme en son Évangile loüe cette pauvre veuve qui n'avoit mis que deux oboles dans le trésor du Temple, et les préfère aux riches offrandes des autres. Ainsi, mon cher lecteur, vostre bonté me persuade que vous ne dédaignerez ce petit ouvrage d'où il parte; et que si vous estes catholique, il vous servira à vous confirmer en la sainte foy; et à vous y réduire, si vous estes de la religion prétendue. C'est ce que je demande au Ciel avec toute sorte de passion et de zèle[1]. »

Un père qui avait les sentiments d'une piété si sincère, ne pouvait voir qu'avec satisfaction un de ses fils se consacrer à l'Église; d'ailleurs, sa maison avait vu, presque à chaque génération, quelque membre adopter cette vocation. Parmi les femmes, on comptait, avant son époque : une abbesse du couvent de la Règle, à Limoges, et deux abbesses du couvent de Coiroux, auprès d'Aubazine; parmi les hommes : un cardinal, deux évêques, un savant jurisconsulte en droit canon.

Bertrand de Cosnac, docteur en théologie, prieur de Brive, en 1341, évêque de Comminges en 1354, avait été un saint évêque et un diplo-

---

[1] *Défense du livre des Vérités eucharistiques, enseignées par Notre Seigneur Jésus-Christ, contre la lettre du sieur Boutin, ministre de Turenne.* Par le seigneur de Cosnac. Imprimé à Brive, chez A. Alvitre, en 1656. Avec approbation.

mate habile; s'il eût écrit des mémoires, comme son arrière-neveu, ils eussent été également d'un grand intérêt historique. En l'année 1356, le 1er juillet, sous le pontificat d'Innocent VI, il ménagea une transaction sur les difficultés existantes entre le chapitre de l'église cathédrale d'Avignon et les habitants de la ville de Tarascon. A la fin de la même année, envoyé en Espagne en qualité de nonce du Saint-Siége, il en revint en 1364, et assista, en 1368, au concile de Lavaur. En 1370, le pape Urbain V le renvoya nonce en Espagne. L'année suivante, le pape Grégoire XI lui conféra la pourpre romaine; et, bien que l'usage fût que le souverain pontife ne remît la barette rouge que de sa propre main, afin de ne pas la lui faire attendre, par une exception qui fut remarquée, il la lui envoya en Espagne. Bertrand de Cosnac remplit, dans le cours de cette légation, deux missions d'une haute importance : il pacifia les graves différends qui divisaient les rois de Castille et d'Aragon; ensuite il aplanit les difficultés sérieuses et délicates qui s'étaient élevées entre Pierre, roi d'Aragon, et le clergé de Catalogne. L'archevêque de Tarragone et les autres prélats de cette province accusaient le roi de violer leurs immunités. Le concordat qui fut la suite de cet accord, fut signé à Barcelone, en 1372, entre le cardinal de Cosnac et la reine Éléonore, fondée de pouvoirs de son époux. L'autorité de cet acte fut si grande et si durable que Baluze dit qu'il était encore observé dans le temps où il écrivait, en 1693, et que, traduit de la langue latine en langue espagnole, il faisait partie des constitutions du droit municipal de cette province. Après avoir conduit à une si heureuse fin et d'une manière si remarquable les négociations dont il avait été chargé, le cardinal de Cosnac reprit, en la même année 1372, le chemin d'Avignon. Bien qu'ayant reçu le chapeau, il n'était que cardinal-prêtre parce que les titres ne se donnent qu'aux cardinaux qui font partie de la cour pontificale. Ainsi, même de nos jours, tous les évêques-cardinaux français ne sont que cardinaux-prêtres. Aussitôt arrivé à Avignon, le pape Grégoire XI lui conféra le titre de Saint-Marcel, c'est-à-dire le fit cardinal-évêque. Il mourut, en 1374, à Avignon, où il fut enterré dans l'église des Dominicains. Baluze, dans son *Histoire des papes d'Avignon*, a écrit sur lui un chapitre intitulé : *Bertrandus de Cosnaco, cardinalis*[1]. Dans le même ouvrage, il consacre un autre chapitre à la maison du cardinal, sous ce titre : *Cosnacorum Genealo-*

---

[1] Voyez édit. MDCXCIII, t. I, p. 428, 1069. Voyez aussi, sur Bertrand de Cosnac, son article et son portrait gravé, dans l'*Histoire des cardinaux français*, par Duchêne.

gia [1]. Le cardinal Hugues Rogier, neveu du pape Clément VI, Pierre Rogier, et oncle de Pierre Rogier, cardinal de Beaufort, qui devint pape sous le nom de Grégoire XI, avait institué son parent, le cardinal de Cosnac, un de ses exécuteurs testamentaires. Baluze rapporte ces dispositions testamentaires dans un chapitre intitulé : *Inventarium pecuniæ numeratæ quæ inventa est in arca Hugonis Rogierii, cardinalis, post ejus mortem* [2]. Curieux chapitre qui constate la forme embarrassante et dangereuse d'une immense fortune mobilière, à une époque où le placement de l'argent était défendu de toute autre manière qu'en acquisitions territoriales ; du reste, un pieux emploi était assigné dans le testament à cet immense trésor, particulièrement la fondation d'une église collégiale à Saint-Germain, près de Masseret, en Limousin.

Le cardinal Bertrand de Cosnac eut deux neveux, qui furent successivement évêques de Tulle : Bertrand de Cosnac, qui occupa ce siége de 1371 à 1376; Pierre de Cosnac, qui l'occupa de 1376 à 1402. Le cardinal institua l'évêque Pierre de Cosnac son exécuteur testamentaire; un acte de 1381, rapporté dans les *Preuves de Daniel de Cosnac pour*

---

[1] Voyez édit. mdcxciii, t. I, p. 1433. Cette généalogie est écrite dans la forme de celle de N.-S. Jésus-Christ.

[2] Voyez édit. de mdcxciii, t. II, p. 762.

l'Ordre du Saint-Esprit, est la quittance donnée à l'évêque par l'abbé de Solemniac de la somme de trois cent huit florins d'or légués par son oncle le cardinal, à l'abbaye. Les deux évêques de Tulle eurent un troisième frère également engagé dans les ordres sacrés, Raymond de Cosnac, archidiacre d'Aure, au diocèse de Comminges, savant jurisconsulte en droit canon. Il assista, en cette qualité, au concile tenu à Paris, en 1392, pour la déposition de l'anti-pape Benoît XIII. Baluze nous a conservé le discours qu'il prononça dans cette assemblée[1], dont il détermina les suffrages.

Cette pieuse tradition de la maison de Cosnac de compter quelques-uns de ses membres au service des autels, s'est perpétuée. Après Daniel de Cosnac, successivement évêque et comte de Valence et de Die, archevêque d'Aix, Gabriel de Cosnac et Gabriel-Joseph de Cosnac furent évêques et comtes de Die. Sous la restauration, Jean-Joseph-Marie-Victoire de Cosnac, évêque de Meaux, fut nommé, par Charles X, archevêque de Sens, peu de temps avant la révolution de 1830.

Suivant l'usage de la province du Limousin,

---

[1] *Histoire de Tulle*, par Baluze. Le chapitre VI est intitulé : *De Bertrando et Petro de Cosnaco, episcopis*. Le discours de Raymond de Cosnac est rapporté p. 209, édit. de 1717.

ainsi que Daniel de Cosnac le rapporte dans ses Mémoires, son frère aîné était destiné à recueillir presque tout le bien de sa maison ; le second ayant peu d'attrait pour les lettres, l'éducation du troisième fut, dès ses jeunes années, dirigée du côté de l'état religieux. Il était, en outre, d'assez délicate complexion, et dans un temps où un gentilhomme devait, ou porter les armes, ou se consacrer à Dieu, sa carrière était tracée. La direction de l'éducation et des études a toujours la plus grande influence sur les vocations; aussi Daniel de Cosnac, arrivé à l'âge où l'on se détermine par soi-même, sans ressentir cependant aucun de ces entraînements irrésistibles pour quelques-uns, accepta, comme toute naturelle, la voie qui s'ouvrait devant lui, voie dans laquelle sa vocation le confirma sans hésiter, car, à l'époque du mariage du prince de Conti, il était si peu engagé dans les ordres, qu'à l'exemple du prince auquel il était attaché, il lui eût été facile de renoncer à l'état ecclésiastique. Bien que, dans sa famille, il y eût d'anciens et brillants exemples de hautes positions dans l'Église, un motif d'ambition pour leur fils n'avait point été le mobile de ses parents pour le guider dans cette carrière. Ils étaient, on le sait, en disgrâce à la cour, et, depuis le concordat de François Ier qui avait enlevé aux églises l'élection aux bénéfices et aux dignités ecclésiastiques, pour remettre les nominations au roi, avec approbation des nominations par le souverain pontife, on n'arrivait aux évêchés que par la faveur royale. Les modestes vues de ses parents pour leur fils consistaient uniquement dans la succession probable des bénéfices de cinq ou six mille livres de rente possédés par son oncle Clément de Cosnac, bachelier de Sorbonne, prieur de Croixe et archiprêtre de Brive.

Daniel de Cosnac passa ses premières années dans la maison paternelle; mais dès qu'il fut en âge d'apprendre, il fut mis à Brive, d'abord, ensuite au collége de Périgueux, où il continua ses études jusqu'à la classe de philosophie. En 1644, ses parents l'envoyèrent à Paris au collége de Navarre; il avait alors quatorze ans. Ce collége était un des plus renommés de l'Université de Paris, qui jouissait elle-même en France et dans toute l'Europe d'une célébrité méritée. A notre époque, les sciences sont arrivées à un développement alors inconnu; dans ce temps elles ne faisaient que naître; mais l'étude des langues mortes, les lettres anciennes, étaient autrement apprises qu'aujourd'hui; le moindre écolier parlait le latin et comprenait le grec; maintenant, il faut se tenir pour satisfait si nos meilleurs comprennent le latin, et lisent le grec sans le comprendre; et même quand ils en sont arrivés là, beaucoup égalent ou surpassent même la science de leurs professeurs. Il est juste de dire qu'ils ont employé à ce beau résultat huit ou dix des plus belles années de leur vie.

Cette célèbre Université de Paris, composée d'écoles éparses, n'avait commencé à former un corps que sous saint Louis. Le savoir était alors désigné sous le nom général de clergie, qui rappelle que le clergé était le dispensateur du savoir littéraire et scientifique; car le mot clerc était devenu à peu près synonyme de savant. Les études se divisaient en deux parts désignées sous les noms, un peu pédantesques, de *trivium* et de *quadrivium*, du nombre des branches d'études qu'ils embrassaient. Le *trivium* comprenant : la grammaire, la rhétorique, la dialectique; le *quadrivium* : l'arithmétique, l'astronomie, la géométrie et la musique; réunis, ils formaient ce que l'on appelait les sept arts libéraux. Après l'étude des lettres, les sciences, dans la mesure des connaissances du temps, et les arts d'agrément étaient donc loin d'être négligés. La bifurcation, dont le succès a été fort éphémère, heureusement, n'avait pas encore été inventée. On n'avait pas l'idée de retrancher aux écoliers l'étude d'une partie essentielle des connaissances humaines, sous le prétexte d'avoir des hommes plus précoces à offrir au service de la patrie. Aussi nous voyons aujourd'hui, les uns, magistrats par exemple, si une question de géométrie, de physique, de science quelconque se présente à leur appréciation, faire preuve, parfois, d'une déplorable ignorance qui peut nuire à l'exercice même de leurs fonctions; les autres, militaires, étrangers quelquefois à l'orthographe même de la patrie qu'ils défendent, le sont encore plus, dans ce cas, à la littérature. Ne pourrait-on pas reporter les études spéciales pour les carrières, et par suite l'entrée des carrières elles-mêmes, à un âge où l'éducation serait complète, solide et forte? Avec les progrès que le temps a fait faire aux sciences, avec les richesses littéraires qui s'augmentent des apports de chaque siècle, à quels résultats n'arriverions-nous pas? On formerait ainsi des hommes et surtout des caractères; au lieu que les générations sont étiolées par les connaissances à haute dose, quoique incomplètes, qu'elles doivent approfondir avant maturité. Les caractères sont énervés par cette précoce fatigue; le jugement lui-même est faussé le plus souvent, parce que l'on a trop appris avant d'avoir réfléchi.

Le collége de Navarre était situé sur la montagne Sainte-Geneviève, sur l'emplacement occupé aujourd'hui par l'école Polytechnique; ce collége avait été fondé, en 1304, par Jeanne de Navarre, femme de Philippe-le-Bel. Il fut ruiné pendant les troubles funestes des factions des Bourguignons et des Armagnacs, et rétabli par Louis XI, en 1464. On y professait les principes de l'Église Gallicane, si en honneur dans la vieille Université, à la Sorbonne, dans tout le clergé séculier, dans les parlements et dans toute l'ancienne France; principes remis par saint Louis dans un jour plus éclatant, garantis par sa Pragmatique-Sanction; plus tard par celle de Charles VII, et par le concordat de François Ier. Ces principes peuvent avoir cessé d'avoir leur raison d'être aujourd'hui que les circonstances politiques sont si profondément changées; mais constatons, pour l'éternel honneur de notre Église Gallicane d'autrefois, que tandis qu'elle sauvegardait l'unité religieuse par une profonde union avec le Saint-Siége dans les questions de foi et de dogme, en proclamant, d'autre part, l'indépendance politique des nations et de leurs chefs, au point de vue temporel, elle a sauvé la France des schismes déplorables de l'Angleterre et d'une partie de l'Europe.

Au quinzième siècle, un des proviseurs du collége de Navarre, Nicolas Clémengis, docteur de Sorbonne, publia des écrits dans lesquels il se posa en zélé défenseur de ces doctrines. Il fut enterré dans la chapelle du collége au-dessous de la lampe qui brûlait devant l'autel; suivant l'esprit du temps, on ne manqua pas de faire ressortir cette circonstance dans l'inscription gravée sur la pierre du tombeau :

Qui lampas fuit Ecclesiæ, sub lampade jacet.

Jean de Launay a écrit l'histoire de ce collége. Le célèbre Guy Coquille raconte, dans son histoire du Nivernais, que le fils aîné du roi de France est le premier boursier; mais comme la place restait inoccupée, le revenu de la bourse était employé à l'achat de verges pour la correction des écoliers.

L'usage de ce moyen violent était un vice de l'ancienne éducation; on ne le ménageait même pas pour les jeunes princes qui devaient un jour porter la couronne. Henri IV le fit fréquemment infliger et l'infligea lui-même à Louis XIII. Sous Louis XIV, le duc de Montausier, gouverneur du grand Dauphin, dont Bossuet fut le précepteur, chargé de cette fonction, se qualifiait en riant : l'exécuteur des hautes œuvres.

Au collége de Navarre, on avait jadis porté jusqu'à l'abus l'emploi des ressources extraordinaires que procurait la munificence royale. On dut y remédier : un arrêt du parlement du 27 janvier 1576, condamna à la suspension pendant un an, à soixante livres de dommages envers l'écolier, à la prison jusqu'à parfait payement, un sous-maître,

Julien Pelletier, qui avait cruellement fustigé un écolier du nom de Julien Lebègue. Cette correction parlementaire à l'adresse d'un sous-maître, dut amortir ce zèle excessif pour la répression, sans nuire aux bonnes études, car le collége de Navarre fut toujours un des plus renommés de l'ancienne université.

En envoyant Daniel de Cosnac au collége de Navarre, ses parents ne confiaient pas à ses professeurs l'éducation d'un élève ordinaire : il avait une grande facilité et une extrême aptitude à toutes choses. Quant à son caractère, nous manquons de détails à cette époque de sa vie. Il devait porter naturellement les germes de ce qu'il fut plus tard, avec des lignes extérieures plus accusées et moins de consistance à l'intérieur; car le temps qui dessèche physiquement et moralement presque toujours, adoucit les contours par le frottement, tandis qu'il durcit la masse.

Nous savons que Daniel de Cosnac, devenu homme, avait l'esprit caustique et mordant, une conversation brillante, des réparties si empreintes de vivacité et de sel, que l'abbé de Choisy, qui nous en a conservé quelques-unes[1], regrette qu'elles n'aient pas été recueillies en plus grand

---

[1] Voyez, dans les *Mémoires de l'abbé de Choisy*, le livre consacré à l'évêque de Valence.

nombre. Son activité était extrême et se plaisait au milieu des complications même dont elle se faisait un jeu. Il avait de la décision et de la fermeté, une grande élévation dans les sentiments.

La marquise de Sévigné donne un témoignage éclatant de son esprit, de sa franchise, de la hauteur de ses vues, mais aussi de sa vivacité, dans ce passage d'une lettre à sa fille :

« L'archevêque d'Aix a de grandes pensées, mais plus il est vif, plus il faut approcher de lui comme des chevaux qui ruent, et surtout ne rien garder sur votre cœur[1]. »

Le duc de Saint-Simon constate son élévation de caractère, sa hardiesse et sa fermeté dans ce passage de ses Mémoires. « Il était haut, hardi et libre, et qui se faisoit craindre et compter parmi les ministres. Cet ancien commerce intime avec Madame dans beaucoup de choses, dans lequel le roi étoit entré avec lui, lui avoit acquis une liberté et une familiarité avec lui qu'il sut conserver et s'en avantager toute sa vie. »

Daniel de Cosnac prit au collége de Navarre le degré de maître-ès-arts, c'est-à-dire maître dans les sept arts libéraux. Ce degré précédait celui de bachelier qui, de nos jours, est le premier à franchir de l'échelon universitaire. Il fut reçu bache-

---

[1] Lettre datée de Paris, le 19 janvier 1689.

lier en 1648, continua ses études pendant deux années encore, et fut reçu licencié en 1650. Il prit aussi le diplôme de bachelier en Sorbonne. Grâce à sa studieuse facilité, il avait obtenu ces divers diplômes universitaires avant l'âge ordinaire et bien avant de pouvoir entrer dans les ordres sacrés auxquels il se destinait. A partir de ce moment, les circonstances, malgré sa grande jeunesse, le jetèrent au milieu des événements de la politique et de la guerre.

CHAPITRE II.

Désir de Daniel de Cosnac d'aller à Rome. — Le village de Nazareth. — Formation et caractère du régime féodal. — Aspect du château de Turenne. — Histoire de la vicomté de Turenne et de ses quatre dynasties. — Erreur historique touchant l'origine de la maison de Noailles. — Les premiers vicomtes de Turenne institués par Charles Martel. — Les Comborn. — Les Comminges. — Les d'Aragon. — Les Beaufort. — Deux papes de cette maison. — Les mariages de trois sœurs de la maison de Gimel. — Les La Tour d'Auvergne. — Curieux testament d'Antoine, vicomte de Turenne. — Le vicomte de Turenne, Louis de Cosnac et Antoine de Noailles, envoyés à Madrid pour la célébration du mariage, par procuration, de François Ier avec Éléonore d'Autriche. — La seigneurie de Noailles devient la possession de la maison de Cosnac. — Procès de famille. — Splendides funérailles de François II, vicomte de Turenne — Henri, vicomte de Turenne, premier duc de Bouillon de sa maison. — Frédéric Maurice, duc de Bouillon. — Le maréchal de Turenne. — Langlade. — Daniel de Cosnac est attaché au prince de Conti. — Le duc de la Rochefoucauld le présente à ce prince.

Si Daniel de Cosnac eût été moins précoce à subir ses thèses et à prendre ses degrés, il eût passé sans interruption de ses études à la prêtrise et serait arrivé de plain-pied aux modestes bénéfices ecclésiastiques que la disgrâce de ses parents leur avait fait entrevoir comme le seul avenir auquel leur fils pût prétendre. Mais il y avait pour ce jeune homme un intervalle de temps à laisser écouler avant l'âge de la prêtrise; il chercha l'emploi de ce temps, et le trouva si heureusement que ces commencements décidèrent de sa célébrité. A vingt-quatre ans il était évêque, avant même d'avoir reçu les ordres sacrés.

En raison de la profession à laquelle il se destinait, sa première pensée fut d'aller à Rome, auprès du Souverain-Pontife, comptant pour être introduit sur l'appui du duc de Bouillon, qui avait fait, à une époque de disgrâce, un long séjour dans la ville éternelle. La proximité des terres de sa famille de la vicomté de Turenne, une parenté assez proche pouvaient lui assurer ce puissant concours.

Lorsque du château de Cosnac se dirigeant vers le Midi, on a franchi l'arête montagneuse qui s'étend de Noailles à Noailhac, on traverse un village qui porte le nom de Nazareth, tout empreint des souvenirs légendaires de l'héroïque époque des croisades. C'est là que les vicomtes de Turenne, au retour de ces expéditions lointaines, avaient fait la pieuse fondation d'un hospice sous la garde des chevaliers du Temple, dont ce lieu devint une commanderie. Ils lui donnèrent le nom vénéré de la bourgade de Galilée, où le Sauveur passa les premières années de sa vie. L'hospice a disparu, mais la chapelle, sorte de grotte massive et sans architecture, frappe par sa simplicité au milieu des constructions qui l'environnent. Les maisons du village, construites en pierres de taille, solides et uniques matériaux employés dans la contrée, montrent au voyageur surpris un village du onzième et douzième siècle auquel le temps n'a pour ainsi dire point touché. Un escalier en pierre, recouvert d'un auvent, et montant au premier étage, forme une sorte de pièce extérieure où se déroule une partie de la vie domestique. Les sveltes tourelles, gardiennes avancées, veillent encore au flanc de chaque maison. Le jour ne pénètre à l'intérieur qu'en passant par des baies sculptées que surmontent souvent les armoiries de quelque petit noble vicomtain ; on appelait ainsi ceux qui avaient été anoblis par les vicomtes de Turenne qui jouissaient de cette royale prérogative exercée par eux jusque sous le règne de Louis XV. Dans ce coin reculé du monde, dans ce Pompeï du moyen âge, l'oubli a accompli la même œuvre que les cendres du Vésuve pour le Pompeï romain. On s'attend à voir paraître sur son destrier bardé de fer un chevalier à la cotte de mailles, au casque surmonté du panache ondoyant, au bras gauche passé dans les courroies de l'écu émaillé d'armoiries symboliques, de la main droite qui a replacé au fourreau la vaillante épée, rendant, avec un mâle et bienveillant sourire, le salut de ses vassaux accourus sur le pas de leurs portes pour acclamer le bon seigneur.

Chaque époque politique et sociale a sa raison d'être; quel que soit son symbole, le temps doit l'emporter; mais malheur et honte à ceux qui, méconnaissant les grandeurs du passé, veulent en maculer le souvenir avec la boue du venin de leur envie! Les temps modernes ont leur grandeur par leur unité, la douceur de leur vie, leur civilisation ; mais les temps passés avaient leur générosité et leur poétique rudesse : ils ont eu même leur popularité. En effet, nulle institution durable ne s'établit que par une sorte de consentement exprès ou tacite de la majorité. Dans le chaos qui suivit la chute de l'empire romain, au milieu de ces alluvions de barbares de la Germanie qui venaient recouvrir l'ancien monde de leurs couches superposées, de ces invasions venues du Midi proclamant l'Alcoran avec le tranchant du sabre, de ces descentes de pirates du Nord qui ont laissé leur nom à l'une de nos provinces, l'unité du gouvernement sur une vaste étendue était impossible; chaque point du territoire dut avoir son centre de gouvernement et de résistance. Les habitants des campagnes se groupèrent autour du possesseur libre du franc-alleu, descendant des Francs conquérants, mais toujours menacés dans leurs conquêtes. Le franc-alleu s'inféodant au-dessus et au-dessous de lui, devint un fief incorporé dans une hiérarchie de fiefs descendant depuis le roi jusqu'au dernier vassal, en passant, entre ces deux extrêmes, par le duc ou le comte de la province relevant du roi, par le seigneur banneret relevant du duc ou du comte; mais chez ce dernier, investi de la haute, basse et moyenne justice, du droit de lever les impôts, du commandement militaire, ne devant au suzerain que l'hommage et un service limité, résidait la vraie souveraineté : aussi le roi lui-même n'exerçait la plénitude de l'autorité royale que dans ses domaines particuliers. Cette souveraineté des seigneurs fut populaire à son origine, parce qu'elle était éminemment protectrice. Les maisons des vassaux se rangeaient à l'envi autour du château ; en cas de péril, les hautes tours reliées entre elles par une enceinte de courtines crénelées, servaient de refuge et de défense pour tous. Ce que cette souveraineté trop rapprochée aurait pu avoir de trop exigeant, était tempéré par ce brillant et généreux corollaire de la féodalité, la chevalerie, institution dont la démocratie même honore le souvenir dans les ordres qu'elle fonde ou qu'elle conserve, et par la religion rappelant aux hommes, non cette égalité sociale absolue qui serait la barbarie, la négation même de toute société civilisée; mais cette égalité qui, sans détruire la différence de rangs et des conditions qui n'est dans l'ordre politique que la reproduction harmonique du tableau de la nature, enseigne la communauté d'origine et de fin, l'égalité de tous devant la justice de Dieu et la récompense suivant les œuvres.

Le voyageur continue sa route, et l'illusion du passé chemine encore avec lui. Au sortir de Nazareth, le plateau s'ouvre devant lui par une déchirure profonde; de chaque côté courent des collines aux flancs escarpés, qui s'abaissent au loin vers la riche plaine du Quercy où coule la Dordogne. Au fond de la vallée que l'œil domine, la Tourmente roule ses eaux rapides. En perspective, sur un promontoire qui s'élève à pic, se dresse majestueux le château de Turenne; sa masse domine le rocher qui vient humilier à ses pieds ses blocs escarpés, et les tours à demi ruinées, plus élevées encore, dominent le château. Isolées dans l'atmosphère bleu qui les entoure, on dirait les hauts mâts d'un vaisseau qui est venu jeter l'ancre dans une rade découpée sur les bords de l'Océan. Les maisons de la petite ville de Turenne qui se groupent sous cette ombre protectrice, semblent de frêles esquifs auprès du grand navire.

Aux divers points de l'horizon surgissent sur les hauteurs les vieux débris des châteaux inféodés à Turenne, formant à l'entour les fleurons solides de la couronne vicomtale ; parmi ces débris s'élèvent encore avec tristesse les tours démantelées de Lignerac et de Chabrignac.

Tandis que le voyageur étonné, contemplant en silence ce tableau vivant de la féodalité, croit vivre dans les siècles écoulés, une colonne de blanche fumée, par un jet horizontal, s'étend dans la vallée, un bruit strident retentit à son oreille : c'est un train de chemin de fer qui, à peine entrevu, disparaît dans les entrailles mêmes de la terre sous un tunnel profond. Ce bruit étrange dans ces solitudes rappelle le voyageur au temps présent; mais il admire encore, et il interroge l'histoire de ces débris imposants du passé.

La vicomté de Turenne n'était pas, en effet, un fief ordinaire, elle figurait au rang des grands fiefs qui relevaient directement de la couronne. Il comprenait le Quercy et une partie du Languedoc; mais situé sur les confins du Limousin, une très-faible partie de cette province en dépendait. La seigneurie de Cosnac, bien que distante de moins de douze kilomètres, n'en relevait pas, mais relevait de la vicomté de Limoges, et directement du roi, depuis que l'avénement de Henri IV avait réuni à la couronne cette vicomté dont il était héritier par la maison d'Albret. La seigneurie de Noailles, au contraire, sans être beaucoup plus voisine, relevait de Turenne ; ce motif, lorsque Noailles fut érigé, sous le règne de Louis XIV, en duché-pairie, obligea de faire cette érection, non sur la terre de Noailles proprement dite, mais sur celle d'Ayen qui relevait de la vicomté de Limoges et par conséquent du roi.

Cette vassalité de la seigneurie de Noailles à l'égard de la vicomté de Turenne a donné lieu à une interprétation ridicule qui ne prouve que l'ignorance des usages féodaux et de la valeur ancienne des mots. L'antique et illustre maison de Noailles aurait débuté par la domesticité dans le château de Turenne, attendu que Hugues de Noailles, qui vivait au commencement du treizième siècle, avait été *page* ou même *varlet* d'un des vicomtes. La dénomination de serviteur s'appliquait, ainsi que l'étymologie l'indique, à ceux qui remplissaient des fonctions serviles; mais celle de domestique, qui n'entraînait aucune idée basse avec elle, se prenait dans une acception toute différente de celle d'aujourd'hui; jusqu'à la fin du dix-septième siècle, elle était usitée pour désigner les gentilshommes attachés à la maison des rois, des princes et des grands seigneurs. D'après les coutumes de la chevalerie, le jeune gentilhomme devait passer par tous les degrés, comme le soldat moderne porte dans son sac le bâton de maréchal. D'abord page ou varlet, ces deux expressions étaient synonymes et n'entraînaient aucune idée de servilité, il apprenait, dans la maison d'un grand seigneur, le devoir de la défense du faible, le respect dû aux dames, le maniement des chevaux et des armes, la science de la guerre, les déduits de la chasse et un peu de ce gai savoir littéraire des troubadours et des trouvères, qui eurent d'illustres représentants, tels que Bertrand de Born d'Hautefort et Bernard de Ventadour, parmi les plus anciennes familles du Limousin. Devenu homme, le page passait écuyer et servait son chevalier dans les combats; quel que fût son lignage, il n'était armé chevalier lui-même que lorsqu'il avait fait les preuves de prouesse exigées.

Par suite des vicissitudes des événements et des partages de famille, la vicomté de Turenne avait éprouvé des amoindrissements successifs, et sa mouvance se réduisait à un rayon assez rapproché, lorsque Louis XV réunit à la couronne ce dernier des grands fiefs de France. Le duc de Bouillon, pressé par des embarras d'argent, vendit au roi sa vicomté. Les habitants s'émurent à cette nouvelle; la réunion à la couronne leur faisait perdre des priviléges et des exemptions importantes d'impôt; ils proposèrent au duc de lui faire la somme nécessaire pour désintéresser ses créanciers, afin qu'il pût conserver son fief;

mais Louis XV refusa de revenir sur les engagements du marché.

Plusieurs familles illustres ont possédé la vicomté de Turenne par suite d'alliances successives, ce fief s'étant toujours transmis en ligne directe, même par les femmes, au préjudice des branches collatérales. Ces familles se classent en quatre dynasties, les maisons de Comminges et d'Aragon n'ayant fait que passer.

La première dynastie paraît remonter aux concessions faites par Charles Martel. Le plus ancien seigneur dont l'histoire ait retenu le nom, est Rodulphe qui vivait sous le règne de Louis-le-Débonnaire; son fils Godefroy fut le premier qui porta le titre de vicomte. Bernard, dernier vicomte de cette première dynastie, avait deux filles : l'une mariée à Archambaud de Comborn, l'autre à Ranulfe, vicomte d'Aubusson. La première porta la vicomté dans la puissante maison de Comborn, qui se trouva posséder à la fois les trois grands fiefs du Limousin : les vicomtés de Limoges, de Turenne et de Ventadour. La branche des Comborn devenue titulaire de la vicomté de Turenne produisit une lignée de sept vicomtes qui portèrent tous le prénom de Raymond; d'où vint cet usage d'appeler monnaie raymondaise la monnaie que leur haute souveraineté leur donnait le droit de frapper. Raymond VII, le dernier, eut une fille, Marguerite, qui porta, en 1285, la vicomté à Bernard de Comminges. Leur fille Cécile porta, par son mariage, la vicomté à Jacques d'Aragon, et fut habiter l'Espagne. A la mort de son mari, Philippe VI, roi de France, investit pour la conservation des droits de Cécile et de ses enfants, Guillaume, seigneur de Cosnac, de la garde et du gouvernement du château et de la vicomté de Turenne; celui-ci en fit, par acte authentique du 27 septembre 1340[1], la remise à Cécile et à ses enfants; elle est qualifiée dans cet acte puissante dame Cécile de Comminges, comtesse d'Urgel et de Comminges, vicomtesse de Turenne. Cécile de Comminges vendit la vicomté de Turenne cent quarante-cinq mille florins d'or à Guillaume Rogier, comte de Beaufort, mari de sa sœur Aliénor. Pendant ces transmissions de la vicomté de Turenne de familles en familles, la souche des vicomtes de la maison de Comborn subsistait encore dans une branche cadette qui portait le nom de Turenne d'Aynac et devint vassale des Beaufort. Guillaume Rogier reçut l'hommage du seigneur d'Aynac. Guillaume Rogier, dont le père était seigneur de Maumont et des Roziers, avait pour

---

[1] Voyez les preuves de noblesse de Daniel de Cosnac pour l'Ordre du Saint-Esprit, t. II de ses *Mémoires*.

frère le pape Clément VI, Pierre Rogier, qui acheta de Jeanne, reine de Sicile, le comtat Venaissin. Un autre pape, Grégoire XI, sortit de cette illustre maison. Sous cette dynastie des Beaufort, une ancienne maison du Limousin, celle de Gimel, apporta avec trois sœurs une alliance étroite entre les châteaux de Turenne, de Noailles et de Cosnac. Louise, l'aînée, avait épousé, vers l'année 1430, Hélie, seigneur de Cosnac[1]; Blanche, la seconde, fut mariée à Rogier de Beaufort, vicomte de Turenne; Jeanne, la troisième, à Jean, seigneur de Noailles. Dans une note inscrite sur une généalogie de la maison de Cosnac provenant du cabinet de d'Hozier, on lit que l'archevêque d'Aix, Daniel de Cosnac, racontait que le vicomte de Turenne, se trouvant un jour en visite au château de Cosnac, avait été frappé de la beauté de Blanche de Gimel et l'avait épousée, bien qu'avec sa grande situation il eût pu prétendre à de plus hauts partis. Baluze, dans son *Histoire de la maison d'Auvergne*, allant plus loin que l'archevêque d'Aix, insiste beaucoup sur l'alliance plus brillante que le vicomte aurait pu faire; mais il ne faut pas oublier que le savant

---

[1] Baluze, dans son *Histoire de la maison d'Auvergne*, commet une erreur en disant que l'aînée des trois sœurs fut mariée dans la maison de Budes, c'est de Cosnac qu'il fallait dire. Le fait est attesté par les preuves authentiques de noblesse de Daniel de Cosnac pour l'Ordre du Saint-Esprit, par la généalogie de la maison de Noailles, etc.

écrivain s'était fait l'avocat des prétentions exagérées de la maison de La Tour, en voie de dédaigner son haut lignage nobiliaire pour afficher des prétentions de maison souveraine. L'archevêque d'Aix et Baluze ont omis de remarquer que Blanche de Gimel, n'eût-elle assuré à son mari que l'entière possession de la vicomté de Turenne, cet apport faisait d'elle, à part sa beauté, un parti plus avantageux que d'autres qui auraient paru plus brillants peut-être. La maison de Gimel représentait par les femmes, les droits d'une branche de la maison de Beaufort qui réclamait, par un procès pendant, la moitié de la vicomté de Turenne. Cette alliance termina le différend.

Les Beaufort fournirent plusieurs générations de vicomtes. En 1444, Anne, fille de Pierre de Beaufort, apporta la vicomté à Agne de La Tour, son mari, seigneur d'Oliergues, en Auvergne.

A cette même époque où le nom de Beaufort s'éteignait dans la maison de La Tour, le château de Beaufort perdait lui-même son nom par une circonstance mémorable : ce château, situé en amont de Brive, sur la rive droite de la Corrèze, était tombé, à la suite des guerres contre les Anglais, entre les mains d'une de ces troupes d'aventuriers appelés Brabançons, qui en avaient fait un repaire d'où ils se répandaient dans la contrée pour commettre les plus horribles ravages. Les seigneurs du Limousin se réunirent et emportèrent le château de vive force le 21 avril 1447, après un sanglant assaut. Ils firent un tel carnage de ces aventuriers — on releva deux mille cadavres —, que ces ruines maudites prirent le nom de Malemort; ce lieu le porte encore aujourd'hui.

Les La Tour, qui s'appelleront plus tard La Tour d'Auvergne, sous Louis XIV qui vit d'un mauvais œil cette prétention et disgracia Baluze qui s'en était fait le défenseur et l'historien, étaient de vieux lignage. Lorsque le titre de duc de Bouillon vint s'ajouter aux autres, par une erreur assez commune, l'opinion les voudra faire passer pour les descendants directs du célèbre Godefroy de Bouillon, le vainqueur de Jérusalem, qui refusa la royauté offerte par les croisés en disant qu'il ne porterait jamais une couronne royale dans une ville où le Sauveur des hommes avait porté une couronne d'épines. Godefroy, en partant pour la croisade, avait vendu son duché de Bouillon, situé dans le Luxembourg, aux évêques de Liége. Plus tard, la maison de La Marck, dont diverses branches ont formé les ducs de Clèves et de Nevers et les ducs d'Aremberg, s'empara du duché de Bouillon et en prit le titre qui passa par une alliance, avec le duché, à la maison de La Tour.

Les La Tour forment une nouvelle et dernière

dynastie de vicomtes de Turenne non moins brillante que celles qui l'avaient précédée.

A Agne de La Tour succéda, en 1490, François Ier de La Tour; à François Ier, Antoine, son frère. Celui-ci a laissé un curieux testament dans lequel, après avoir formulé ses volontés à l'égard de ses enfants légitimes, laissant à l'aîné son hérédité et destinant le second à l'Église, il fait des dispositions en faveur de ses enfants naturels au nombre de huit fils et de cinq filles, léguant à chacun deux cents livres une fois payées; sans oublier non plus les chamerières qu'il a mariées, outre cette disposition particulière : « Item veult et ordonne ledit seigneur testateur que si la Gaillarde de Lochas, sa chamerière, était enceinte de postume, qu'en iceluy cas, ledit seigneur testateur lègue audit postume la somme de deux cents livres une fois payée par sondit héritier. » Le fils aîné d'Antoine, François II, succéda à son père en 1528; en 1530, il reçut l'éclatante mission de représenter à Madrid François Ier, roi de France, pour la célébration de son mariage avec Éléonore d'Autriche, sœur de l'empereur Charles-Quint. Deux de ses parents par la maison de Beaufort, tous les deux gentilshommes de la maison du roi, l'accompagnent dans sa mission : l'un est Louis de Cosnac, chevalier, seigneur de Cosnac, qui devint plus tard premier écuyer tranchant de la reine; l'autre, Antoine, seigneur de Noailles, qui mourut gouverneur et maire de Bordeaux. Le procès-verbal de la célébration de ce mariage par procuration se termine ainsi :

« ... Et avec ce, pour plus grande approbation, iceluy seigneur ambassadeur et ladite dame reyne ont signé cettes et scellé de leurs scels, présents lesdits révérend évesque de Mondonedo, le licenciado Palamo dom Petro de Courdonza, Jean de Maumont, seigneur et baron dudit lieu, Louys de Cosnac, Antoine de Noailles, gentilshommes de la maison dudit seigneur roi très-chrétien, ledit seigneur Clavers, Antoine de Latre, seigneur de la Cornoye, bailly de l'Isle et maistre de l'hôtel de ladite dame royne, Estienne de Silly, escuyer des écuries de ladite dame et plusieurs autres tesmoings à ce appelés et spécialement requis[1]. »

Nous avons vu que le lien de parenté qui unissait le vicomte de Turenne et les seigneurs de Noailles et de Cosnac remontait aux trois sœurs de la maison de Gimel, qu'avaient épousées leurs aïeux; une seconde parenté unissait encore les seigneurs de Noailles et de Cosnac; mais celle-ci avait donné lieu à un important procès de famille pendant lequel le château et la seigneurie de Noailles avaient cessé d'appartenir à la maison de

---

[1] Voyez Baluze : *Preuves de l'Histoire de la maison d'Auvergne*, t. II, p. 754.

Noailles et passé à la maison de Cosnac. Par un testament du 16 juillet 1442, François de Noailles, seigneur de Noailles, avait institué sa fille, Louise de Noailles, mariée à Pierre de Cosnac, seigneur de Cosnac, héritière de la seigneurie de Noailles. Les seigneurs de Cosnac entrèrent en conséquence en possession de Noailles; et, tant que dura cette possession, les cadets de la maison de Noailles ne s'intitulèrent que seigneurs de Montclar. Il existe aux Archives de l'Empire, au dossier de la maison de Cosnac, un contrat de mariage par lequel Guillaume, seigneur de Cosnac, fils de Pierre, constitue en dot à sa fille Marguerite, née de son mariage avec Marguerite de Lastours, le château et la seigneurie de Noailles. Marguerite de Cosnac épousait Pierre Robert, seigneur de Lignerac. François de Noailles, qui avait disposé de la terre de Noailles en faveur de sa fille, avait un frère cadet, Jean IIIe du nom, celui-là même qui avait épousé Jeanne de Gimel. Celui-ci réclama la terre de Noailles en vertu d'une ancienne substitution faite de mâles en mâles par Hugues de Noailles. De cette réclamation naquit le procès, contestation épineuse, car la substitution était contestable en droit; il semblait que Noailles, relevant de Turenne, devait suivre la coutume du fief suzerain transmissible aux femmes; en outre il y avait disposition testamentaire d'un père en faveur de sa fille. Le procès dura pendant plusieurs générations ; il fut porté du parlement de Guyenne au parlement de Paris, qui le trancha en faveur de la maison de Noailles. Louis de Noailles, seigneur de Montclar, petit-fils de Jean III, fut mis en possession de Noailles. Le fils aîné de Louis, aîné de dix-neuf enfants, était Antoine de Noailles dont la mission en Espagne a donné lieu à cette digression.

Deux ans après le mariage du roi François Ier, le vicomte de Turenne, accompagnant ce prince dans un voyage en Bretagne, fut pris des fièvres continues qui y régnaient et mourut à Villecher, à la fleur de son âge. Il avait demandé par son testament d'être enterré à Brive, au couvent de l'ordre de Saint-François, auprès de son père et de son aïeul, son corps fut embaumé, mis dans un cercueil recouvert de velours noir, et le cercueil placé sur une litière attelée de mules drapées de noir et recouverte elle-même d'une draperie de velours sur laquelle se détachait une croix de satin blanc. Le cortége, composé des gentilshommes de sa maison et de ses serviteurs, s'achemina vers la dernière demeure. Arrivé à Uzerche, le corps fut reçu par l'abbé de l'antique monastère, frère du défunt, et demeura quinze jours déposé dans l'église, laps de temps nécessaire pour les immenses préparatifs des funérailles qui furent ordonnées par François des Cars, seigneur de La Vauguyon, l'un des exécuteurs testamentaires et tuteur des enfants. L'église du couvent des Cordeliers de Brive fut disposée avec la plus luxueuse pompe des cérémonies funèbres; au dehors même, elle était enveloppée de la noire ceinture d'une draperie sur laquelle se détachaient les écussons répétés du vicomte. Des convocations furent adressées aux évêques de Cahors, de Tulle, de Périgueux, de Sarlat, de Bazas, aux abbés de Souillac, Figeac, Saint-Martial, La Valette, Granmont, Marsillac, Terrasson, Beaulieu, La Couronne et Chastres, au doyen et chapitre de Saint-Germain de Masseret; tous les principaux gentilshommes du Limousin, du Quercy, du Périgord, tous ceux qui siégaient aux États de la vicomté de Turenne, les consuls des villes de Brive, de Martel, de Beaulieu, furent invités. A chacun, l'invitation fut portée par cinq serviteurs vêtus de deuil. Quand tout fut prêt, le funèbre cortége partit d'Uzerche; le cheval de bataille du vicomte suivait la litière, autour de laquelle des gentilshommes portaient le heaume, les gantelets, l'épée, les éperons dorés, le pennon, l'ordre du roi, l'enseigne des cent gentilshommes de la maison du roi dont le vicomte était capitaine; cinquante pauvres habillés de deuil, un clergé nombreux, précédaient. De son côté, le nouveau vicomte, fils du défunt, François III de La Tour, se rendait de

Turenne à Brive avec une escorte de six cents chevaux.

A l'entrée de la ville de Brive, le corps fut reçu au pont de la Corrèze par l'évêque de Périgueux à la tête des évêques, des abbés, du clergé, et conduit à l'église de Saint-Martin, où il devait rester déposé jusqu'à la cérémonie du lendemain dans l'église des Cordeliers. Celle-ci s'accomplit, avec toute la pompe qu'annonçaient de si grands préparatifs. L'évêque de Périgueux dit la messe de *Requiem*, un religieux du couvent prononça l'oraison funèbre, et à un moment donné, comme aux funérailles royales, le seigneur de Gimel, prenant l'écu de Turenne des mains du héraut d'armes qui le portait renversé, le redressa et le plaça sur l'autel, en criant : *Vive Turenne!* Le corps fut ensuite descendu dans le funèbre caveau.

A cette cérémonie assistèrent dix-neuf cents prêtres venus de tous côtés, et quatre mille neuf cent soixante-six pauvres reçurent l'aumône. Tous les invités furent défrayés à des tables somptueusement servies.

François III de La Tour, que nous avons nommé à propos des funérailles de son père, eut pour fils Henri, qui fut le premier duc de Bouillon de sa maison.

Henri embrassa la religion protestante, et fut un

des vaillants compagnons qui aidèrent Henri IV à reconquérir sa couronne. Ce prince ménagea le mariage du vicomte avec Charlotte de La Marck, fille de Robert de La Marck, duc de Bouillon, prince de Sédan, maréchal de France. De ce mariage naquit un fils mort en bas âge. Son père hérita du duché de Bouillon et de la principauté de Sedan, et épousa en secondes noces Élisabeth de Nassau, fille de Guillaume Ier de Nassau, prince d'Orange, et de Charlotte de Bourbon-Montpensier. Deux fils sortirent de cette union : Frédéric-Maurice, duc de Bouillon, et Henri, vicomte de Turenne, le célèbre maréchal. Pour ce dernier, l'appellation de vicomte de Turenne ne fut qu'un simple titre ; la vicomté appartint toujours à son frère aîné.

Frédéric-Maurice, qui épousa Éléonor Fébronie de Bergh, eut une vie des plus agitées par les événements politiques. Il était général habile, et son illustre frère appréciait ses talents militaires ; la fortune cependant ne donna jamais d'éclat à ses armes. Il commandait l'armée française devant Casal, lorsqu'il fut arrêté au milieu de ses propres troupes, par ordre du cardinal de Richelieu. Il fut enfermé au château de Pierre-Encise, comme ayant trempé dans la conspiration de Cinq-Mars. Pour recouvrer sa liberté, il dut faire l'abandon au roi de sa principauté de Sédan. Sédan était une ville très-forte, telle qu'il était périlleux pour le pouvoir royal qu'il en pût rester entre les mains des vassaux ; aussi l'empressement de s'en saisir fut si grand, que Fabert, capitaine au régiment des gardes, depuis maréchal de France, y entrait, comme gouverneur pour le roi, le jour même où le duc de Bouillon sortait de sa prison. Le prix attaché à la possession de Sédan trouve sa preuve dans ce fait que le duc reçut en retour, outre sa liberté, les duchés-pairies d'Albret et de Château-Thierry, les comtés d'Évreux et d'Auvergne. De cette cession du comté d'Auvergne date la prise du nom de La Tour d'Auvergne, bien que Frédéric-Maurice en fît remonter la prétention au Dauphiné d'Auvergne qui avait été possédé par une branche de sa famille.

Froidement accueilli à la cour, le duc de Bouillon se retira dans son château de Turenne ; poursuivi par de nouvelles inquiétudes, il en partit au commencement de l'année 1644, pour se rendre à Rome. L'ambassade de France y fit des démarches pour lui faire refuser le titre d'Altesse qu'il prenait. Sur ces entrefaites, les Turcs menacèrent l'Italie de grands préparatifs de guerre, parce qu'une galère de Malte avait capturé un navire qui portait une sultane ; et les princes d'Italie demandèrent au pape de déclarer le duc de Bouillon généralissime. Ces appréhensions n'eurent pas de suite, et le duc de Bouillon revint en France ; en 1647, rappelé sans doute par ces vagues pressentiments partout répandus qui, l'année suivante, devaient amener la Fronde. Il en devint un moment le chef le plus important.

La grande situation que le duc de Bouillon avait occupée à Rome, l'amitié du souverain pontife dont il avait été honoré, étaient les motifs qui engageaient Daniel de Cosnac à réclamer son intervention pour être bien accueilli lui-même par la cour pontificale. Il s'ouvrit d'abord de ce dessein à un ami de collége, Langlade, baron d'Ausmières, né au château de Limeuil, en Périgord, qui était alors secrétaire du duc de Bouillon. Une liaison d'enfance devient facilement de l'amitié lorsqu'on a franchi le seuil qui sépare l'enfance de la jeunesse : les personnes et les choses se montrent alors sous de si riantes couleurs. Plus tard, quand les caractères se sont mieux dessinés, quand les intérêts divergents se sont heurtés sur les chemins de la vie, ces amitiés d'enfance ne subsistent pas toujours ; les vraies résistent seules à ces épreuves. L'amitié dont nous parlons ne fut pas de celles qui persistent, nous le verrons plus tard ; mais pour lors elle était dans toute sa ferveur. Langlade approuva en tous points le dessein de son ami, et en fit l'ouverture au duc de Bouillon.

Le duc ne partagea pas ce sentiment; il trouva que ce voyage serait du temps inutilement employé, et qu'il serait bien plus utile à l'avenir de son jeune parent d'être attaché à la personne du prince de Conti, prince ecclésiastique, destiné au cardinalat, que sa position mettait à la tête du clergé de France, et seul en situation, disait-il, de faire la fortune d'un ecclésiastique de qualité, le cardinal Mazarin étant alors hors du royaume. Il finit par se proposer lui-même pour faire accepter le jeune abbé par le prince de Conti, pensant, avec raison, que les services qu'il avait rendus à ce prince ne permettaient pas un refus. Il est permis de croire que, quel que fût l'intérêt que le duc de Bouillon portât à son jeune parent, il ne s'oubliait pas lui-même dans cette combinaison. Le rôle qu'il avait rempli dans les événements de la Fronde et qu'il se proposait d'y jouer encore, ne pouvait se passer d'une étroite entente avec le prince de Conti, naguère généralissime de nom, quand le duc était le chef véritable. En plaçant auprès du jeune prince quelqu'un de sa main, il ménageait à son influence un précieux auxiliaire.

Cette proposition d'un avenir plus certain et plus rapproché que la perspective lointaine des résultats d'un voyage dans la capitale du monde chrétien, plut à Daniel de Cosnac ; il renonça à Rome et attendit l'effet de la promesse du duc de Bouillon. Cette promesse fut traversée par une combinaison inattendue : un projet de mariage entre le prince de Conti et mademoiselle de Chevreuse. Nous reviendrons dans la suite sur les causes qui amenèrent ce projet extravagant; mais s'il se réalisait, le prince de Conti, renonçant à l'état ecclésiastique, n'avait plus de motif pour prendre un jeune abbé auprès de sa personne. Après quelques mois de séjour à Paris, l'incertitude se prolongeant, Daniel de Cosnac prit le parti de se retirer en Limousin pour y attendre, auprès de ses parents, la réalisation ou l'abandon du projet de mariage du prince de Conti. Au bout de deux mois, il reçut une lettre de Langlade lui annonçant que le mariage était rompu, et le pressant de revenir à Paris où son entrée dans la maison du prince était assurée. Il partit du château de Cosnac et arriva à Paris le jour même où les princes en sortaient pour se retirer à Saint-Maur.

Cette retraite, qui annonçait la renaissance des troubles, n'eût pas été un contre-temps pour ses projets, si le duc de Bouillon eût persisté à se maintenir dans le parti des princes; mais, depuis quelque temps, il se ménageait du côté de la cour. Cet éclat des princes l'obligeait à se prononcer tout à coup pour un parti ou pour l'autre; celui de la reine l'emporta. Depuis la cession qu'il avait faite au roi de la principauté de Sédan, les donations de duchés et de terres qui lui avaient été concédés en échange n'avaient pas été ratifiées:

elles le furent; et de plus il obtint, ce qui était le comble de ses vœux, qu'il serait, ainsi que le maréchal, son frère, traité comme les princes de maison souveraine. Ce titre d'Altesse[1] si ambitionné et refusé à Rome par l'ambassadeur de France, était donc définitivement acquis. Cette faveur détacha sans retour le duc de Bouillon de la cause des princes et de la noblesse; elle en détacha avec lui le maréchal de Turenne qui allait payer sa dette de reconnaissance par les prochaines victoires de Bléneau et du faubourg Saint-Antoine.

Cette faveur est caractéristique de la politique royale, à tous les degrés, vis-à-vis de la noblesse : les possesseurs de fiefs se voyaient dépouillés successivement et sans bruit de leur droit de haute, basse et moyenne justice; ils devenaient politiquement étrangers dans leurs propres terres par les empiétements de l'administration des intendants de provinces; ils laissaient de côté avec dédain leur ancienne qualification de hauts et puissants seigneurs pour de vains titres, abandonnant le réel et le solide pour courir après l'ombre; et leur vanité flattée croyait grandir,

---

[1] Nous avons trouvé aux *Archives du Ministère de la guerre*, vol. 135, la minute du brevet, en date du 15 février 1652, conférant le rang des princes des maisons souveraines au duc de Bouillon et au vicomte de Turenne.

alors qu'on les abaissait. Son Altesse le duc de Bouillon et les Altesses de sa descendance furent beaucoup moins puissants dans l'État que n'avaient été leurs rudes aïeux les vicomtes de Turenne!

Ce brusque changement de parti du duc de Bouillon ne pouvait lui permettre de présenter son jeune parent au château de Saint-Maur; mais avec ce dévouement obligeant pour les siens qui fut un des traits distinctifs de son caractère, il y avisa par une autre voie. Il s'adressa à l'un des personnages les plus actifs du parti qu'il venait de quitter, lequel aussi, mais plus tard, devait faire défection à ses amis et même aux plus tendres sentiments. Nous avons nommé ce célèbre frondeur, ce chevalier paré des couleurs de Madame de Longueville, l'auteur des *Mémoires* et des *Maximes*.

Après le duc de Bouillon, il n'était pas possible d'arriver sous un meilleur patronage pour être bien accueilli dans le parti des princes. Dans sa jeunesse, le prince de Marsillac, qui prit le titre de duc de La Rochefoucauld à la mort de son père, avait préludé à la Fronde en se jetant dans toutes les entreprises contre le pouvoir absolu, et avait éprouvé de nombreuses disgrâces. Il avait été exilé à Blois, avec son père, pour avoir participé à l'entreprise qui conduisit à l'échafaud le duc de Montmorency; il avait été enfermé à la

Bastille pour avoir favorisé l'évasion de la duchesse de Chevreuse, après la tentative avortée qui fit tomber la tête du comte de Chalais; il avait failli, non sans raison, être compris dans l'accusation capitale qui fit périr Cinq-Mars et de Thou. Celui qui avait bravé le terrible Richelieu devait d'autant mieux braver aussi le rusé Mazarin. Son courage à toute épreuve était digne d'un compagnon du grand Condé; son esprit digne d'un ami du spirituel prince de Conti; et sa personne, dont le portrait a été tracé par Madame de Maintenon : « Il avait une physionomie heureuse, l'air grand, » méritait de ne pas déplaire à Madame de Longueville. Avec ces qualités, il avait de grands défauts sans doute; il les révèle dans son chef-d'œuvre même : *les Maximes*. Il y concentre, dans le style le plus élégant, les motifs d'agir du cœur humain dans deux mobiles : l'amour-propre et l'intérêt. En écrivant son livre, il regardait au miroir, et sa plume devenait un crayon qui traçait sa propre figure. Le bon La Fontaine s'inspira de ces Maximes pour écrire sa fable de l'*Homme et son Image*. Le duc de La Rochefoucauld était en effet rempli d'esprit; mais le cœur lui manquait; il lui vint dans ses vieux jours par de grandes douleurs de famille, par les douces fréquentations qui, au soir d'une vie agitée, charmaient ses loisirs; et Madame de La

Fayette put dire : « Il m'a donné de l'esprit, mais j'ai réformé son cœur. »

Tel fut le noble introducteur de Daniel de Cosnac au château de Saint-Maur ; il le présenta au prince de Conti et le fit accepter.

C'est ainsi que le neveu du comte de Chalais se trouve entrer de plain pied, avec toute sa candeur de jeune homme, sans se douter qu'il commence autre chose qu'une carrière ecclésiastique auprès d'un prince ecclésiastique, dans le sanctuaire même où se tiennent les conseils, dans l'atelier où se forgent les armes destinées à renverser le pouvoir absolu des rois et des ministres ; mais il n'entre dans la Fronde que dans sa troisième et dernière période.

L'intelligence du récit ne serait pas complète, si nous ne revenions en arrière pour retracer les événements antérieurs, moins pour en donner la description, que pour en constater le caractère. Auparavant même, il est nécessaire de retracer à grands traits l'histoire de la maison de Condé, qui prit une part si importante à ces événements, et de jeter un coup d'œil sur la société de l'époque, dont le lecteur se formera une idée en soulevant, pour regarder à l'intérieur, un coin de la draperie de velours frangé d'argent qui s'abaisse sur l'une des portes de la chambre bleue d'Arthénice, à l'hôtel de Rambouillet.

CHAPITRE III.

La maison de Condé. — Henri II, prince de Condé, et Charlotte-Marguerite de Montmorency. — Passion de Henri IV. — Prison du prince de Condé. — Éducation du grand Condé, du prince de Conti, de la duchesse de Longueville. — Le couvent des Carmélites de la rue Saint-Jacques. — Un bal à la cour. — Mariage de la duchesse de Longueville.

La maison de Condé, branche cadette de la maison de Bourbon, remonte à Louis Ier, prince de Condé, frère cadet d'Antoine de Bourbon, roi de Navarre, du chef de Jeanne d'Albret, sa femme, qui lui donna pour fils Henri IV, le premier des Bourbons, devenu roi de France. Le titre de la branche cadette fut érigé sur la petite principauté de Condé-en-Brie.

Louis Ier de Condé était né avec la plus médiocre fortune ; il passait inaperçu, et son début dans les armées où il parut sans commandement, fut plutôt celui d'un simple gentilhomme que celui d'un prince de maison souveraine. La lignée royale des Valois étant alors représentée par les quatre fils de Henri II, il eût été difficile de prévoir que la maison de Bourbon fût si près du moment d'arriver au trône par le droit de la naissance. Le prince de Condé relégué dans un rang obscur, mais ambitieux et remuant, parvint à se créer une dangereuse importance en devenant le chef du parti calviniste. En 1560, la conspiration d'Amboise lui valut une condamnation à la peine de mort. Il fut gracié et reprit les armes; battu à Dreux, en 1562, par François de Guise, il fut fait prisonnier. Gracié de nouveau et de nouveau rebelle, il est battu à Saint-Denis, en 1567, par Montmorency. Il est amnistié une troisième fois, l'année suivante, à la paix de Longjumeau. Informé qu'il est suspect à la cour, il était difficile qu'il en fût autrement, et sachant que des ordres sont donnés pour l'arrêter, il entreprend une dernière guerre civile dont le combat de Jarnac, en 1569, fut pour lui le terme. Blessé et sans défense, il est tué d'un coup de pistolet par Montesquiou, capitaine des gardes.

Telle fut l'aventureuse vie et la fin du chef de cette race militaire à laquelle la gloire réservait des palmes, et la mort des dénoûments tragiques.

Son fils, Henri Ier, prince de Condé, né en 1552, prit part à dix-sept ans, sous l'amiral de Coligny, aux combats de La Roche-Abeille et de

Moncontour. Henri de Condé échappa comme son cousin, Henri de Navarre, au massacre de la Saint-Barthélemy, en abjurant le calvinisme. Il combattit avec lui à Coutras, en 1587, et mourut l'année suivante. Sa femme, Charlotte de La Tremoille, fut soupçonnée de l'avoir empoisonné.

Henri II, fils posthume de Henri Ier, naquit sous de malheureux auspices ; un procès était instruit contre sa mère et un arrêt le déclara lui-même enfant adultérin. Henri IV, après son avénement, fit rendre, en 1596, un nouvel arrêt déclarant l'innocence de la mère et la légitimité du fils. La rumeur secrète courait que Henri IV lui-même était son père. Un jour que des dissentiments avec le roi ayant exalté la colère du jeune prince, il reprochait à Henri IV sa tyrannie, celui-ci, faisant allusion à l'arrêt qu'il avait fait casser, lui répondit : « Je n'ai fait en ma vie acte de tyrannie que lorsque je vous ai fait reconnaître pour ce que vous n'étiez point[1]. » La révélation contenue dans ce propos s'ajoute comme une aggravation à la conduite si étrange pour son âge et si coupable que Henri IV devait bientôt tenir. Il fit épouser au prince de Condé la belle Charlotte-Marguerite de Montmorency, dont il était épris

---

[1] Voyez *Mémoire pour servir à l'histoire de la société polie en France*, par Rœderer.

lui-même, et qu'il voulait rattacher de plus près à sa cour. Le prince de Condé avait accepté avec empressement l'entremise royale, pour obtenir la possession d'une personne vertueuse et qui passait pour l'une des plus belles de son temps. A peine l'union célébrée, la clairvoyance du prince lui fit démêler les projets du roi, et juger prudent de se retirer, sous un prétexte plausible, dans une de ses terres de Picardie. Henri IV, oubliant sa barbe grise, fit des folies qui tiennent plus du roman que de l'histoire. Il se rend déguisé, avec une fausse barbe, à une chasse à courre où devait être la princesse; une autre fois, sous l'habit d'un postillon, avec un emplâtre sur la moitié du visage; il réussit à la voir et en est reconnu; à un dîner chez un voisin de campagne, caché derrière une tapisserie, il la contemple à travers une étroite ouverture. La princesse n'ignorait pas ces secrètes poursuites et, sur quelque espoir qu'on lui fit entrevoir de devenir reine, elle se laissa entraîner à signer une requête pour la rupture de son mariage. Le prince de Condé, furieux et ne trouvant plus son honneur en sûreté, car il s'ébruitait quelque chose d'un projet d'enlèvement de vive force, s'enfuit hors du royaume et se retira à Bruxelles.

Le désespoir du roi fut extrême de perdre à la fois l'objet de sa flamme et de voir le premier prince du sang passer sous la protection de l'étranger. Néanmoins, malgré les assertions de quelques historiens disposés à donner aux petits mobiles la préférence sur les grands, il est permis de douter que les préparatifs guerriers au milieu desquels il fut surpris par un odieux assassinat, n'aient d'autre but que de reconquérir, les armes à la main, la belle fugitive. La guerre qu'il allait entreprendre à propos de la vacance d'héritage des duchés de Clèves et de Juliers, par la minime importance du mobile, pouvait, en effet, laisser supposer d'autres desseins; mais il en était un que la portée politique du roi avait dû saisir, la nécessité de l'abaissement de la maison d'Autriche. Il avait, en outre, l'intention d'arriver, par une prépondérance acquise par des victoires, à réaliser ce grand projet de république chrétienne révélé par Sully, au moyen duquel un congrès de souverains eût désormais terminé par des arrangements pacifiques ces différends entre les peuples qui continuent à se régler au prix du sang.

La mort de Henri IV faisant disparaître les motifs de l'éloignement du prince de Condé, qui, de Bruxelles, s'était rendu à Milan, ce prince revint à Paris. La reine-mère s'effraya de ce retour; on prétendait qu'à l'instigation de la politique espagnole, ce prince ne songeait à rien moins qu'à arracher la couronne de la tête d'un débile enfant pour la poser sur la sienne; aussi, malgré le cortége des Guise, du duc de Bouillon, du sage Sully et de quinze cents gentilshommes, se sentait-elle mal rassurée, lorsqu'elle fit son entrée dans Paris. Dans l'espoir que des faveurs attacheraient ce prince à la régence, elle eut recours à ce moyen. Elle lui donna une pension de deux cent mille livres et l'hôtel de Gondi, qui prit le nom d'hôtel de Condé.

On doit rendre cet hommage à la fidélité du prince de Condé qu'il ne parut point avoir conçu les desseins qu'on lui avait supposés pour franchir les marches du trône; il fut seulement un douteux ami. Il était doué de cette ambition tracassière, secondée par un génie insuffisant, qui veut ruiner par jalousie toute influence indépendante de la sienne, qui veut occuper la première place dans les conseils, sans avoir la capacité de les diriger, qui veut tenir les rênes du char, sans savoir au juste sur quelle arène lancer les coursiers. Malgré ses répulsions à l'égard des protestants, depuis qu'il avait quitté leur culte, il s'allia avec eux, pour se faire plus puissant; et obtint à leur avantage, de la faiblesse de la régente et de Concini, son favori, les traités de Sainte-Menehould et de Loudun. Il se croit alors assez fort pour organiser une prise d'armes qui lui livrerait le pouvoir tout entier ; lorsque Concini, pressentant sa perte et pour la prévenir, conseille à la reine de le faire arrêter. L'ordre en est exécuté au Louvre par Thémines qui, plus heureux que Guitaut, dans l'arrestation du grand Condé, sous le règne suivant, conquit, par ce faible exploit, le bâton de maréchal de France.

Le prince de Condé, après une année de captivité à la Bastille, fut conduit à Vincennes, où il demeura prisonnier pendant deux nouvelles années. Dans ce dernier séjour, on permit à la princesse de Condé, qui n'avait encore que vingt ans, de venir habiter le sombre château. De leur réunion, naquit Anne-Geneviève de Bourbon, depuis la célèbre duchesse de Longueville, qui devait trop bien se souvenir que les fers de la royauté avaient assujéti les premiers langes de son enfance.

La mort du maréchal d'Ancre et l'avénement au pouvoir du connétable de Luynes ne furent point le signal de la délivrance du prince de Condé. Luynes craignait en lui un rival dangereux de son autorité. Le traité d'Angoulême, qui rétablissait l'accord entre le roi et la reine-mère par l'entremise de Richelieu, lui fit rendre la liberté.

Il est des hommes dans le cœur desquels les rigueurs laissent pour toujours de saignantes blessures et qui ne sont renversés à terre par la fortune contraire que pour rebondir plus vigoureux vers le but où ils prétendent monter. Le prince de Condé, bien que possédant les qualités militaires qui furent le brillant apanage de sa race, — la prise d'Irun et du fort de Figuières ont fait honneur à ses armes, — n'avait pas ce caractère fortement trempé qui réagit contre la force même. Le souvenir de sa prison et la vigueur du ministère du cardinal de Richelieu le maintinrent dans une complète soumission. On aurait même pu attribuer tout l'honneur de cette conduite à sa fidélité monarchique, si, dès le commencement du règne suivant, il n'eût paru vouloir recommencer le rôle manqué de sa jeunesse; il ne se sentait fort que contre la faiblesse des minorités.

Ce prince possédait au degré le plus éminent les qualités qui font le bon père de famille; il apporta les soins les plus assidus à l'éducation de son fils aîné, le duc d'Enghien, né en 1621; aussi sa gloire sera toujours d'avoir préparé la brillante carrière de l'un des guerriers les plus célèbres dont le nom ait marqué dans l'histoire.

Ce fils lui était d'autant plus cher que l'espoir d'un héritier de son nom avait été plus longtemps différé. De quatre enfants qu'il avait eus avant lui, il n'avait conservé que sa fille, trois garçons étant morts en bas âge.

Le prince de Condé, gouverneur du Berry, possédait, à titre de biens propres, de nombreuses terres dans cette province et en particulier le château de Montrond que Sully s'était appliqué à fortifier, avec cet amour de fossés et de remparts, naturel à un grand-maître de l'artillerie de France. Sully n'avait pu, et il n'en dissimule pas ses regrets dans ses Mémoires, se refuser de vendre ce château, ainsi que d'autres terres dans la même province, au prince de Condé, trop impérieux dans ses désirs, pour qu'il fût prudent au vieillard disgracié, de n'y pas céder. Dans ce château, loin de la cour, s'écoulèrent les premières années du jeune Henri. Son père, résidant souvent à Bourges, avait pour ainsi dire son fils sous les yeux; enfin, suivant les nécessités des circonstances, il pouvait, rejoignant son fils, en quelques heures, s'enfermer avec lui dans cet asile qui passait pour une des plus fortes places de France, et y braver les vicissitudes nouvelles de la fortune.

D'une santé délicate, le jeune prince donna longtemps des inquiétudes pour la conservation de sa vie. L'existence frugale et réglée que son père lui fit mener, triompha de la faiblesse de sa constitution. Quant à son caractère, il avait, dès son jeune âge, une trempe plus forte que son tempérament physique; fier, il ne se ployait qu'avec peine aux règles imposées; mais s'il résistait à d'autres, il se soumettait avec amour et respect à l'ascendant paternel. Des femmes de la classe bourgeoise choisies avec discernement, et plus expérimentées que des femmes de qualité dans les soins à donner à l'enfance, veillèrent sur ses premières années. Lorsqu'il fut en âge de passer entre les mains des hommes, un gentilhomme de faible lignage, mais rempli de probité, de zèle, de fidélité, La Boussière, fut chargé de son éducation, sans avoir cependant le titre de gouverneur. Le prince de Condé avait craint qu'un gentilhomme d'un nom plus illustre n'eût d'autres assujettissements que ses fonctions et n'eût pas accepté avec une aussi entière soumission la direction supérieure qu'il s'était réservée. Deux précepteurs de grand mérite, les Pères Le Pelletier et Le Maître-Gontier, étaient chargés d'enseigner les lettres et les sciences au jeune prince qui, avant de devenir un illustre guerrier, fut un des jeunes gens les plus instruits parmi les princes et les gentilshommes de son temps.

L'éducation publique vint joindre bientôt ses avantages de frottement et d'émulation aux garanties plus grandes de surveillance et de soins de l'éducation particulière. Son père le fit venir à Bourges. L'antique résidence du célèbre et malheureux argentier de Charles VII, mélange imposant et gracieux d'architecture militaire et d'architecture civile, moitié château, moitié hôtel, opposant les grosses tours aux sveltes tourelles, les machicoulis et les barbacanes aux ogivales fenêtres, les flèches élancées qui s'élèvent aux voussures qui retombent et restent suspendues, devint la demeure du jeune écolier. Il se rendait chaque jour aux classes du collége des Jésuites, confondu parmi les élèves pour les exercices, mais encore distingué au milieu d'eux par une balustrade environnant sa chaise. D'un côté l'éducation publique, de l'autre cette barrière à la fois orgueilleuse et faible, représentent fidèlement par le rapprochement et le contraste ce que devait devenir la puissance nobiliaire réduite à des distinctions honorifiques. Quelque vaines que fussent celles-ci, imprudemment mises en contact avec l'égalité, elles devaient infailliblement amener au siècle suivant cette réaction qui, renversant bien d'autres barrières, emporta noblesse et royauté. Les progrès du prince furent rapides et même surprenants. Dès l'âge de huit ans, il écrivait correctement en latin, et n'employait jamais d'autre langue dans ses lettres à son père. A onze ans, il dédiait à son frère, le prince de Conti, un traité de rhétorique de sa composition. A douze ans, il soutenait avec applaudissement des thèses publiques de philosophie.

Le prince de Conti, que nous avons à peine nommé jusqu'à présent, né en 1629, était âgé de

huit ans de moins que le duc d'Enghien ; aussi
l'éducation des deux frères ne put être commune ;
elle fut dirigée d'ailleurs dans un esprit et vers
un but différents : à l'aîné, la carrière des armes ;
au cadet, la tonsure et les dignités ecclésiastiques.
Leur père, quelle que fût sa fortune, l'une des fortunes princières les plus considérables de l'Europe, ne se croyait pas assez riche pour établir
deux fils, sans nuire à la splendeur de sa race !
Quel est donc sous le ciel le degré de grandeur
qui peut soustraire à des préoccupations semblables? Singuliers écueils où la barque du père de
famille n'échappe à Charibde que pour tomber en
Scylla ! Sous l'ancien régime, combien de vocations forcées et fertiles en scandaleuses suites ont
été la conséquence des substitutions, seule base
pourtant de tout système aristocratique ! Combien
de misères dans la famille, de calculs funestes,
quelle dispersion, quel oubli de tous liens, sont
la conséquence, sous le régime moderne, du
partage égal des fortunes, base du régime démocratique[1] ! Serait-il donc quelque vérité politique
et sociale encore inconnue, dont la lumière, un
jour, viendra éclairer le monde? Ou cet espoir
n'est-il pas plutôt une lueur trompeuse, un falla-

---

[1] Voyez l'étude des funestes conséquences du partage égal des
fortunes dans l'ouvrage du savant M. Le Play, intitulé : *La Réforme sociale*.

cieux fanal placé sur ces brisants du socialisme sur lesquels la civilisation tout entière irait se perdre dans la catastrophe d'un naufrage? Fatale incertitude d'où jaillit cette autre vérité plus certaine : la souffrance, sous toutes les formes de gouvernements, à toutes les époques, dans tous les rangs, est la loi suprême de l'humanité. Le progrès lui-même est-il autre chose que le nom donné à une transformation, à un changement de l'état social, où nos joies et nos misères trouvent néanmoins toujours leur place, sans rompre les lois de leur équilibre? La religion sublime du Christ, en nous montrant que le gouvernement théocratique lui-même est impuissant, comme les autres, à fonder le bonheur humain, nous apprend que c'est plus haut que sur cette terre qu'il faut chercher le vrai bonheur qui ne s'obtient que par la pratique des vertus, dont la vertu de résignation n'est pas la moindre.

Le jeune prince de Conti fit ses études à Paris au collége de Clermont, tenu par les Jésuites. Ce collége avait pris son nom de Guillaume Duprat, évêque de Clermont, qui, pour la première fois, avait fait venir cet ordre en France, en 1540, et fondé leurs premiers colléges à Billom, à Mauriac et à Paris. Les Jésuites donnèrent, en 1674, au collége de Clermont le nom de collége de Louis-le-Grand, après une visite de Louis XIV qui avait témoigné hautement sa satisfaction de leur enseignement. Du collége de Clermont, le jeune prince fut mis à Bourges pour faire sa théologie sous le Père de Champs. Si cette éducation religieuse fit ressortir davantage par les contrastes les désordres de la jeunesse du prince de Conti jusqu'à son mariage, débordements auxquels, malgré de persévérants efforts, Daniel de Cosnac ne put réussir à poser une digue, ce prince y puisa l'inestimable avantage d'avoir acquis un fond de principes solides auxquels il dut un heureux retour.

Anne-Geneviève de Bourbon, l'aînée de ses deux frères, recevait une éducation plus négligée, mais non moins chrétienne, bien qu'elle fût élevée près de la cour. Sa mère ne quittait guère le séjour de Paris, et fidèle à un usage des princesses pieuses, qui s'est perpétué longtemps après elle, sans cesse elle visitait le couvent des Carmélites de la rue Saint-Jacques; s'y retirait même souvent pour mieux méditer dans la paix du cloître sur les vanités de la vie. Elle conduisait sa fille avec elle; et la jeune princesse, dans cet austère séjour, dans ces pieux entretiens, dans cette atmosphère de foi, puisa, à l'exemple de son frère, ce besoin de vérité, ce courage pour revenir au bien, qui, plus tard, lui donna tant de forces pour se relever de ses chutes. Il paraît même qu'elle se méprit sur ses propres sentiments, au point de croire qu'elle était appelée à la vocation religieuse. Il est vrai qu'un épouvantable malheur de famille, frappant sur sa mère et sur elle, avait dû redoubler cette ferveur des malheureux qui vont chercher dans les pensées du ciel les consolations que la terre ne peut plus leur donner. Richelieu, ce Robespierre monarchique, venait de faire tomber la tête du duc de Montmorency. Si le prince de Condé, qui recueillit son héritage, montra un égoïsme aussi froid qu'intéressé, la princesse de Condé et sa fille ressentirent pour la perte d'un frère et d'un oncle, un amer chagrin, qui ne put être surpassé que par l'inexprimable douleur de cette veuve éplorée, dont le mausolée de l'église de Moulins, après deux siècles écoulés, redit encore les larmes.

Après cette émouvante catastrophe, Mademoiselle de Bourbon demandait à ensevelir dans le cloître ces attraits naissants, qui devaient, au contraire, jeter bientôt dans le monde un éclat si vif et des troubles profonds. Erreur du jeune âge qui, consumé d'une flamme inconnue, apporte au Créateur l'amour qu'il offrira plus tard à la créature!

Un saint Jésuite, son directeur, le Père Le Jeune, préoccupé du soin d'incorporer dans les phalanges du ciel les recrues enlevées aux armées du démon, la fortifiait dans ces pieuses résolutions.

Mais sa mère avait d'autres desseins. Elle savait, par sa propre expérience, que, malgré les écueils dont est semée la vie du monde, il est possible, sans sombrer sous voiles, de naviguer avec espoir vers le port du salut ; elle savait que la chaste épouse, que la mère dévouée peut y parvenir aussi bien que la recluse du couvent. Seulement, pour la rude traversée, il faut un bon navire ; imprudente, ce fut sur un frêle esquif qu'elle embarqua sa fille : elle lui donna un vieux mari.

Avant de produire Anne-Geneviève dans le monde, la princesse de Condé s'attacha d'abord à transformer ses manières qui avaient pris dans la fréquentation du couvent quelque chose de rude et d'austère. La jeune fille ne se prêtait qu'avec peine à ces transformations, et, pour fléchir sa mère, lui disait quelquefois : « Vous avez, Madame, des grâces si touchantes que, comme je ne vais qu'avec vous, et ne parais qu'après vous, on ne m'en trouve point[1]. » Alors la princesse souriait, la femme désarmait la mère, et les reproches continuaient sur un ton plus doux.

Un bal à la cour fut la première épreuve à laquelle dut se soumettre à regret la jeune princesse. Supplications pour obtenir de sa mère de

---

[1] Voyez l'*Histoire de la duchesse de Longueville,* par Villefore.

né point l'y accompagner, prétextes pour se soustraire à cette obligation, tout fut inutile; il lui fut accordé seulement de courir au couvent sous l'aile maternelle, pour demander au moins à ses bonnes amies les Carmélites, les conseils propres à la fortifier dans ce premier combat.

Ce couvent de la rue Saint-Jacques était, pour la mère et pour la fille, plus qu'un lieu de retraite; c'était à la fois une demeure de famille et un cercle intime de personnes qui, la plupart, avaient figuré dans le grand monde. Madame Acarie avait fait venir d'Espagne des religieuses de l'ordre du Carmel, réformé par sainte Thérèse, pour établir cette maison; la reine Marie de Médicis l'avait dotée et avait reçu le titre de fondatrice. Catherine et Marguerite d'Orléans-Longueville, secondes fondatrices, lui avaient donné leurs biens et y avaient leurs tombeaux. La princesse de Condé y possédait un appartement tendu de serge brune, puis une simple cellule, au prix de dons d'une royale munificence, à laquelle les religieuses se refusaient souvent par discrétion, pour y mettre des bornes.

Le personnel du couvent offrait, et par l'éclat des noms et par le mérite de celles qui les avaient portés dans le monde, une réunion de la cour transportée dans le cloître. Un savant et un grand écrivain qui, s'il eût été contemporain, eût voulu devenir, à la façon de Ménage, le rival de l'ingrat La Rochefoucauld dans le cœur de Madame de Longueville, a réveillé du sommeil de l'oubli ces noms conservés encore aujourd'hui dans les archives du couvent[1]. Citons : mère Madeleine de Saint-Joseph, dans le monde Mademoiselle de Fontaine, d'une ancienne famille de Touraine, fille d'un ambassadeur en Flandre; mère Marie-de-Jésus, dans le monde Charlotte de Sancy, marquise de Bréauté, fille de Nicolas de Harlay de Sancy, ambassadeur et surintendant des finances sous Henri IV; mère Marie-Madeleine, dans le monde Mademoiselle de Lancri-de-Bains, fille d'honneur de la reine Marie de Médicis, qui avait été célèbre par sa beauté, et dont les peintres les plus illustres avaient fait à l'envi les portraits; la mère Agnès de Jésus-Maria, dans le monde Mademoiselle de Bellefonds, qui, toutes les quatre, furent prieures; sœur Marie de Saint-Joseph, dans le monde Madame de La Rochefoucauld; mère Anne de Saint-Joseph, dans le monde Madame de Brienne; mère Charlotte de Jésus, Mademoiselle de Lenoncourt; sœur Anne-Marie, Mademoiselle d'Épernon : inconsolable de la mort du chevalier de Fiesque, tué au siége de Mardyck, elle avait préféré le voile

---

[1] *Madame de Longueville*, par M. Cousin.

à la main de Jean-Casimir, frère de Wladislas, roi de Pologne, qui succéda à son frère et épousa sa veuve, Marie de Gonzague, sœur de la célèbre Anne, connue sous le nom de *Princesse Palatine*.

Ainsi, ce n'est pas à des religieuses inexpérimentées que s'adressait Mademoiselle de Bourbon, dans l'occurrence du bal qui l'effrayait. Ces recluses, nous l'avons dit, n'avaient pas, pour la plupart, toujours vécu dans ces retraites, où les bruits du dehors n'arrivent qu'en échos affaiblis; elles avaient connu les illusions et les périls de la vie. Les unes, désenchantées dès le départ; les autres, après un naufrage peut-être, réunies dans la commune pensée du salut, toutes savaient quelles impressions soudaines pouvaient produire sur un jeune cœur les clartés nouvelles d'un monde encore inconnu. Par un rapprochement de circonstances, la marquise de Bréauté, alors mère Marie de Jésus, avait dû à un tragique événement survenu dans un bal, sa vocation religieuse : elle dansait à Spa; un coup de tonnerre éclate, elle veut s'arrêter; son cavalier en plaisante et continue; le tonnerre retentit une seconde fois, et ce gentilhomme tombe foudroyé. Mademoiselle de Bourbon n'ignorait pas cet événement, de nature à frapper une imagination jeune et craintive; mais les saintes religieuses connaissaient trop bien les devoirs que la vie du monde impose à ceux qui n'y ont pas renoncé, pour engager la princesse à se refuser d'aller à ce bal et à désobéir à sa mère. Elles l'invitèrent donc à se soumettre, mais ne lui épargnèrent point, comme on peut le croire, des avis prodigués, suivant les âges, avec une tendresse et de mères et de sœurs. Pour éviter tout oubli, un cilice lui fut conseillé, contraste caché avec les riches vêtements qui le recouvrent, douleur constante pour calmer les enivrements du plaisir. Précautions vaines, la pieuse cuirasse fut traversée!

Anne-Geneviève, comme une apparition ravissante, fut entourée, admirée, adulée. Jusque-là, elle s'était doublement ignorée; en quelques instants, elle apprit trop bien à se connaître. Au physique, sa propre beauté lui était inconnue; au moral, elle croyait que son cœur n'était propre qu'aux célestes amours; mais elle vit l'image de ses charmes, plus encore dans les yeux de ses admirateurs que dans les miroirs qui coupaient les somptueux lambris; mais elle sentit et l'ardeur de plaire et le désir d'aimer. De cette nuit brillante et funeste data son changement.

De l'entrée dans le monde de Mademoiselle de Bourbon à la pensée de son mariage, il ne pouvait y avoir bien loin. Ses parents promirent d'abord sa main au prince de Joinville, fils du duc de Guise; mais ce prince étant venu à mourir en

Italie, on lui chercha un autre époux : le duc de Longueville, trop âgé pour elle, eut le bonheur plus apparent que réel de l'emporter sur ses rivaux. Le motif qui précipita, dit-on, ce mariage mal assorti, fut la crainte de ses parents que le tout-puissant cardinal de Richelieu n'exigeât la main de leur fille pour son neveu, le marquis de Maillé-Brézé. Le cardinal ne tarda pas à prendre une revanche avantageuse par une alliance plus éclatante encore.

Le duc de Longueville, descendant du célèbre Dunois, tenait au sang royal par un côté dont les services rendus, l'illustration guerrière, et la facilité des mœurs avaient effacé la tache. Possesseur de riches domaines, gouverneur de Normandie, il pouvait passer, après les princes du sang, pour le plus grand personnage du royaume. A tous ces avantages, le duc joignait malheureusement pour lui plus d'années qu'il n'en fallait pour espérer une heureuse union avec une princesse jeune, charmante, désireuse de plaire. Il avait quarante-sept ans ; de plus, il était veuf de Louise de Bourbon, fille du comte de Soissons. Le duc de Longueville avait eu de ce premier mariage une fille qui épousa le duc de Nemours, et dont l'âge eût fait la sœur plutôt que la belle-fille d'Anne-Geneviève de Bourbon.

La duchesse de Longueville fut atteinte, peu

de mois après son mariage, de la petite vérole, qui, si elle eût laissé des traces, aurait enlevé, sans nul doute, à la Fronde prochaine, sinon son existence, au moins quelques-uns de ses feuillets. Il n'en fut rien ; et l'évêque de Vence, Godeau, prélat aimable, et l'un des hôtes les plus spirituels de l'hôtel de Rambouillet, put lui écrire :

« Je loue Dieu de ce qu'il a conservé votre vie, dont il sera glorifié et toute la cour instruite. Pour votre visage, un autre que moi se réjouira avec plus de bienséance de ce qu'il ne sera point gâté ; Mademoiselle Paulette me le mande. J'ai si bonne opinion de votre sagesse, que je crois que vous eussiez été bien aisément consolée, si votre mal eût laissé des marques ; elles sont souvent des caractères qu'y grave la divine miséricorde, pour faire lire aux personnes qui ont aimé leur teint, que c'est une fleur sujette à se flétrir devant que d'être épanouie, et qui, par conséquent, ne mérite pas qu'on la compte au rang des choses que l'on peut aimer. »

Le jeune duc d'Enghien, que nous avons laissé à Bourges, continuant ses brillantes études, les avait achevées, n'ayant encore que treize ans. Son père le trouvant trop jeune pour l'exposer aux périls divers de la cour, l'avait consigné de nouveau dans le château de Montrond, où s'étaient écoulées les années de sa première enfance. Il l'y plaça sous la direction de M. de Mérille, versé dans les ois anciennes et dans celles du temps, familier aux saintes écritures, instruit en histoire, savant dans les sciences exactes, connaisseur dans les arts. Le jeune prince, sous un tel maître, s'affermit dans les connaissances acquises, en ajouta de nouvelles, prit pour les occupations de l'esprit un goût qui ne l'abandonna jamais. Pendant tout le cours de sa vie, il consacra à l'étude trois ou quatre heures de chaque journée. Son père, si vigilant pour son éducation, n'eut garde non plus de lui faire négliger les exercices du corps ou de l'académie, pour emprunter à cette époque un langage auquel l'usage ne prêterait plus aujourd'hui le même sens. De délicat qu'il était, le duc d'Enghien devint leste, fort et hardi; habile à maîtriser un cheval et à le manier avec élégance.

Le mariage de sa sœur fut l'occasion qui fit venir pour la première fois le duc d'Enghien à la cour. L'amour et même l'orgueil paternel purent se flatter d'y produire le prince le plus accompli. On célébrait les fêtes de la naissance si longtemps désirée du fils de Louis XIII; le duc d'Enghien qui n'avait encore que dix-neuf ans, en fut, avec sa sœur, un des plus brillants ornements. L'un et l'autre parurent aussi avec éclat à l'hôtel de Rambouillet, milieu plus propre encore que la cour elle-même à former la politesse, à faire ressortir les dons acquis du savoir et les grâces naturelles de l'esprit.

Du reste, le duc d'Enghien ne consacrait à la cour ou à l'hôtel de Rambouillet que des moments de loisirs accordés par son père comme repos nécessaire de plus importantes occupations. En encourageant son fils dans ses heureuses dispositions, le prince de Condé avait pour but d'en faire un homme, grande chance pour en faire un grand homme. Il s'était refusé pourtant, pour ménager sa santé délicate, à son désir de faire sous lui sa première campagne en Roussillon ; mais il lui avait permis, dès l'âge de dix-huit ans, de remplir, à sa place, les fonctions de gouverneur de Bourgogne. Le duc d'Enghien s'acquitta admirablement de ces délicates et difficiles fonctions, acquérant ainsi, dès l'adolescence, l'habitude des affaires et du maniement des hommes. En 1640, son père consentit enfin à son départ pour la guerre, vers laquelle l'entraînait l'irrésistible attrait de la vocation.

Il alla servir comme volontaire à l'armée du maréchal de la Meilleraie, dans la guerre commencée depuis cinq ans contre la maison d'Autriche. Quelques revers, expérience utile pour un futur général, signalèrent les débuts de la campagne ; mais ils furent bientôt réparés par la prise d'Arras, après deux mois d'un siége difficile pendant lequel le jeune prince donna les preuves du plus grand courage et jeta les premiers germes de sa réputation militaire.

Lorsqu'il revint à la cour, le cardinal de Richelieu, à la suite d'un sérieux entretien, étonné et ravi, disait à Chavigny : « Je viens d'avoir une conversation de deux heures avec M. le duc sur la religion, la guerre, la politique, les intérêts des princes, l'administration d'un État; ce sera certainement le plus grand capitaine de l'Europe et le premier homme de son siècle, et peut-être des siècles à venir, en toutes choses. » Sous l'impression d'un charme récent et d'une si précoce jeunesse, le pronostic était exagéré sans doute sur bien des points; mais en ce qui concernait le génie militaire, le futur vainqueur de Rocroy, de Lens et de Fribourg, le rival heureux de Turenne, devait le confirmer par une réalité éclatante.

Un ambitieux projet germait dans la tête du ministre, et pouvait entrer pour quelque chose dans la chaleur de son appréciation. Afin de donner une consécration incontestée à la prééminence de son rang, il désirait qu'une alliance de famille l'unît au sang royal; il n'aspirait à rien moins qu'à devenir l'oncle de celui qui devait être le grand Condé!

CHAPITRE IV.

La société de l'hôtel de Rambouillet née des débordements de la cour de Henri IV. — Le marquis et la marquise de Rambouillet. — Les demeures du moyen âge. — Architecture et aménagement intérieur de l'hôtel de Rambouillet. — La société de l'hôtel de Rambouillet forme un trait d'union entre la cour et la ville. — Le respect empêchait la confusion des rangs. — L'esprit de la noblesse de France comparé à l'esprit de la noblesse d'Angleterre. — Les précieuses. — Les deux époques de la société de l'hôtel de Rambouillet et ses plus célèbres habitués. — La belle Julie. — Le duc de Montausier. — *La Guirlande de Julie.* — Les princes du sang. — Sarrasin. — Mademoiselle du Vigean. — Célèbre querelle littéraire des deux sonnets de *Job* et d'*Uranie*.

On ne saurait avoir une idée complète d'une époque, si, en dehors des événements qui se sont accomplis pendant sa durée, on ne connaissait encore sa société et ses mœurs. Il n'existe pas de période historique où la société proprement dite, c'est-à-dire le grand monde social et intellectuel, ait eu plus de part aux événements politiques que pendant la première moitié du dix-septième siècle. On comprendrait peu comment, surtout pendant les troubles de la Fronde, la littérature, les pamphlets, les relations du monde, les passions du cœur, ont pu jouer un rôle plus important encore que les armes, si on ne savait quel ascendant l'hôtel de Rambouillet avait pris sur les mœurs en les polissant, en les adoucissant.

Au compte de l'influence que les mariages et les passions du cœur, nées plus encore de chevaleresques sentiments que de sensuels penchants, ont eu sur ces événements, citons seulement, en laissant à part l'étrange fascination du prince de Conti pour sa sœur, la passion du duc de La Rochefoucauld pour la duchesse de Longueville, la rivalité du duc de Nemours, et, parmi les mariages, rappelons celui projeté entre le prince de Conti et Mademoiselle de Chevreuse, ceux effectués du duc de Richelieu avec Mademoiselle de Pons, du duc de Mercœur avec Laure de Mancini, du maréchal de Turenne avec Mademoiselle de La Force, enfin celui du prince de Conti avec Anne-Marie de Martinozzi, couronnement de la politique qui termina la Fronde.

Nous avons déjà dit quels débordements à la cour de nos rois avaient succédé pour la noblesse à la vie patriarcale de ses vieux châteaux; l'immoralité même était devenue un des ressorts avoués de la politique ; par elle, le monarque recherchait la domination absolue, et le courtisan la faveur. Les maîtresses des rois étaient traitées à l'égal des reines ; les enfants naturels ou adultérins étaient revêtus des plus hauts titres. Henri IV porta plus loin encore que ses prédécesseurs cet oubli des convenances politiques et sociales. Entièrement livré à de sensuels amours, il avait même fait perdre à sa cour cette décence extérieure qui permet à la vertu de coudoyer le vice. Les femmes belles, honnêtes, spirituelles, qui ne pouvaient guère s'y aventurer sans se compromettre, s'en éloignèrent, en dehors des fêtes ou des occasions d'apparat, où leur position pouvait les obliger d'assister. Elles désiraient cependant se voir, se réunir, se livrer aux délassements de l'esprit : de ce besoin naquit le premier salon, qui fut l'hôtel de Rambouillet.

Catherine de Vivonne avait épousé en 1600, à l'âge de douze ans, Charles d'Angennes, marquis de Rambouillet, maréchal de camp, ambassadeur en Piémont et en Espagne, où il avait rempli avec distinction des missions diplomatiques, homme de mérite par conséquent, et cependant époux assez effacé, comme il arrive d'ordinaire aux maris dont les femmes savent s'entourer du prestige de la littérature, des arts ou de la mode. Leur union fut toujours digne et heureuse ; le marquis acceptait son rôle avec plaisir, disant que sa femme ne lui avait jamais rien demandé qui ne fût raisonnable, et profitait le premier du charme de la société dont elle était le centre. A seize ans, la marquise fut mère de la célèbre Julie qui devint par son mariage la duchesse de Montausier; sa seconde fille, Angélique, épousa le comte de Grignan; ses trois autres filles prirent le voile; l'une fut abbesse de Saint-Étienne de Reims, les deux autres se succédèrent comme abbesses de Yères, près de Paris. Un de leurs fils mourut de la peste à l'âge de huit ans; l'aîné fut tué à Nortlingen en 1645; un accident arrivé en nourrice l'avait rendu contrefait; il fut longtemps à refuser d'étudier le latin, de peur qu'on ne le fît entrer dans l'état ecclésiastique; il prit l'épée et se signala par sa bravoure. Le bonheur ne fut donc pas, comme on pourrait le croire, l'apanage exclusif de cette brillante famille; elle eut aussi sa part des tristesses de la vie.

La marquise de Rambouillet, belle, spirituelle, irréprochable dans ses mœurs, inspirait à la fois l'amour et le respect, jusqu'à la vénération même, quand elle devint plus âgée. Dans sa jeunesse et pendant son âge mûr, la cour et la ville, les littérateurs et les gens d'esprit se groupèrent autour d'elle; elle porta bientôt le sceptre de cette société naissante en l'accueillant chez elle; son hôtel lui-même porta le cachet de l'innovation.

Dans les demeures des cités du moyen âge, à la

fois maisons et forteresses, aux fenêtres étroites, moins faites pour donner le jour au dedans que pour lancer au dehors les flèches de l'arc, et plus tard le plomb de l'arquebuse, châteaux des champs rassemblés à la ville, moins les fossés, mais avec les tourelles en souvenance des tours, l'idée de la distribution commode était le moindre souci qui eût présidé aux aménagements de l'intérieur. Au rez-de-chaussée, la cuisine dont la cheminée aux vastes flancs permettait de faire rôtir des quartiers monstrueux de venaison ; à côté, une pièce ou deux, destinées aux approvisionnements ; puis la spirale de l'escalier, se déroulant dans la tourelle carrée ou ronde, suivant l'époque, conduisait, au premier étage, à la grande salle ; ses lambris sont peints à fresque de losanges, de trèfles ou de figures, tendus d'étoffes ou de tapisseries ; le plafond soutenu par des poutres puissantes et sculptées sur lesquelles les poutrelles symétriques aux nervures droites et fouillées viennent chercher leurs appuis. Au fond de la salle, une immense cheminée, symbole monumental du foyer domestique, élève jusqu'au plafond son manteau blasonné ou couvert de quelque emblème, suivant que la demeure est celle d'un gentilhomme ou d'un bourgeois opulent ; ses flancs hospitaliers sont garnis à l'intérieur de deux escabeaux, en regard l'un de l'autre ; la flamme pétillante déroule sa chevelure d'or et se perd en fumée constellée d'étincelles dans la longue ascension du vaste tuyau, au sommet duquel s'entrevoit un coin bleu de la voûte du ciel; des bûches énormes, arbres entiers de la forêt, donnant l'âme à cette colonne embrasée, reposent sur de puissants chenets de fer, dont les hautes tiges s'arrondissent en corbeille ; le chat de la maison, placé dans l'une d'elles par quelque espiègle enfant, prenant ce jeu en bonne part, s'y arrondit paresseusement, laissant échapper deux éclairs à demi voilés sous ses paupières entr'ouvertes. Au dessous deux levriers, aux formes nerveuses et élancées, fidèlement étendus aux pieds de leur maître, se reposent de quelque excursion vagabonde. Au milieu de la salle, une table en cœur de chêne, sur laquelle, tour à tour, se dressent les repas, se scellent, d'âge en âge, les contrats de la famille et les pieuses donations à quelque prochain couvent. En face de la cheminée, un vaste dressoir étale les hanaps, quelques aiguières d'argent, des faïences émaillées et les reliures poudreuses d'un terrier et de quelques vieux manuscrits. Cette salle d'honneur est à la fois le salon, la salle à manger, la chambre du conseil.

Dans le reste de la demeure, deux pièces à chaque étage, mais placées à hauteurs inégales et reliées entre elles par le méandre de l'escalier qui s'enroule sur le pilier qu'il étreint, ne servent que pour le sommeil ou la toilette. Pour ameublement, de vastes lits, où l'on peut au besoin inviter au repos quelques amis, abrités par des baldaquins, sorte de tentes nécessaires pour garantir du froid et des courants d'air dans ces grandes salles; pour siéges, les bahuts qui servent de commodes pour les vêtements et de caisses pour les voyages. Les tentures même de l'appartement, lorsqu'il y en a, s'emportent, quand la famille se déplace.

La renaissance, qui s'appliqua à parer les demeures, fit peu pour les rendre plus commodes; elle vint les rétrécir à l'intérieur, sans les mieux distribuer, les construisant beaucoup moins pour l'habitant du dedans, que pour le spectateur du dehors. A l'extérieur, les tours portent haut encore leurs flèches élancées, mais, satellites d'apparat, elles ne sont plus les avant-gardes de la défense; les courtines courent encore d'une tourelle à l'autre; mais les machicoulis qui les surmontaient avec leurs créneaux, pour verser le plomb fondu ou faire pleuvoir les projectiles, ont fait place aux légères balustrades que le ciseau de l'artiste a découpées dans la pierre. Des fenêtres plus larges, amélioration véritable, permettraient au jour une plus libre entrée, si les vitraux empruntés aux basiliques ne venaient en intercepter l'éclat et jeter des rayons de mille couleurs sur les sculptures de l'ameublement et sur la poétique jeune femme qui feuillette nonchalamment un livre récemment échappé aux presses de Guttenberg. Le logement a fait du progrès sans doute; mais l'art y a déployé ses ressources bien plus pour l'agrément des yeux que pour la commodité de ceux qui l'habitent. Une maison est une crédence où chaque habitant, vêtu de velours ou de soie, rehaussé de plumes et de fourrures, de passementeries d'or et d'argent, devrait occuper sa place sans se déranger jamais, de peur de troubler les harmonies du tableau.

La marquise de Rambouillet comprit tout ce que les constructions de son temps apportaient d'obstacles à la vie du monde, telle qu'elle la comprenait et la voulait inaugurer. Un édifice disposé d'après ses idées, bâti sur ses propres plans, s'éleva près de la demeure de nos rois, dans la rue Saint-Thomas du Louvre; il fut le premier de nos modernes hôtels. Quand nous disons modernes, c'est employer, hélas! une expression fugitive comme le temps lui-même; car ces hôtels qui s'élevèrent à l'envi pour l'imiter, s'écroulent un à un sous le marteau démolisseur. Ils font place à des maisons qui cherchent encore leur forme définitive, afin de répondre aux besoins nouveaux d'une société nouvelle, chrysalide dont les métamorphoses, peu éloignées peut-être, sont encore inconnues.

L'hôtel s'élevait entre cour et jardin; et si celui-ci, peu conforme aux paysages anglais adoptés aujourd'hui, était découpé en plates-bandes symétriques, groupant peut-être quelque chiffre mystérieux, l'eau, qui s'allie si bien à la verdure, y venait jaillir en gerbe pour reposer ensuite son cristal limpide dans le lit d'un vaste bassin. Une des dispositions nouvelles de l'hôtel imaginé par la marquise, consistait dans la place occupée par le grand escalier; précédemment on l'eût placé au milieu de l'édifice dont il eût coupé les distributions; elle le fit mettre à l'une des extrémités. Au rez-de-chaussée étaient les pièces de réception; celles-ci, éclairées par de larges et hautes fenêtres descendant jusqu'au niveau des parquets, laissaient arriver la lumière, le soleil, la gaieté, et permettaient de jouir, de l'intérieur, du charme tranquille des jardins. La distribution savante et commode des appartements offrait une gradation depuis le vestibule et l'antichambre des laquais jusqu'aux divers salons de réception, et depuis la chambre du lit jusqu'aux boudoirs coquets et parfumés. Du reste, le mot de salon ne faisait pas encore partie de la langue française; toutes ces pièces s'appelaient des chambres, et les moins grandes, ou les boudoirs, s'appelaient des cabinets. La plus vaste et la plus belle de ces pièces de réception était tendue et meublée de velours bleu bordé de crépines d'argent; on l'appela la chambre bleue d'Arthénice, anagramme de Catherine. De chaque côté, des pièces moins grandes, les cabinets, meublés avec moins de richesse, mais toujours avec art, s'ouvraient et ajoutaient leurs espaces dans les occasions de réceptions nombreuses.

Un des plaisirs de la marquise était de faire des surprises à sa société; elle en improvisa plusieurs dans son magnifique parc de Rambouillet où elle résidait quelquefois; elle en prépara avec succès dans son hôtel où, un certain soir, au milieu d'une réunion nombreuse, la tapisserie d'une muraille que l'on savait donner sur le jardin des Quinze-Vingts, se décrochant tout à coup, laissa voir un grand cabinet, brillamment décoré, orné de charmantes peintures, au milieu duquel se tenait Mademoiselle de Rambouillet élégamment parée.

Dans ce vaste appartement, la symétrie grandiose laisse sans doute beaucoup à innover au confortable, moderne invention, et pour le mot et pour la chose; les larges et hautes fenêtres, les portes correspondantes à doubles battants, les cheminées trop grandes et mal combinées, les plafonds trop hauts peut-être, donnent, dans la saison d'hiver, un trop libre accès au froid atmosphère du dehors; mais sous ces vastes lambris tout respire la noblesse et la grandeur. Les noms historiques retentissent merveilleusement, prononcés par la voix sonore de l'huissier ; les habits brodés des gentilshommes rehaussés par le lustre de leur vaillante épée, les robes monumentales des marquises s'étalent à ravir dans ce large cadre, paillettes rendues plus brillantes par quelques points noirs disséminés ; ces points noirs, étoiles pourtant du firmament littéraire, sont les petits collets à rabats de dentelle de ces beaux esprits ou de ces génies qui viennent apporter leur contingent à ces grandeurs.

La société qui se réunissait à l'hôtel de Rambouillet offrait ce caractère particulier et nouveau du mélange des grandes dames et des grands seigneurs avec les femmes de la bourgeoisie, mais distinguées par leurs penchants artistiques ou littéraires, et avec les hommes de lettres. Elle formait un choix d'élite et peu nombreux, relativement à la vaste étendue des appartements. La foule même dorée, complément obligé de nos jours des réceptions qui veulent passer pour brillantes, a quelque chose de commun et de vulgaire, de populaire et d'impoli, que le bon goût de la marquise n'aurait pu tolérer. Cette société forma un trait d'union entre la cour et la ville, un milieu dans lequel les rangs se mêlaient sans se confondre.

Cette confusion était impossible à une époque où la naissance était entourée d'un si grand prestige de gloire et de respect. On la considérait comme transmettant une tradition de vertus, de valeur, d'honnêteté, d'exemples, accumulée par les générations, qui, faisant rejaillir sur le détenteur vivant l'éclat de ses aïeux, l'obligeait lui-même à ajouter à cette gloire un nouveau rayon. Du reste, après le niveau politique passé par la révolution, ce prestige des noms subsiste encore et surpasse l'éclat des titres les plus brillants. La raison en est simple : un titre, parfois, peut être accordé par la seule faveur; tandis que la valeur d'un nom est frappée au seul coin de l'appréciation publique, et cette monnaie, si elle s'est capitalisée, pour ainsi dire, d'âge en âge, pendant de nombreuses générations, devient une fortune de l'ordre moral. La suppression des titres ne l'attaque pas; pour l'atteindre, il faudrait que quelque loi démagogique impossible enlevât les noms pour leur substituer des numéros d'ordre sur l'inscription des registres de la vie. Cette valeur reconnue à la race est d'autant plus remarquable, qu'elle est toute d'opinion; aucun privilége, aucun droit ne la sanctionne; nul décret, nulle loi ne saurait la détruire. Cette valeur de la race est si réelle, qu'on la consacre légalement dans tout ce qui ne blesse pas la démocratie; mais pour cela il a fallu descendre aux animaux. Parmi eux, on a choisi naturellement d'abord parmi la plus belle espèce : nos chevaux de pur sang ont leur généalogie soigneusement conservée par des fonctionnaires de l'État; ils ont, sur nos hippodromes, des droits et des priviléges inaccessibles au cheval né de parents vulgaires. Cette tendance se propage; les races bovines, ovines, et bien d'autres, ont leur aristocratie qui se dessine. La révolution ne trouvera-t-elle pas dans cette infraction à l'égalité quelque motif à réforme; n'aurons-nous pas, quelque jour, *une déclaration des droits de la bête?*

Bien entendu, nous ne prétendons attaquer en rien les droits de l'homme pris dans le sens chrétien; la reconnaissance de ces droits, qui a fait tomber l'affreuse institution de l'esclavage, remonte à une divine origine. Nous ne blâmons qu'une fausse interprétation de ces droits, qui, par une égalité poussée, en toutes choses, à une limite extrême, serait destructive de toute société. Les droits de l'homme, dans l'acception révolutionnaire, seraient au gouvernement ce que les principes de la société protectrice des animaux seraient à la production, si, mal compris, pour les laisser plus libres ou plus égaux, ils interdisaient de les employer à leurs fins utiles.

La constitution de l'ancienne noblesse demandait évidemment des réformes, concessions nécessaires à l'esprit des temps nouveaux ; elle était trop exclusive, n'admettant que de mauvaise grâce dans ses rangs ceux-là mêmes que des services considérables, une situation sociale élevée, nouvellement acquise, lui auraient dû faire accueillir avec empressement; politique habile, qui assure à l'aristocratie toutes les prééminences ; absorbant dans son sein les hommes qui ont grandi par des voies honorables, elle se fait des soutiens de ceux que la rivalité jalouse rend des ennemis puissants. Enfin, en cessant d'être féodale et en même temps gouvernementale, la noblesse était devenue trop exclusivement militaire; situation qui, sans la débarrasser des rivalités envieuses, l'avait privée de tout rôle et de toute influence politique bien avant la grande révolution : le duc de Saint-Simon disait que, de son temps, un gentilhomme n'avait plus d'autres droits que celui de se faire tuer pour son pays; noble droit encore, il faut le reconnaître! La royauté déjà, par le renversement de la puissance de la noblesse, avait accompli son œuvre d'absolutisme, conduite lentement, mais sûrement, de règne en règne. Mieux avisée que celle de France a été la noblesse d'Angleterre ; après la chute de la féodalité, qui ne pouvait avoir qu'une raison d'être temporaire, elle s'est faite politique et parlementaire. Au lieu de se laisser abattre pièce à pièce par la royauté, c'est elle qui lui a posé des limites et qui est devenue le *palladium* de la liberté. Le jour où l'aristocratie anglaise périra, comme périssent à leur tour, à un moment donné, toutes les institutions humaines, l'Angleterre devra porter le deuil de sa liberté. Liberté et égalité ensemble sont incompatibles, et ne sont qu'une utopie[1] généreuse pour les uns, envieuse pour les autres, dont l'application, toujours essayée, est la cause la plus certaine de la fragilité des gouvernements. Il faut choisir : l'aristocratie, dans une monarchie tempérée comme dans les républiques, est la garantie du maintien de la liberté, comme le despotisme est la garantie du maintien de l'égalité. La France, aujourd'hui, cherche dans l'amélioration de ses institutions un bien-être et des progrès vainement cherchés depuis longtemps dans les révolutions qui n'aboutissaient qu'à des changements stériles de gouvernements. Elle est moins loin qu'il ne paraît peut-être de ces idées d'une aristocratie largement constituée sur le double concours, d'un

---

[1] Voyez, sur cette question, mon livre intitulé : *Questions du jour : République, Socialisme et Pouvoir*. 1849. 2ᵉ édit. Lecou, éditeur. Aujourd'hui chez Douniol.

côté, de l'illustration de la naissance, premier élément dont la fusion est indispensable, sous peine de rendre une noblesse nouvelle illogique, ridicule et impossible; d'un autre côté, du mérite, des services, de la fortune bien acquise, portés à un degré assez éminent pour jeter un lustre sur les enfants. La France, qui, avec des instincts révolutionnaires apparents, est éminemment douée du sens de conservation, trouverait dans cette combinaison la base nécessaire à la stabilité des institutions, sans laquelle nul progrès, nulle liberté, nulle prospérité, ne sont assurés d'un lendemain. Cette solution ne serait-elle qu'une question de temps? Elle n'aurait même rien de contraire aux principes de 89, tels qu'ils résultent des cahiers des états généraux.

De cette fusion, sans l'oubli des rangs, naquit, à l'hôtel de Rambouillet, cette politesse exquise, exempte d'affectation, caractère distinctif de la bonne compagnie. Voiture seul, parmi les hommes de lettres, semblait marcher de pair avec les plus grands; mais une exception donne du piquant, on en riait sans qu'il s'en aperçût, et le jeune duc d'Enghien qui, sur les rangs, entendait peu raillerie, disait en plaisantant : « En vérité, si Voiture était de notre condition, on ne le pourrait souffrir. »

Le nom de *précieuses* fut donné aux femmes

qui firent l'ornement de cette société; si cette qualification a été prise plus tard en mauvaise part, c'est qu'il y eut des imitations ridicules, que nous pourrions appeler des contrefaçons. L'hôtel de Rambouillet fut à la mode; cette mode avait pris naissance parmi des personnes distinguées à tous les points de vue; or il arriva de cette mode ce qui advient de toutes, elle fut imitée dans d'autres sociétés; elle descendit, le commun s'en empara, le bon goût fit place à l'afféterie, et la qualification fut reniée par celles qui précédemment s'en étaient honorées. Ce discrédit est, du reste, postérieur à l'existence de l'hôtel de Rambouillet, et tomba sur ces précieuses de second ordre, appartenant à la bourgeoisie, dont les réunions furent connues sous le nom de ruelles.

Dans les nobles réceptions de l'hôtel de Rambouillet, on n'avait garde de se produire pour se faire voir un instant, afin de courir dans vingt autres endroits faire le même personnage, sans se donner dans aucun le temps de causer, d'écouter, d'observer, même de penser; pour la satisfaction de pouvoir dire à quelques amis assez spirituels pour être moins répandus, que l'on ne peut suffire à toutes les fêtes, à toutes les relations brillantes qui vous réclament. On donnait, au contraire, à son esprit l'activité que les gens du monde donnent aujourd'hui à leur corps et aux jambes de leurs chevaux. On restait longtemps réuni ; des sujets variés occupaient tour à tour l'attention en la distrayant ; chacun apportait son tribut au plaisir des autres. Les arts, la littérature, la philosophie, la religion même, étaient l'objet de lectures ou d'intéressantes et instructives causeries. Le perfectionnement de la langue française, naïve et pittoresque, mais un peu barbare encore, était un des soins auxquels on s'appliquait ; on commença à débarrasser son orthographe des lettres dites parasites, telles que les *s* inutiles dans un grand nombre de mots : *escuyer, teste, esclat,* etc.; les phrases se détachèrent, avec les idées, en périodes moins longues et moins confuses. On commentait l'*Astrée,* de d'Urfé ; on y méditait les *Maximes* de La Rochefoucauld ; on savourait les primeurs d'une tragédie lue par Corneille en personne ; on s'ennuyait un peu à la lecture de *la Pucelle* de Chapelain, mais on avait si bon espoir dans ce poëme national, qui devait être l'*Odyssée* et l'*Iliade* de la France, que l'on écoutait avec complaisance, attendant toujours quelque tirade mieux inspirée. On prenait sa revanche de l'ennui du poëme, en plaisantant sur l'épée de son auteur ; il l'avait adoptée étant précepteur des fils de M. de La Trousse, grand prévôt, pour se donner des airs de gouverneur, et, leur éducation terminée, ne voulait plus la quitter, au grand désespoir de sa famille. On l'y fit renoncer d'une façon comique : pour un duel simulé, on fit mine de l'appeler pour second ; il se défit aussitôt et pour toujours de son dangereux ornement. On ne craignait pas d'étudier la *Méthode* de Descartes ; on entendait un sermon improvisé par le jeune Bossuet, essayant dans un salon cette éloquente voix qui devait faire retentir les saintes basiliques, et, lorsque l'esprit trop tendu avait besoin de délassement, la musique faisait résonner ses accords, Madame Aubry, ou la belle Mademoiselle Paulet, s'accompagnant de son luth, ravissaient l'assemblée par leurs accents mélodieux.

Mademoiselle Paulet, fille de Charles Paulet, secrétaire de la chambre du roi, qui a donné son nom à une taxe dont nous parlerons en son lieu, était une des preuves du bon renom de l'hôtel de Rambouillet pour la vertu des femmes qui le fréquentaient. Elle était ravissante, et sa blonde chevelure aux boucles ondoyantes et pressées, l'avait fait surnommer la *lionne*. Tallemant des Réaux trace ainsi son portrait : « Mademoiselle Paulet avait beaucoup de vivacité, estoit jolie, avoit le teint admirable, la taille fine, dansoit bien, jouoit du luth et chantoit mieux que personne de son temps. » Il dit ensuite que l'amitié que lui témoigna Madame de Rambouillet purifia, pour ainsi dire, Mademoiselle Paulet, qui fut depuis chérie et estimée de tout le monde. Il n'est pas besoin d'ajouter que Tallemant accueille avec empressement les bruits galants qui avaient couru sur son compte, ainsi que les suites du fameux ballet d'Arion, où, montée sur un dauphin, elle plut tant à Henri IV.

Mademoiselle de Scudéry, dans son roman de *Cyrus*, après avoir tracé le portrait d'Élize (Mademoiselle Paulet), s'exprime ainsi :

« Enfin, Madame, Élize est une merveille et il n'y a pas lieu de s'estonner si elle a acquis tant d'amans et tant d'amis. Mais comme elle a esté plus heureuse aux derniers qu'aux premiers, je ne vous parleray pas moins de ceux avec qui elle a eu de l'amitié que de ceux qui ont eu de l'amour pour elle. Arrivée à l'âge de quatorze ans, elle fut presque aimée de tout ce qui estoit capable d'aimer; on vit trois princes frères, rivaux en même temps... Le roi de Phénicie (Henri IV), cet illustre conquérant, devint luy-mesme son esclave, mais d'une manière différente de celle dont il avoit accoustumé de l'estre, car comme son amour n'estoit pas pour l'ordinaire extresmement détaché des sens, il ne donnoit guère son cœur qu'il n'ostast quelque chose de la réputation de celles à qui il le donnoit. Il n'en fut pas de mesme de la passion qu'il eut pour Élize, car, excepté quelques envieuses de sa beauté, personne n'en a jamais rien dit, ny rien pensé qui luy pust estre désavantageux... Je scay bien que ceux qui ont voulu diminuer la gloire d'Élize ont dit qu'il n'estoit pas si difficile de résister à un prince qui n'estoit pas extresmement bien fait de sa personne, qui avoit autant l'air d'un soldat que d'un roy, et qui n'estoit pas trop propre; mais après tout ce roy estoit un des plus illustres roys du monde, et dans la familiarité qu'il souffroit qu'on prist avec luy, il avoit l'esprit infiniment agréable et divertissant; il railloit mesme de bonne grâce, et agissoit avec tant de bonté qu'il gagnoit les cœurs de tout le monde. »

Des conversations futiles, mais spirituelles, venaient aussi apporter leur variété à ces plaisirs. La mode, quoique moins changeante qu'aujourd'hui, n'en avait pas moins ses secrets et ses prestiges que scrutent ou confient les féminines causeries. Les hommes étaient galants avec bon goût, et, de cour littéraire, l'assemblée parfois se transformait en cour d'amour pour juger les tendres sentiments. Les hommes de lettres, en cette occurrence, ne manquaient pas de donner carrière à leur muse un peu vagabonde; mais il était reçu, parmi les grandes dames, que leurs hommages bien accueillis et toujours flatteurs à obtenir, ne tiraient pas à conséquence; et Madame de Sévigné pouvait, sans se compromettre, désespérer Ménage par son confiant abandon.

L'existence de la société de l'hôtel de Rambouillet peut se classer sous deux phases à peu près distinctes; mais parmi les personnages qui y ont brillé, grâce à la longueur variable de la vie, plus d'un a traversé les deux phases successives. La première époque s'étend depuis le commencement du ministère du cardinal de Richelieu, jusques à la Fronde; la seconde, depuis le rétablissement de la paix intérieure, jusqu'aux deux ou trois dernières années qui précédèrent la mort de la marquise, en 1665. A la première époque appartiennent Malherbe, Corneille, Rotrou, Voiture, Conrart, Chapelain, Ménage, La Rochefoucauld, Saint-Évremond, Scarron, Benserade, Montreuil, Esprit et Sarrasin, Godeau, l'évêque de Vence et de Grasse, surnommé le nain de Julie; Racan, qui a assoupli le langage poétique, et si exclusivement connu comme littérateur, qu'on ignore généralement qu'il était marquis et maréchal de camp des armées du roi; le marquis de Bussy-Rabutin; Saint-Évremond, ce satirique gentilhomme, qui après avoir chansonné la nouvelle Académie, puis la Fronde, deux plaisirs sans danger auprès des ministres, pour en avoir voulu faire autant de la paix des Pyrénées et de Mazarin, son négociateur, dut, afin d'échapper à la Bastille, s'enfuir en Angleterre, où l'abbaye de Westminster abrite son tombeau; Balzac, trop vieux et retiré à la campagne ne parut jamais à l'hôtel de Rambouillet; mais il entretenait une correspondance spirituelle et assidue par l'intermédiaire de Ménage; citons encore Mademoiselle de Scudéry et son frère; la marquise de Sablé, qui avait mis en honneur cette théorie que le culte mondain des hommes pour les femmes était non-seulement permis, mais utile pour porter ceux-ci aux belles actions par le désir de plaire; quant aux femmes, leur vertu devait rester sans atteinte par devoir et aussi pour mériter d'inspirer aux hommes de nobles sentiments. Madame de Sablé avait prêché par l'exemple : aimée, suivant sa théorie, par le malheureux duc de Montmorency décapité à Toulouse, elle avait fièrement rompu avec lui, dès qu'elle l'eut soupçonné d'une infidélité en levant les yeux sur la reine Anne d'Autriche. Nous nommerons encore parmi ces femmes illustres : Louise-Marie de Gonzague, fille du duc de Nevers, qui devint reine de Pologne, et Madame de Choisy [1], qui, disent certains chroniqueurs, ne se borna pas toujours aux théories pures professées autour d'elle.

---

[1] Jeanne Hurault de l'Hospital, née en 1604, mariée en 1628 à Jean de Choisy, conseiller au Parlement, chancelier du duc d'Orléans, morte en 1666. Elle était mère du léger et spirituel abbé de Choisy.

La Fronde suspendit les réunions de l'hôtel de Rambouillet. La paix fit naître la seconde et dernière période, où l'on vit paraître, avec les survivants de la première, une génération nouvelle. Dans celle-ci se distinguent : Bossuet, Racine, Boileau, La Fontaine, et parmi les femmes, l'incomparable marquise de Sévigné, qui avait déjà brillé vers la fin de la première période; la spirituelle Madame de La Fayette; Françoise d'Aubigné, cette vertueuse personne, mais habile, qui eut pour maris ces deux hommes en tout si différents, Scarron et Louis XIV, passant, de l'un à l'autre, du burlesque à la grandeur.

Des anagrammes ou des noms tirés de l'histoire ou des romans désignaient les heureux élus de l'hôtel de Rambouillet. La maîtresse de céans, la marquise, était appelée *Rozelinde, Rotandre, Sestiane,* et surtout *Arthénice;* Julie d'Angennes était *Ménalide; Ménalidès* était Montausier; le comte de Grignan, gendre de la marquise de Rambouillet, qui devait le devenir plus tard de la marquise de Sévigné, ce gentilhomme aux grandes manières, destiné aux belles-mères illustres, littérateur lui-même, était nommé *Gariman;* Balzac était *Bélizandre;* Voiture était *Valère;* Mademoiselle de Scudéry était *Sophie* ou *Sapho.* Les détracteurs de la société de l'hôtel de Rambouillet se sont fait une arme contre elle de ces surnoms taxés par eux d'afféterie; ils n'ont pas remarqué qu'ils étaient autorisés par l'usage, et que leur mystère, bien que transparent, donnait une carrière plus libre aux poétiques fictions.

Ces réunions, comme tout ce qui est mode et succès, furent imitées, nous l'avons dit; parmi les imitations de bon aloi, deux particulièrement sont à remarquer. La réunion qui se tenait chez Conrart, réunion d'hommes, plus sérieuse et plus exclusivement littéraire que celle de l'hôtel de Rambouillet, est devenue le berceau de l'Académie française; Richelieu, son fondateur, en trouva le noyau tout formé, et institua Conrart secrétaire perpétuel. L'autre réunion, plus mondaine et plus semblable à son modèle, se tenait chez Madame de La Fayette, qui avait pris pour ses réceptions un jour fixe de la semaine; cet usage des jours est venu jusqu'à nous; il était de bon ton d'être de ses samedis.

L'amour platonique, vertueux et couronné, devait avoir son modèle dans la famille même de la marquise de Rambouillet; c'était dans l'ordre. La fille aînée de la marquise, celle qui n'avait d'autre nom que celui de la *Belle Julie*, charmante, spirituelle, avait déclaré qu'elle ne voulait pas se marier. Elle adorait sa mère, elle l'aidait à faire les honneurs de ses réceptions dont elle augmentait le charme; elle craignait qu'un mariage ne fût la rupture de ces douces habitudes. Faire manquer une si ravissante personne à une résolution si ferme et humiliante pour le sexe le plus fort, qui avait à l'hôtel de Rambouillet de si brillants représentants, était un but que ne pouvait pas manquer de poursuivre plus d'un de ces nobles chevaliers. Mais tous ces poursuivants se lassèrent devant une résolution si inébranlable. Un seul dut enfin le succès à sa constance. Le siége de Troie avait duré dix ans; il ne fallut pas moins d'années de persévérants efforts à Charles de Sainte-Maure, marquis et depuis duc de Montausier, pour forcer à se rendre le cœur de Mademoiselle de Rambouillet. Ce n'est pas qu'il ait passé ces dix années dans l'inutile oisiveté d'une fade galanterie; d'abord il dut étouffer sa flamme naissante, un frère aîné, qu'il perdit, aspirait à la main de Julie d'Angennes; quand il put donner cours à ses sentiments, ce ne put être que par intermittences. Il servait dans les armées; à cette époque où les troupes prenaient régulièrement leurs quartiers d'hiver, les officiers du grand monde retournaient à la cour et à Paris; dans cette saison, il revenait empressé, et repartait au printemps se livrer bravement aux hasards de la guerre, dans laquelle il se distingua sous les ordres du maréchal de Guébriant. L'attrait qui avait déterminé son choix pour n'épouser nulle

autre que la belle Julie, était d'un caractère tout
particulier. Pendant la maladie contagieuse, la
peste, dit-on, qui avait atteint le second fils de
la marquise de Rambouillet, tout le monde avait
fui ; seule, avec sa fille, la marquise avait courageusement donné des soins au malade chéri qui
mourut dans leurs bras. Ce noble trait avait touché Montausier, qui s'appelait alors le marquis
de la Salle, d'une estime infinie pour la mère et
la fille; l'amour basé sur l'estime ne pouvait avoir
une plus noble origine. Nous insistons sur ce rapprochement, car l'union de ces deux sentiments
est le cachet particulier de la société de l'hôtel
de Rambouillet. Charles de Sainte-Maure était, en
effet, non-seulement un homme d'esprit, mais
un homme d'un caractère plein de droiture; l'estime qui l'entourait fixa plus tard l'attention de
Louis XIV pour en faire le gouverneur des enfants de France. Cette droiture était mêlée d'une
inflexibilité un peu rude qui lui fit toute sa vie
avoir des procès, bien moins par intérêt, que par
irrésistible penchant au culte de l'équité. Aussi
Molière a-t-il emprunté au caractère de Montausier les plus beaux traits de son *Misanthrope*.
Qui eût pensé que Mademoiselle de Rambouillet,
si difficile pour agréer un époux, eût un jour
fixé son choix sur un homme qui semblait peu
fait pour les grâces aimables du monde? Évidem-

ment ce fut aussi l'estime qui la décida; de plus, ne sait-on pas que le lierre aime à s'appuyer sur le chêne? L'amour, en outre, assouplit les plus rudes caractères; de combien de soins délicats Charles de Sainte-Maure sut entourer celle qu'il aimait; et, lorsque sa passion agréée put s'exprimer librement par l'hommage de ces bouquets que le futur époux envoie à sa fiancée, ce ne fut point de ces fleurs vulgaires dues aux soins grossiers de quelque jardinier, de ces fleurs qui se fanent et font redouter le lendemain, qu'il composa le sien : il fit mieux et si bien qu'il n'a pas eu d'imitateurs; car si la mode prenait jamais parmi les jeunes filles de ne consentir à donner leur main qu'en retour d'un semblable hommage, que de futurs époux seraient-empêchés! à tel point que le flambeau de l'hymen pourrait être très-rarement allumé. Mais si les jeunes filles ne font pas toujours précéder leur choix d'une étude basée sur l'estime aussi approfondie que celle de Julie de Rambouillet, elles ont au moins, il faut le reconnaître, la prévoyante sagesse de se contenter des bouquets des jardiniers!

Le bouquet offert par le marquis de Montausier subsiste encore dans sa fraîcheur, sous le nom de *Guirlande de Julie*. Il était composé de vingt-neuf fleurs peintes par Robert; chaque fleur était placée sur une feuille séparée, et, à la suite, sur le recto d'autant de feuilles de vélin, un ou plusieurs madrigaux pour chaque fleur. Sur la première page, les vingt-neuf fleurs étaient peintes réunies en une guirlande entourant ces mots : LA GUIRLANDE DE JULIE. Jarry, qui excellait dans l'écriture, avait tracé les caractères des madrigaux et du titre. Il avait fait deux copies : l'une *in-quarto*, en lettres rondes; l'autre, *in-octavo*, en lettres bâtardes; portant, l'une et l'autre, la date de 1641. Ces deux copies furent offertes, en même temps, par le marquis, à Mademoiselle de Rambouillet; il les avait fait relier par Gascon qui n'avait point d'égal dans son art. Cette reliure était en maroquin rouge; le dedans et le dehors de la couverture offrait, en semis d'or, le chiffre répété de la belle Julie.

Quant aux madrigaux, ils étaient l'œuvre, non des rivaux du marquis, comme on peut s'y attendre, mais des littérateurs habitués des réunions de l'hôtel de Rambouillet, qui, touchés de sa persévérance, s'associaient à son heureux espoir, tels que d'Andilly, Racan, Desmarest, Malleville, Tallemant des Réaux, Chapelain, Conrart, Scudéry et quelques autres. Le marquis de Montausier ne pouvait pas rester en arrière; sa muse lui inspira naturellement plus de madrigaux qu'à nul autre; seize, de sa composition, figurent dans *la Guirlande*.

La Guirlande de Julie ne mérite certainement pas d'être citée comme une œuvre littéraire remarquable ; c'était une œuvre de société dont l'élégance, la fraîcheur et l'à-propos firent le charme d'abord, et la célébrité ensuite. Si *la Guirlande* est restée célèbre, son texte est demeuré assez ignoré ; aussi détacherons-nous de ce bouquet quatre fleurs choisies : *la Violette* par Desmarest, *la Fleur d'orange* par Conrart, *l'Immortelle* par Scudéry, *la Tulipe flamboyante* par le marquis de Montausier.

LA VIOLETTE.

Franche d'ambition, je me cache sous l'herbe,
Modeste en ma couleur, modeste en mon séjour ;
Mais si sur votre front je puis me voir un jour,
La plus humble des fleurs sera la plus superbe.

LA FLEUR D'ORANGE.

D'un palais d'émeraude, où la riche nature
M'a fait naistre et régner avecque majesté,
Je viens pour adorer la divine beauté
Dont le soleil n'est rien qu'une foible peinture.
Si je n'ai point l'éclat ni les vives couleurs
    Qui font l'orgueil des autres fleurs,
Par mes douces odeurs je suis plus accomplie
Et par ma pureté plus digne de Julie.
Je ne suis point sujette au fragile destin
    De ces belles infortunées

Qui meurent dès qu'elles sont nées,
Et de qui les appas ne durent qu'un matin ;
Mon sort est plus heureux, et le ciel favorable
Conserve ma fraîcheur et la rend plus durable.
Ainsi, charmant objet, rare présent des cieux,
Pour mériter l'honneur de plaire à vos beaux yeux,
  J'ay la pompe de ma naissance,
Je suis en bonne odeur, en tout temps, en tous lieux ;
  Mes beautez ont de la constance,
Et ma pure blancheur marque mon innocence :
J'ose donc me vanter, en vous offrant mes vœux,
De vous faire, moy seule, une riche couronne
  Bien plus digne de vos cheveux
Que les plus belles fleurs que Zéphire nous donne.
Mais si vous m'accusez de trop d'ambition,
Et d'aspirer plus haut que je ne devrois faire,
  Condamnez ma présomption
  Et me traittez en téméraire ;
Punissez, j'y consens, mon superbe dessein
  Par une sévère défense
De m'élever plus haut que jusqu'à votre sein,
Et ma punition sera ma récompense.

L'IMMORTELLE.

Faibles fleurs à qui le destin
Ne donne jamais qu'un matin,
Reconnoissez votre folie ;
Moy seule dois prétendre à couronner Julie.
  Digne objet des plus dignes vœux,
  Placez-moy dessus vos cheveux ;
J'aspire à cet honneur ; faites que je l'obtienne :
Ainsi, puisse le ciel vous combler de plaisirs,
Faire que tout succède à vos justes désirs,
Et que votre beauté dure autant que la mienne !

LA TULIPE

NOMMÉE

FLAMBOYANTE.

Permettez-moi, belle Julie,
De mesler mes vives couleurs
A celles de ces rares fleurs
Dont votre teste est embellie,
Je porte le nom glorieux
Qu'on doit donner à vos beaux yeux[1].

---

[1] Que sont devenus les manuscrits de *la Guirlande?*
Il paraît qu'outre les deux exemplaires dont le marquis de Montausier avait fait hommage à Julie, Jarry avait fait un troisième exemplaire, mais sans la reproduction des fleurs. Le premier exemplaire original était seul orné des peintures de Robert. Après la mort de Madame de Montausier, son mari, dépositaire des deux exemplaires qu'il lui avait donnés, les montrait avec plaisir à ses amis comme un doux souvenir. Après lui, ces manuscrits passèrent dans les mains de la duchesse d'Uzès, sa fille. A la mort de celle-ci, ils furent vendus par ses héritiers comme pièces ne méritant pas leur attention. Ils furent achetés deux cents livres par un particulier, qui les revendit à M. Moreau, premier valet de chambre du duc de Bourgogne. Celui-ci en fit présent à M. de Gaignères. A sa mort, après diverses transmissions, ils devinrent la propriété du duc de La Vallière, dans la succession duquel le manuscrit original fut acheté quatorze mille cinq cent dix livres, pour le compte de Madame de Châtillon, sa fille. Madame de Châtillon l'a légué à M. le duc d'Uzès, son petit-fils, qui le possède aujourd'hui. Le second manuscrit fut acheté, dans la succession du duc de La Vallière, quatre cent dix livres, par M. de Bure. Il est aujourd'hui possédé par M. le marquis de Sainte-Maure, qui l'a acheté deux mille neuf cents francs. Quant au troisième manuscrit, après avoir passé, nous ne savons par quelles transitions, dans les

Les princes du sang se faisaient un honneur et un plaisir de compter au nombre des hôtes les plus assidus de l'hôtel de Rambouillet. Nous allons les y suivre, ainsi que quelques-uns des personnages que nous rencontrerons le plus souvent dans le cours de cette histoire.

Sarrasin, qui n'est pas un de ces littérateurs brillant après leur mort par l'éclat de leurs productions, fut précisément, par le genre de son esprit léger, de nature à plaire dans une réunion mondaine, toujours un peu frivole, un de ceux qui répandit, avec Voiture, déjà vieux quand Sarrasin débutait, le plus d'entrain et de gaieté dans cette société. L'un et l'autre avaient un aplomb que rien n'effayait, une verve qui éclatait à tout propos. Aussi leur conversation était-elle le principal charme de leur présence, tandis que d'autres écrivains, qui ont laissé des noms plus illustres, n'étaient goûtés que par la lecture de leurs productions, tels que Corneille, presque toujours décontenancé. Ceux-ci se sentaient un peu gauches et timides au milieu d'un monde brillant qui, tout en les éblouissant, était cependant l'inspirateur des grandes et belles pensées de leurs écrits.

---

mains du marquis de Courtenvaux, il arriva à celles de Firmin Didot. Sur cet exemplaire ont été faites les quelques éditions données de cette œuvre.

Jean-François Sarrasin était né à Hermanville-sur-mer, en Normandie, où son père exerçait une petite charge de finances. A peine ses études terminées à l'université de Caen, il vint à Paris chercher carrière aux facultés de son esprit. Sa présentation à l'hôtel de Rambouillet décida de sa vocation et de son avenir. Elle le mit en rapport avec la plus haute et la plus aimable société de l'époque, lui permit de se faire connaître des princes de la maison royale, et de devenir même parfois l'hôte des Condé dans leur brillant Chantilly. Il fit aussi un voyage en Allemagne, et y acquit, au dire de Ménage, « l'estime de la princesse Sophie, fille du roi de Bohême, et bonne amie de Descartes. »

La grâce de son esprit, l'art de plaire qu'il possédait au plus haut degré, le firent attacher comme secrétaire des commandements à la personne du prince de Conti, dès que ce prince fut en âge qu'on formât sa maison. Sans fortune, car il avait dépensé pour paraître dans le grand monde le peu dont il avait hérité de ses parents, il épousa par calcul Madame de Piles, veuve d'un maître des comptes, vieille, laide et revêche; aussi, après une prompte séparation, retourna-t-il au culte plus attrayant des Muses.

On lit dans *Menagiana, ou Bons Mots et remar-*

ques de Ménage recueillis par ses amis [1], deux observations bien contradictoires sur le compte de Sarrasin, l'une par Ménage lui-même, l'autre par ses amis :

« M. Sarrasin ne savoit presque rien qu'un peu de latin et quelques mots grecs. Il a voulu faire le savant dans son ouvrage intitulé *Atticus Secundus;* c'est pour cela que je dis qu'il y a mis tout ce qu'il savoit. Sa *Conjuration de Valstein* est écrite d'un style trop poétique. On peut en juger par ces paroles : *Un superbe palais s'élevoit sur les ruines de cent maisons.* »

Laissons maintenant parler les amis de Ménage :

« Sarrasin a été un des plus beaux esprits que la France ait eus. Pour du savoir, ses ouvrages font connoître qu'il en avoit plus que médiocrement. Ce n'est pas seulement dans son *Atticus Secundus* qu'il a mis de l'érudition ; il en a mis aussi beaucoup et d'un autre genre dans sa *Lettre sur le jeu des échecs,* que M. Ménage lui-même, dans ses *Origines*, au mot *Échecs*, appelle savante et curieuse. Le véritable savoir d'ailleurs consiste, non pas à entasser citations sur citations, mais à

---

[1] T. III, p. 191, édit. de Florentin Delaune, 1715.

On lit, t. II, p. 207 du même ouvrage :

« M. Sarrasin n'a jamais fait rien imprimer. C'est moi qui ai pris soin de l'édition de ses ouvrages avec M. Pélisson, qui a fait le discours excellent qu'on y voit au commencement, et je les dédiai à Mademoiselle de Scudéry. »

écrire avec jugement, et à varier agréablement son style suivant la diversité des sujets. C'est ce que Sarrasin a su faire admirablement. Le passage qu'on cite ici de la *Conspiration de Valstein* n'est pas ainsi dans le livre, et quand il y seroit, le dessein qu'avoit l'auteur de donner une haute idée de la magnificence de Valstein demandoit en cet endroit une expression élevée. »

Dans sa *Dissertation sur le jeu des échecs*, Sarrasin combattait l'opinion que ce jeu est le même qui était appelé par les Romains *Latrunculus* ou jeu des larrons; il assimile celui-ci à notre jeu de dames. Il assigne aux échecs une origine orientale, faisant dériver leur nom du mot *Schach* qui signifie roi chez les Persans. L'expression *échec et mat* se trouve ainsi avoir le même sens que *schach-mat*, qui signifie : le roi est mort.

Outre les deux ouvrages que nous venons de citer, Sarrasin écrivit encore dans le genre sérieux, *L'Histoire du siége de Dunkerque;* mais il écrivit aussi en style sérieux un ouvrage moins sérieux que les précédents : *S'il faut qu'un jeune homme soit amoureux.* Il conclut, après maintes citations savantes tirées des anciens et des modernes, « que rien n'est si nécessaire à un jeune homme, pour devenir accompli, que de servir une honnête femme. » C'était la théorie de l'hôtel de Rambouillet : succédant aux mœurs relâchées des derniers règnes, cette théorie était une réforme ; si elle eût succédé à un temps de mœurs sévères, elle eût été un pas vers le relâchement.

Le triomphe de Sarrasin fut la poésie légère, qu'il maniait avec une facilité et une grâce admirables.

Les premières stances de son épître en vers à la belle Julie, de la part de la brillante société de Chantilly qui regrettait son absence, offrent un tableau des plaisirs du monde peint avec les plus délicates nuances :

>Mandez-lui ce que nous faisons,
>Mandez-lui ce que nous disons.
>J'obéis comme on me commande,
>Et voici que je vous le mande.
>Quand l'Aurore, sortant des portes de l'Orient,
>Fait voir aux Indiens son visage riant,
>Que des petits oiseaux les troupes éveillées
>Renouvèlent leurs chants sous les vertes feuillées,
>Que partout le travail commence avec effort,
>A Chantilly l'on dort.

>Aussi, lorsque la Nuit étend ses sombres voiles,
>Que la Lune, brillant au milieu des étoiles,
>D'une heure pour le moins a passé le minuit,
>Que le calme a chassé le bruit,
>Que dans tout l'univers tout le monde sommeille,
>A Chantilly l'on veille.

C'est à Sarrasin que Scarron envoya ces vers burlesques :

Sarrasin,
Mon voisin,
Cher ami,
Qu'à demi
Je ne voi,
Dont, ma foi!
J'ai dépit,
Un petit
N'es-tu pas....
. . . .
. . . .
De savoir
Mon manoir
Peu distant,
Et pourtant
De ne pas,
De ton pas,
Ou de ceux
De tes deux
Chevaux gris,
Mal nourris,
Y venir
Réjouir,
Par tes dits
Ébaubits,
Un pauvret
Très-maigret,
Au col tors,
Dont le corps,
Tout tordu,
Tout bossu,
Suranné,
Décharné,
Est réduit,
Jour et nuit,

A souffrir,
Sans gémir,
Des tourments
Véhéments!
. . . .

Au grand Condé, revenant, après la victoire de Lens, déposer ses lauriers aux pieds de Mademoiselle du Vigean, Sarrasin adressait cette strophe :

Enghien, délices de la cour,
Sur ton chef éclatant de gloire
Viens mêler le myrthe d'amour
A la palme de la victoire!

Mademoiselle du Vigean était la digne héroïne d'un roman vertueux, tel qu'il en pouvait naître à l'hôtel de Rambouillet. La passion des deux jeunes gens était basée sur l'espoir d'une légitime union, et lorsque cet espoir fut déçu, la résolution de Mademoiselle du Vigean fut digne de celle qui avait touché à de si hautes destinées.

Marthe du Vigean, que Voiture a appelée dans ses vers : *l'Aurore de La Barre*, du nom d'une maison de plaisance que possédaient ses parents auprès de Montmorency, était fille du marquis Poussar du Vigean, d'assez médiocre naissance, mais qui faisait figure à la cour par sa grande fortune et par son mariage avec Anne de Neubourg, amie de la duchesse d'Aiguillon, nièce du cardinal de Richelieu. Le frère aîné de Marthe, le marquis de Fors, s'était fait tuer vaillamment, à vingt ans, au siége d'Arras, et avait été pleuré par Condé; son second frère mourut assassiné; sa sœur aînée, mariée d'abord au marquis de Pons, qui se disait de la maison d'Albret, épousa, en secondes noces, le jeune duc de Richelieu, petit-neveu du cardinal. Marthe, sans ambition, par le seul ascendant de sa modestie, de sa beauté, de son esprit, sur le cœur du vainqueur de Rocroy, semblait appelée à de bien plus hautes destinées. Ce prince n'était pas le seul qu'elle enflammât : Dandelot, fils du maréchal de Châtillon, le marquis d'Huxelles, Stuart, marquis de Saint-Mégrin, aspiraient à sa main, papillons qui brûlaient leurs ailes à cette flamme qui les attirait; on avait en effet tracé pour elle des armes parlantes conservées à la bibliothèque de l'Arsenal dans les manuscrits de Conrart : une bougie entourée de papillons avec cette devise : « *Oblecto sed uro.* »

Voiture l'avait chantée dans ces vers :

> Sans savoir ce que c'est qu'amour
> Ses beaux yeux le mettent au jour;
> Et partout elle le fait naître
> Sans le connoître.

Mais tous ces prétendants s'effaçaient devant le

prince dont la renommée, l'esprit brillant et les hommages flatteurs la captivaient. Leur alliance, quoique disproportionnée sans doute, ne l'était cependant pas au point d'être impossible; les exemples de princes du sang prenant leurs femmes dans les rangs de la noblesse, étaient nombreux, et si ce mariage ne se fit pas, tel n'en fut point le motif, puisque une autre fille de gentilhomme devint la femme du grand Condé.

L'amour du prince dut céder à l'ambition de son père. Nous savons que l'époux de la belle Marguerite de Montmorency avait dépouillé son rôle de factieux, en cédant sous la main de fer du tout-puissant cardinal de Richelieu; quelle que fût sa fierté, il en était venu à considérer comme un appui pour sa maison une alliance avec la famille du ministre. Il fit épouser, en 1641, à son fils, Claire-Clémence de Maillé-Brézé, fille d'Urbain de Maillé-Brézé, capitaine des gardes, maréchal de France, et d'une sœur du cardinal. Le duc d'Enghien se soumit en protestant. Il fit même dresser un acte notarié de cette protestation. Il jura en outre de ne jamais consommer son mariage, serment qu'il ne tint pas; mais il n'y eut jamais de sympathie entre les époux. La conduite de Clémence de Maillé dans la suite, trouva sans doute non sa justification, mais son atténuation, dans cette préface peu sentimentale de la vie conjugale.

Ce mariage créait à la vertu de Mademoiselle du Vigean une situation difficile; cependant il ne fut pas immédiatement suivi d'une rupture entre ces deux cœurs séparés malgré eux. Mademoiselle du Vigean, dont la réputation, dans cette épreuve, est demeurée au-dessus de toute atteinte, espérait que le duc d'Enghien obtiendrait la dissolution de son mariage, but constant des efforts du nouvel époux. La mort du cardinal de Richelieu donna quelque chance à ce dénoûment; en outre, la princesse eut une maladie qui mit ses jours en danger. Cette double circonstance leur fut un espoir trompeur : la princesse guérit, et Mazarin se refusa d'autant plus à la rupture du mariage, que l'exemple des grandes alliances des nièces de ministres ne lui déplaisait pas; de plus, la princesse venait d'avoir un fils.

Une situation si délicate ne pouvait se prolonger davantage; tous les deux le comprirent et résolurent de rompre en conservant l'un pour l'autre les sentiments d'une mutuelle estime. Mademoiselle du Vigean ne voulut entendre parler d'aucun des partis qui aspiraient à sa main. Après avoir été aimée d'un prince spirituel et brave, que les lauriers cueillis à Rocroy venaient d'élever au rang de héros, l'amour de Dieu seul pouvait la consoler. Elle prit le voile et, sous le nom de sœur Marthe-de-Jésus, alla grossir la liste de ces désillusionnées du monde que nous avons rencontrées au couvent des Carmélites de la rue Saint-Jacques.

Lorsque Vigean quitta la cour,
Les Jeux, les Grâces, les Amours,
Entrèrent dans le monastère.

Les Jeux pleurèrent, ce jour-là;
Ce jour, la beauté se voila,
Et fit vœu d'être solitaire [1].

L'hôtel de Rambouillet vit s'agiter une célèbre querelle littéraire entre deux sonnets, celui de *Job* et celui d'*Uranie*.

Voiture, en mourant, avait soupiré ces vers sur les derniers accords de sa lyre :

Il faut finir mes jours en l'amour d'Uranie;
L'absence ni le temps ne m'en sauroient guérir,
Et je ne vois plus rien qui me pût secourir,
Ni qui sçût rappeler ma liberté bannie.

Dès longtemps je connois sa rigueur infinie;
Mais pensant aux beautés pour qui je dois périr,
Je bénis mon martyre et, content de mourir,
Je n'ose murmurer contre sa tyrannie.

[1] Chansons notées, conservées à la bibliothèque de l'Arsenal.

Quelquefois ma raison, par de foibles discours,
M'incite à la révolte et me promet secours;
Mais lorsqu'à mon besoin je me veux servir d'elle,

Après beaucoup de peine et d'efforts impuissants,
Elle dit qu'Uranie est seule aimable et belle,
Et m'y engage plus que ne font tous mes sens.

Benserade, qui commençait sa carrière alors que Voiture achevait la sienne, avait écrit :

>   Job, de mille tourments atteint,
>   Vous rendra sa douleur connue,
>   Et vraisemblablement il craint
>   Que vous n'en soyez point émue.
>
>   Vous verrez sa misère nue;
>   Il s'est lui-même icy dépeint;
>   Accoutumez-vous à la vue
>   D'un homme qui souffre et se plaint.
>
>   Bien qu'il eût d'extrèmes souffrances,
>   On voit aller des patiences
>   Plus loin que la sienne n'alla.
>
>   Il souffrit des maux incroyables;
>   Il s'en plaignit, il en parla;
>   J'en connois de plus misérables.

Les partisans des deux sonnets se groupèrent en deux camps opposés, agitant avec ardeur la question de savoir à laquelle de ces œuvres le bon goût devait décerner la palme de la victoire. Deux amours-propres de femmes animèrent la querelle et la rendirent plus piquante.

Madame de Longueville, tant de fois célébrée par la muse de Voiture, croyait trouver dans le sonnet d'Uranie un dernier hommage. Madame de Brégi, spirituelle et belle, entrevoyait dans le sonnet de Job l'aveu délicat de sentiments que le respect et la différence des rangs condamnaient au silence. Benserade, dans une épître en vers, avait déclaré vouloir fuir la comtesse de crainte de l'aimer [1].

Le prince de Conti était à la tête des Jobelins. Esprit aidait au succès par sa parole et ses écrits. Le petit collet qu'il portait n'était pas seulement le passe-port obligé des hommes de lettres dans le grand monde, mais de plus la marque d'un engagement sérieux dans les ordres sacrés. Dans un moment de dégoût des vanités de la vie, il s'était retiré au couvent de l'Oratoire où se trouvait son frère aîné; le second était médecin du duc d'Anjou. Esprit fut donc membre de la congrégation des savants prêtres oratoriens fondée, en 1611, par le cardinal de Bérulle, cause du plaisant surnom que lui donnera bientôt Sarrasin. Du reste, Esprit n'était pas resté dans son couvent, en alléguant des motifs de santé. Pendant la Fronde, il alla

---

[1] *Œuvres de Benserade*, t. I, p. 97, et *Œuvres de Madame de Brégi*, t. I, p. 93.

trouver dans leur gouvernement d'Angoulême Monsieur et Madame de Montausier. A la paix, nous le retrouverons à Montpellier auprès du prince de Conti, se posant en rival de l'influence de Daniel de Cosnac et justifiant cette réflexion de Tallemant des Réaux : « Il se donna au prince de Conti avec lequel il est présentement; mais il n'est pas si dévôt qu'on diroit bien. » Grâce à ce secours, qui n'était pas indifférent, la victoire penchait pour le sonnet de Benserade.

Si nous osions émettre une opinion dans ce grave débat, nous dirions que le sonnet de Voiture nous paraît avoir plus de poésie et celui de Benserade plus d'esprit; mais nous nous garderons de trancher là où de si éminents personnages purent rester divisés ou indécis, comme le grand Condé, qui ne se prononça jamais.

Le camp des Jobelins, malgré l'aimable et gracieuse princesse qui était à la tête du camp opposé, fut dès l'abord le plus brillant et le plus nombreux; on s'étonnait même du parti que tenait Madame de Longueville, aussi la comtesse de Fiesque lui écrivit cette lettre :

« Job, dans les siècles passés, ne fut guère plus humilié que je ne le suis aujourd'hui d'apprendre que j'ay pu me trouver contraire à l'opinion de Votre Altesse; car si je n'avois pas assez de sens pour m'y rendre conforme, mon esprit de divination devoit servir l'autre en cette rencontre, et ne pas lui laisser la honte de se voir opposé à des sentiments que j'ay toujours reconnus pour une règle avec laquelle on ne sauroit faillir. Mais, puisque j'ai pris la cause de Job, plus malheureux par ce qu'il souffre de vous que par tous ses autres maux, trouvez bon, Madame, que je vous demandé la soirée de jeudy pour aller défendre un malheureux à qui le diable a finement suscité votre persécution comme le seul moien pour lui faire perdre cette patience qu'il garde depuis tant de siècles et qui ne se peut pas conserver quand on est méprisé de vous. »

Cette spirituelle lettre reçut cette gracieuse réponse, trop gracieuse peut-être, puisqu'elle nous eût privé de la connaissance des motifs qui avaient décidé la princesse pour le parti d'Uranie, si une autre lettre que nous citerons, ne nous les eût fait connaître :

« Votre lettre a fait plus de bien au sonnet de Job que Benserade mesme, et elle me donne un si grand regret de n'avoir pas eu des sentiments conformes à ceux de la personne qui l'a escrite, que, si elle ne me fait changer, elle me fait au moins condamner les miens, et me fait donner par là une préférence à Job, que je luy aurois toujours refusée tant qu'il n'y eût que luy qui eût parlé pour luy-mesme. Voilà, je pense, tout ce qu'une personne généreuse peut faire pour un parti dont elle n'est pas, et je vous assure que si le vostre n'est pas celui de mon choix, il est devenu au moins celui de mon estime, par celle que vous avés témoigné que vous en faisiés en le choisissant. Je serai ravie que vous veniés jeudy disputer la cause de Job; mais je vous avertis au moins que ce ne sera plus que contre mes sentiments passés, ne pouvant consentir d'être contraire aux vostres, etc. »

Cette lettre toute de courtoisie n'empêcha pas Madame de Longueville de se préparer vivement à la lutte; elle ne négligea même point la puissante ressource de l'essai des défections dans le parti contraire; car elle ne dédaigna pas d'adresser à Esprit cette lettre pour le convaincre :

« Il est vray que je suis dans le dernier estonnement de ce que nos goûts sont différents en cette rencontre, d'autant plus qu'elle me parut d'abord celle du monde où nos sentiments devoient estre les plus uniformes. Car enfin, hors le septième, le huitième et le dernier vers du sonnet de Job, je trouve tous les autres non-seulement pleins de défauts, mais encore de ceux que vous aviez acoutumé ne pouvoir souffrir; car c'est une expression qui va jusqu'à estre dégoûtante; au lieu que dans celui de Voiture (au moins dans les six derniers vers), la plus belle et la plus forte du monde est jointe à une pensée qui n'a pas véritablement la grâce de la nouveauté, mais qui est si passionnée, qu'elle le doit, ce me semble, emporter sur la seule et simple délicatesse qui est dans celui de Job. J'avoue qu'elle est jointe à un air aussi galant que chose que j'aye jamais veue et aussi, quoy que je trouve la raison de mon costé, je pense que s'il n'y en a point qui authorise l'autre party, il y a au moins le sujet du monde le plus grand d'y préférer son goût, et si l'on doit se laisser éblouir sans en mourir de honte, je confesse que c'est dans cette occasion là. Voilà tout ce que ma justice naturelle me peut faire sentir pour ceux qui n'ont pas suivi mes sentiments. Je vous envoye la manière dont Monsieur mon frère nous a fait connoistre les siens, c'est-à-dire son dernier jugement; car le premier se fit en prose, et disoit qu'il trouvoit Uranie préférable à Job, mais que s'il eust voulu envoyer un des deux sonnets à sa maîtresse, il eust mieux aimé y envoyer Job. Aucun des deux partis ne fut satisfait de ce jugement, ne se pouvant tourner pleinement à l'avantage ni de l'un ni de l'autre. On en demanda un plus décisif. Il y en a qui ne trouvent pas que celui-ci le soit; mais pour moy il me contente, en ce que Voiture est appelé admirable et grand, et Benserade seulement galant et petit. Il a fait un autre sonnet que je vous envoye aussi, et avec tout cela la liste de nos amis et de nos ennemis. Tous ont esté l'un ou l'autre, sans préoccupation, sans politique et sans aucun autre motif que la force de leur raison, pour les uns, et, pour les autres, leur goust emporté et leur esprit éblouy. Mais je ne m'aperçois pas que je passe jusqu'aux invectives, et qu'il est aussi peu généreux d'en attaquer un père de l'Oratoire, qu'il le seroit de se battre contre un homme désarmé. Je les finis donc par la force de cette mesme raison qui m'a fait préférer Uranie à Job, et la muse céleste à un homme galeux depuis la tête jusqu'aux pieds.

« Je vous supplie de faire déclarer M. l'abbé de Croissy[1]; je le voudrais bien de mon party. J'oubliois de vous dire que nous écrivons des lettres circulaires et que nous attendons le jugement de Monsieur et Madame de Montausier et de tout Rambouillet, et de Monsieur et de Madame de Liancourt. Enfin cette affaire n'en demeurera pas là, et de la manière qu'elle devient tumultueuse, les ministres s'en devroient occuper plustôt que des assemblées de la noblesse[2]; et la tolérance qu'on

---

[1] Il doit y avoir erreur d'orthographe, c'est probablement, d'après M. Cousin, l'abbé de Cerisy, Habert, de l'Académie française, auteur de poésies chrétiennes et diverses, dédiées au prince de Conti.

[2] La date de cette lettre se trouve ainsi fixée à l'année 1649;

a pour nos séditieuses manières est la plus grande marque que nous ayons eue depuis un an du ravalement de l'autorité royale, car ce sont des cantonnements contre les lois fondamentales d'un estat bien policé. Enfin, Dieu le veut, il n'y a rien à dire.

« Un petit mot de réponse sur ce que vous trouvés de gens de vostre parti et du mien, » etc.

Le combat fut livré sur le terrain choisi par les partis contraires. Madame de Longueville, qui, s'essayant aux luttes auxquelles elle allait prendre une part si active sur un autre théâtre, ne manque pas d'introduire un mot de politique à la fin de sa lettre, avait employé à l'avance son irrésistible séduction à produire des défections dans le camp opposé. Elle avait même rendu captif le général ennemi, sur lequel elle exercera désormais tant d'influence, son frère, le prince de Conti. Ce prince, qui avait composé un sonnet pour Benserade, se rangea à l'opinion de sa sœur. Esprit voulut faire meilleure contenance; mais le spirituel et malin Sarrasin lança sur lui une charge à fond avec cette pièce de vers qui le fera nommer désormais M. Esprit de l'*Oratoire*.

Monsieur Esprit, de l'Oratoire,
Vous agissez en homme saint

elle est copiée dans les manuscrits de Conrart, conservés à la bibliothèque de l'Arsenal, t. II, p. 13.

> De couronner avecque gloire
> Job, de mille tourments atteint, etc.[1].

Corneille fit aussi intervenir sa muse dans le débat par cette épigramme :

> L'un nous fait voir plus d'art, et l'autre plus de vif;
> L'un est le mieux peigné, l'autre le plus naïf;
> L'un sent un long effort, et l'autre un prompt caprice;
> Enfin, l'un est mieux fait, et l'autre est plus joli,
>   Et, pour le dire en somme,
>   L'un part d'un auteur plus poli,
> Et l'autre d'un plus galant homme[2].

Mais l'élan était donné par la duchesse de Longueville, et cette sentence de Corneille, qui, tout en voulant maintenir une sorte d'équilibre, déclarait qu'il eût préféré être l'auteur du sonnet de Benserade, ne fut pas ratifiée; les partisans du sonnet d'*Uranie*, par un revirement inattendu de la fortune, l'emportèrent, et Benserade, reconnaissant sa défaite, exhala sa plainte dans ces vers :

> Vous m'avez donc mis le dernier!
> Un autre a sur moi la victoire.

---

[1] Cette glose, au dernier vers de chaque couplet, ramène successivement, et dans leur ordre, les vers du sonnet de Benserade. Elle n'est pas dans les *Œuvres de Sarrasin*, imprimées en 1654, ni même dans ses *Œuvres nouvelles;* on la trouve dans le t. I de Benserade, p. 175.

[2] *Œuvres diverses*, p. 162. Amsterdam, 1740.

Moi, qui me faisois tant accroire;
C'est assez pour m'humilier.
Ce malheur va me décrier
Par tout le temple de mémoire,
Et, déchu d'une haute gloire,
Je m'en retourne à mon fumier.

Mademoiselle de Scudéry, de sa plume compatissante, vint relever les morts et soigner les blessés.

A vous dire la vérité,
Le destin de Job est étrange,
D'être toujours persécuté
Tantôt par un démon et tantôt par un ange.

Cette brillante lutte termina les plus beaux jours de l'hôtel de Rambouillet. Depuis un an déjà, nous sommes en 1649, la Fronde grondait, elle chantait aussi, il faut le dire; mais les événements prenant une tournure plus grave, les réunions cessèrent, les gentilshommes, encouragés par les nobles dames, allèrent tirer leurs épées dans les partis contraires; et Saint-Évremond, au souvenir de cette époque, dont le fugitif tableau a déjà passé sous nos yeux, exhalera ces poétiques regrets :

J'ai vu le temps de la bonne régence,
Temps où régnoit une heureuse abondance,

Temps où la ville aussi bien que la cour
Ne respiroient que les jeux et l'amour[1].

Les réunions de l'hôtel de Rambouillet furent donc suspendues par les troubles de la Fronde, qui amenèrent la dispersion de ses hôtes. La belle Julie elle-même quitta Paris pour suivre le marquis de Montausier, son mari, dans son gouvernement de l'Angoumois, où nous la retrouverons plus tard occupée de soins tout différents des distractions mondaines et littéraires du salon maternel.

Lorsque, la Fronde terminée, les portes de l'hôtel de Rambouillet se rouvrirent, la même société choisie s'empressa de les franchir; mais cette seconde période n'eut cependant pas l'éclat de la première. La raison d'être de cette société s'était en effet profondément modifiée. La cour licencieuse de Henri IV, la cour morose de Louis XIII, étaient déjà loin; la cour de Louis XIV apparaissait; les motifs qui avaient éloigné du Louvre et du Palais-Royal, en dehors des occasions d'apparat, avaient cessé d'exister, et la reine Anne d'Autriche, depuis son veuvage, et par conséquent libre de ses goûts et de ses actions, possédait émi-

---

[1] *Épître à Ninon de Lenclos; Œuvres de Saint-Évremond*, édit. de 1753, t. III, p. 294.

nemment elle-même les qualités propres à fixer le monde spirituel et élégant autour d'elle, à tenir un salon, si nous pouvons ainsi parler, bien que le jeu y occupât un peu trop la place que l'hôtel de Rambouillet réservait à des distractions d'un ordre plus élevé. Cet hôtel perdit en conséquence son monopole exclusif. Les deuils, les maladies, la vieillesse enfin, vinrent assaillir la marquise de Rambouillet, attristèrent sa société, en éclaircirent les rangs rares déjà quand vint son dernier jour.

La marquise perdit son mari en 1653; elle se sépara de sa plus jeune fille, en 1658, en la mariant au comte de Grignan. Elle ne tarda pas à la perdre. Son gendre épousa en troisièmes noces Mademoiselle de Sévigné. Enfin Madame de Rambouillet fut atteinte d'une infirmité singulière qui ne lui permettait de supporter ni la lumière, ni la chaleur du feu, infirmité qui la séparait encore du monde. Ainsi cette femme si entourée, si choyée, si brillante, s'éteignit lentement dans l'abandon, dans l'obscurité, dans la tristesse, jusqu'au jour où elle mourut, en 1665, âgée de quatre-vingt-deux ans.

La marquise de Rambouillet avait pour ainsi dire survécu à elle-même; et dans un moment de mélancolie, oubliant jusqu'à ses jours de bonheur, elle avait tracé de sa main cette épitaphe pour le marbre de son tombeau :

Ici gist Arthénice, exempte des rigueurs
Dont la rigueur du sort l'a toujours poursuivie;
Et si tu veux, passant, compter tous ses malheurs,
Tu n'auras qu'à compter les moments de sa vie.

CHAPITRE V.

La Fronde née du réveil des traditions du gouvernement représentatif. — Prétention du parlement de Paris, appuyée par les rois, de se substituer aux assemblées représentatives de la nation. — Les édits fiscaux provoqués par la pénurie du trésor, font naître les premiers mécontentements. — Édit du toisé. — Essai d'emprunt. — Édit du tarif. — Création de nouveaux offices. — Renouvellement de la Paulette. — L'union des quatre cours souveraines. — Mesures de rigueur de la régente bravées par les magistrats. — L'union des cours souveraines pour la réformation de l'État est autorisée. — Articles de la réformation. — Clôture des séances de la chambre Saint-Louis prononcée par un lit de justice. — Refus d'obéissance du parlement. — *Te Deum* à Notre-Dame. — Enlèvement du conseiller Broussel. — Le coadjuteur gouvernant l'effervescence populaire. — Journée des barricades. — Un compromis rétablit le calme. — La cour quitte Paris.

(Années 1648—1649.)

La Fronde paraît avoir pris sa dénomination de la comparaison plaisante que l'on fit de ses luttes avec les jeux des écoliers qui se lançaient des projectiles; les mécontents arborèrent à leur chapeau une cordelière en forme de fronde; enfin, en raison d'une légèreté plus apparente que réelle, elle a laissé son nom à toute opposition qui se manifeste plus par la critique acerbe que par les raisons solides de griefs sérieux. Ce mouvement était né cependant du besoin d'une représentation nationale dont la tradition remontait à l'origine même de la monarchie. Les uns voulurent trouver ce principe de la représentation dans les états généraux, les autres dans le parlement; ces dissentiments firent manquer le but proposé et réduisirent la Fronde à une agitation stérile.

La première race avait ses assemblées du champ de mars; la seconde, ses assemblées du champ de mai; la troisième, ses états généraux. Ces dernières assemblées étaient, par malheur, trop irrégulièrement convoquées, et leur principe même paraissait supprimé depuis les états de 1614.

Assemblées du champ de mars ou du champ de mai, états généraux, ces assemblées représentatives de la nation avaient pour but, quel que fût leur nom, le vote des impôts d'abord, et ensuite le contrôle des actes du pouvoir, ou plus encore des actes des dépositaires du pouvoir. Ce contrôle, lorsqu'il s'exerce par des voies régulières, n'a rien d'incompatible avec la fidélité des sujets et le respect de l'autorité; il offre aux deux parties, les gouvernés et les gouvernants, une double garantie : aux premiers, l'assurance que les abus promptement signalés et réprimés ne pourront prendre de racines; aux seconds, la sécurité d'une sorte de soupape de sûreté, qui, placée à la chaudière dont la vapeur puissante fait mouvoir le mécanisme du gouvernement, doit, si elle est entretenue en bon état de fonctionnement, empêcher ces explosions formidables qui s'appellent révolutions.

Le gouvernement des deux premières races, par la barbarie des mœurs, se ressentait encore du séjour des forêts de la Germanie; le partage égal entre les fils de chaque roi était destructif de l'unité et de la puissance territoriales; mais, ces inconvénients écartés, il nous offrirait l'image d'une constitution plus parfaite que le gouvernement de la troisième. Les assemblées avaient des allures périodiques plus régulières; la noblesse y jouait un rôle politique et militaire concourant mieux à la marche du gouvernement, en n'exerçant les commandements et les charges que par délégation personnelle et directe. Il est même probable que le municipe romain, qui reparut plus tard dans l'affranchissement des communes, avait laissé, pour la protection de la liberté des habitants des villes, des traces qui ne s'étaient pas entièrement effacées.

La féodalité, née de l'altération de cette première constitution, ne se fût jamais établie, avons-nous dit dans un précédent chapitre, si elle n'eût été populaire ; elle est sortie tout armée de la nécessité de la défense locale, alors que la faiblesse et la désorganisation du pouvoir central des rois livrait la France à la merci des invasions des peuples venus du Nord et des Sarrasins venus d'Afrique. Hugues Capet, dont les ancêtres s'étaient signalés dans ces luttes, représentant lui-même cette résistance nationale de la noblesse contre l'invasion, fut appelé, par la logique de la situation, à devenir le chef d'une forme de gouvernement dont il était déjà la plus haute expression. Son avénement au trône signala le couronnement de la féodalité. Aussitôt toutes les charges, tous les grands commandements, devenus lentement héréditaires par un abus né des circonstances, ainsi que la charge et le titre de duc de France et de comte de Paris l'étaient devenus dans la maison de Hugues Capet, deviennent héréditaires par la légalité nouvelle. Cette concession dut être faite par celui qui prenait la couronne à ceux qui la lui laissaient prendre. La France offre alors l'aspect d'une hiérarchie de souverainetés subordonnées les unes aux autres [1] ; elle fût devenue un état absolu, avec un absolutisme divisé, au lieu d'un absolutisme concentré, si la tradition représentative, qui ne s'était pas

---

[1] Voyez sur la transformation des francs-alleux en fiefs, ch. II, p. 57.

effacée, n'eût continué son œuvre sous la forme nouvelle des états généraux.

Ces assemblées étaient formées de la représentation des trois ordres de la nation : le clergé, qui jusqu'alors n'avait pas formé un corps politique, parut pour la première fois avec ce caractère; d'abord au second rang, il reçut ensuite le premier de la déférante courtoisie née du sentiment religieux; la noblesse; le tiers état. La prééminence politique de la noblesse continua néanmoins d'être observée dans le conseil royal, formé des douze pairs, les six pairs laïques précédant les six pairs ecclésiastiques. Dans les assemblées du champ de mai les évêques ne paraissaient point au titre de représentants d'un corps séparé; le fait nouveau de la constitution du clergé en corps politique, eut pour cause l'avantage que trouva la dynastie nouvelle, pour s'établir et se consolider, à conquérir les sympathies du clergé. Dans ce but, Hugues Capet se démit des abbayes héréditaires possédées par sa famille, celles de Saint-Denis, de Saint-Germain des Prés, de Saint-Martin de Tours, possession qui, en raison de la chappe qu'elle donnait droit de porter, était devenue l'origine du surnom de Capet; d'autres étymologistes l'attribuent cependant au mot latin *caput*, tête ou chef. La noblesse, qui était arrivée par la constitution féodale à une souveraineté locale à peine atténuée par quelques devoirs d'hommage ou de service militaire, se serait senti peu de zèle probablement pour les états généraux, si la dynastie qu'elle avait élevée sur le pavois ne s'était donné pour mission de réagir contre la puissance de ceux dont elle tenait la couronne, en attaquant par toutes les voies, pour les amoindrir d'abord, les anéantir ensuite, leurs diverses prérogatives. Cette politique des rois lia la noblesse, par ses intérêts, à l'institution des états généraux. Le clergé trouvait aussi dans ces assemblées une large part d'influence dans les affaires publiques; le tiers état, une garantie contre les taxes arbitraires, et la satisfaction légitime aussi de compter pour un pouvoir politique. Une lacune fâcheuse de cette institution des états généraux, fut que leur convocation, au lieu d'être périodique, était arbitraire; les rois qui la trouvaient incommode n'y avaient recours que dans les occasions difficiles, circonstance qui donnait à ces réunions, par la coïncidence, les apparences d'un malheur public. Enfin leurs attributions étaient mal définies; souverains en matière d'impôt, leurs votes sur les affaires publiques n'étaient guère considérés que comme une expression de vœux, prérogative insuffisante.

Les assemblées des états généraux donnant de l'ombrage à l'autorité royale, comme il fallait néanmoins, pour la satisfaction de l'opinion, l'apparence d'un contrôle public; le parlement de Paris se trouva sous la main pour aborder une situation qu'il ambitionnait. Il prétendait s'appuyer sur une origine politique, en profitant d'une équivoque, un même nom s'appliquant à des institutions dissemblables. Avec l'avénement de la troisième race et de la féodalité, le roi dut s'environner d'un conseil composé de grands vassaux et de prélats, qui s'appelèrent les pairs du roi ; de même, par analogie, chacun des grands feudataires eut auprès de lui un conseil composé de ses propres pairs. Le conseil des pairs du roi, qui n'était pas exclusivement composé de ceux qui s'appelaient, par privilége exclusif, les douze pairs, les six pairs laïques et les six pairs ecclésiastiques, mais encore des grands officiers de la couronne et de vassaux directs du domaine royal, s'occupant de toutes les affaires importantes de l'État, avait dans son ressort les questions de politique, de finance et même de justice, la justice était un droit seigneurial que le souverain exerçait directement dans son domaine particulier ou sur appel pour les fiefs. Ce conseil s'appela aussi parlement par la corruption du mot latin qui indique un lieu où l'on parle. Saint-Louis, le premier, introduisit dans ce conseil des jurisconsultes, comme simples rapporteurs. Quand l'extension de l'autorité royale eut multiplié le nombre des affaires, Philippe le Bel forma du parlement trois conseils séparés, qui désormais ne se confondirent plus, ni par les personnes, ni par les attributions : le conseil du roi ou grand conseil pour la politique ; la chambre des comptes pour les finances ; enfin le troisième conseil pour la justice. Ce dernier retint le nom de parlement ; les nobles s'en éloignèrent, et les légistes, simples rapporteurs jusque-là, montèrent comme juges sur les siéges abandonnés par les seigneurs et par les prélats ; ceux-ci furent formellement exclus par une ordonnance de Philippe le Long du 3 décembre 1319.

Ce troisième conseil, exclusivement judiciaire par ses attributions et par la composition de ses membres, inspiré par cet esprit des corps qui tendent toujours à l'accroissement de leur pouvoir, et s'appuyant sur une équivoque de mots parce qu'il avait seul conservé le nom de parlement, trouva parfois moyen de s'immiscer dans la politique. Les rois eux-mêmes donnèrent les mains à cette prétention. Puisqu'ils ne se dissimulaient pas que leur autorité, vis-à-vis de l'opinion publique, avait besoin d'un contrôle, le contrôle des états généraux leur paraissant gênant, parce qu'il était trop sérieux, ils cherchèrent un contrôle apparent et par conséquent plus commode. Ils le trouvèrent dans le parlement, disposé d'abord à être d'autant plus facile qu'il était flatté de se grandir et de se poser en une sorte de représentation de la nation, équivalente aux états généraux qu'il prétendit suppléer. Ce contrôle du parlement sur les actes de l'autorité royale s'établit par la voie de l'enregistrement des édits royaux, simple formalité d'abord pour donner à ces actes l'authenticité et la publicité nécessaires à leur promulgation. Cette formalité, si petite à l'origine, devint, en grandissant, un droit d'examen, et de remontrance, en cas de désapprobation. Ce contrôle, plus d'une fois, fut importun à la royauté; mais elle le préférait néanmoins à celui des états généraux. N'était-il pas plus facile de marcher à l'encontre d'une opposition du parlement qui n'avait point de mandants, qu'à l'encontre d'une opposition des états qui derrière eux avaient la nation tout entière? Pour briser l'opposition du parlement, il suffisait d'un lit de justice ou même de simples lettres de jussion; le parlement enregistrait alors d'autorité, avec cette mention pour toute consolation : « Enregistré de l'exprès commandement de Sa Majesté. »

Les rois arrivèrent à se servir de la formalité et de l'appareil des lits de justice pour amoindrir encore la noblesse, alors même qu'ils paraissaient accorder à quelques-uns de ses membres une éclatante faveur.

La pairie, depuis l'extinction des grands vassaux, avait été concédée et était concédée, chaque jour, à quelques membres illustres de la noblesse, comme distinction honorifique; car elle ne constituait aucun droit de préséance, ni même de séance aux états généraux dans l'ordre de la noblesse, en dehors de l'élection, base du mandat de tous les députés. Les rois, par réminiscence de ce qui s'était fait dans le parlement primitif, qui était le conseil royal, donnèrent aux pairs nouveaux droit de séance au parlement judiciaire, fraction de l'ancien parlement. Par cette adjonction, lorsque les pairs siégeaient, le parlement était censé redevenu l'ancien conseil royal, et les deux éléments qui le formaient trouvaient leur compte dans cette interprétation : les pairs, une assimilation avec les anciens grands feudataires de la couronne et une distinction sur le reste de la noblesse qui leur était refusée aux états généraux; les conseillers, une reconnaissance d'un droit politique qui flattait leur importance et une adjonction de collègues, grands seigneurs, qui flattait leur amour-propre. Seulement, tandis que le parlement primitif n'était, malgré sa composition plus élevée, qu'un conseil royal qui assistait le monarque, mais qui n'avait nulle prétention de représenter la nation, parce qu'il n'avait nul mandat donné par des électeurs à cet effet, le parlement nouveau, qui n'avait pas plus de mandat que son devancier, mit en avant une prétention sans fondement de représenter la nation en l'absence des états généraux. Nous savons pourquoi la royauté adhéra à cette prétention. Les pairs, du reste, ne prenaient séance au parlement que dans une attitude des plus effacées, n'y venant pas traiter avec autorité les affaires et donner librement leur avis, mais former le cortége d'apparat du roi, lorsqu'il s'y rendait pour fermer la bouche aux conseillers et leur imposer sa volonté par l'appareil imposant d'un lit de justice.

Les attributions usurpées par le parlement étaient nécessaires à constater, pour expliquer les voies que suivit cette aspiration à la liberté politique, cette commotion civile et militaire qui prit tout d'abord le nom de Fronde.

Après la mort de Louis XIII, une première tentative de réaction contre le pouvoir absolu s'était produite; elle était formée des principaux seigneurs persécutés sous le dernier règne, partisans dévoués de la reine Anne d'Autriche, persécutée comme eux. Ils se faisaient cette illusion de croire que l'avénement de la reine à la régence devait leur assurer la possession définitive de la faveur et du pouvoir. Celui-ci ne leur appartint qu'un instant; trois mois après ils le perdirent par la faute de leur chef, le jeune duc de Beaufort, second fils du duc de Vendôme, fils naturel de Henri IV et de Gabrielle d'Estrées. Sa suffisance et son incapacité jetèrent le discrédit sur son parti qui fut ridiculisé sous le nom de parti des *Importants*. Coterie de cour, plutôt que parti politique, les racines lui manquaient dans la noblesse des provinces.

En outre, Anne d'Autriche se trouvait, par sa situation nouvelle, amenée à voir les mêmes hommes et les mêmes choses avec cette différence de point de vue qui en change l'aspect, lorsque de l'opposition au pouvoir on est passé à sa possession. Ceux pour lesquels se produit ce phénomène d'optique, mettent alors en œuvre, pour conserver l'autorité et même pour l'étendre, tous les moyens qu'ils blâmaient et qu'ils attaquaient, alors qu'ils lui étaient opposés. Mazarin, élevé à l'école de Richelieu, dont il sut pratiquer les errements par des moyens plus doux, mais non moins sûrs, était impatient de succéder à son maître; il réussit sans peine à courroucer la reine contre ses amis de la veille, contre les femmes même qui lui avaient, sous le dernier règne, donné les preuves du plus grand dévouement. La duchesse de Chevreuse fut confinée à Tours; Mademoiselle d'Hautefort ne trouva pas grâce davantage; quant aux hommes, l'exil ou la prison dissipèrent ces possesseurs éphémères de l'influence.

Sous une autre forme, devait naître une tentative plus sérieuse de réaction contre le pouvoir absolu. L'intervention du parlement dans les affaires politiques, récemment encore il avait été appelé à y participer en cassant le testament de Louis XIII pour établir sans restrictions la régence de Anne d'Autriche, encourageait ce corps à poursuivre hardiment le but de se faire reconnaître comme le représentant légal de la nation. La sympathie qu'il s'était appliqué adroitement à conquérir parmi le peuple de Paris, en se montrant toujours le modérateur des impôts et l'ennemi des taxes nouvelles, le désignaient aux mécontents comme le drapeau autour duquel ils devaient se ranger.

Le premier ébranlement fut donné à l'occasion des faits suivants :

D'Émery, surintendant des finances, toujours en quête de ressources pour remplir les coffres du trésor épuisés par la guerre contre l'Espagne, et non moins par les secrètes largesses du cardinal Mazarin pour acheter des partisans, afin d'éviter l'impopularité des enregistrements pour les taxes nouvelles, croyait avoir trouvé une merveilleuse ressource et une abondante mine d'or à exploiter, en faisant revivre un vieil édit de 1548, tombé en désuétude, qui défendait de bâtir de nouvelles maisons dans les faubourgs de Paris. Il fit en conséquence procéder au toisé des constructions élevées depuis l'édit, mettant les propriétaires dans l'alternative de leur démolition ou du payement d'une taxe arbitraire. L'accueil le plus hostile fut fait à cette mesure, la population irritée fut soutenue par des remontrances du parlement, qui alla même jusqu'à suspendre le cours de la justice. La reine effrayée fit rendre un second arrêt du conseil diminuant des neuf dixièmes la taxe demandée.

Le surintendant, pour suppléer à une ressource financière qui venait d'être ainsi tarie, imagine de se procurer dix-huit millions par la vente d'un million cinq cents livres de rentes à prendre sur le produit des aides et des cinq grosses fermes. La combinaison était heureuse; mais l'état peu avancé des idées sur le crédit et l'anxiété de la situation ne permirent pas de trouver des souscripteurs volontaires. Alors les principes d'absolutisme établis firent envisager comme une mesure naturelle le projet le plus contraire au crédit public, qui naît de la libre confiance; on déclara que cet emprunt serait converti en un emprunt forcé à répartir sur les riches habitants de Paris. Le parlement fut chargé de la répartition et flatté du pouvoir que lui conférait ce soin, il enregistra l'édit, sans apercevoir au premier moment le dangereux écueil qu'il cachait pour sa popularité; car il faut remarquer que l'antagonisme contre la richesse né de la paresseuse envie et du socialisme moderne, n'existait pas alors; les classes inférieures comprenaient la solidarité et acceptaient la fortune de quelques-uns, non comme un mal, mais comme un bien nécessaire de l'organisme politique et social. Le peuple prit fait et cause pour ceux qu'on voulait atteindre; et le parlement, comprenant sa faute, se prépara à la renier.

Les chambres les plus ardentes, celle des enquêtes et celle des requêtes, vont prendre l'initiative, lorsque le cardinal Mazarin, pour frapper un coup d'intimidation, fait enlever les deux présidents Gayant et Barillon et les deux conseillers Le Comte et Gueslin. Le parlement tout entier se redresse sous le coup qui l'atteint; il traverse Paris en corps pour porter ses plaintes à la reine. La princesse ébranlée croit tout arranger par une demi-mesure, elle rend à la liberté trois des membres réclamés, et garde Barillon seul dans une prison d'État où il meurt. Le parlement suspend de nouveau le cours de ses audiences; alors Mazarin tient un lit de justice pour lui faire enregistrer sans délibération, en présence du roi, dix-neuf édits pour subvenir par d'autres ressources à celle qui faisait encore défaut.

Ces nouvelles ressources sont promptement reconnues insuffisantes; alors, pour éviter un nouvel enregistrement forcé au parlement, le surintendant d'Émery fait rendre l'édit dit *du tarif*. Cet édit taxant de certains droits les denrées entrant dans Paris se trouve appartenir à la compétence de la cour des aides qui l'enregistre. Cet impôt est encore accueilli par l'émotion populaire; et le parlement s'en prévaut pour vouloir, au nom de l'ordre public, connaître de l'édit. A vrai dire, un édit qui établissait un impôt indirect sur tous les consommateurs, sans exception, était une innovation hardie et un progrès dans la science économique et financière; mais il déplaisait au peuple; sa conception était au-dessus de la portée des magistrats; aussi l'opposition formelle du parlement, après plusieurs conférences avec les ministres, force ceux-ci à le retirer.

Les ministres reviennent alors aux vieux errements de création d'offices, et ont la main plus malheureuse encore, tant il est vrai qu'aux époques de troubles, lorsque les passions sont excitées, les mesures bonnes ou mauvaises échouent également; la crise doit avoir fatalement son cours, le calme ne reparaît que par l'excès et la lassitude du mal.

Parmi les offices nouveaux figurent douze nouvelles charges de maîtres des requêtes. Les anciens maîtres des requêtes, dont les charges sont amoindries dans leur valeur par cette création, se plaignent au parlement, en le sollicitant de rendre un arrêt en leur faveur. Cette démarche est accueillie; le premier président Molé leur fait observer néanmoins la bonté du parlement à leur égard, puisque les maîtres des requêtes ne le ménageaient pas toujours, lorsqu'ils avaient à remplir auprès de lui des missions de l'autorité royale.

Les maîtres des requêtes formaient une institution mixte qui avait un peu le pied partout. A l'origine, qui remontait aux plus vieux temps de la monarchie, leur office consistait uniquement à recevoir les plaintes et requêtes adressées au roi et à lui en faire le rapport; plus tard ils reçurent la mission de faire dans les provinces des tournées judiciaires appelées *chevauchées*, en raison du mode de voyager. Depuis, les intendants des provinces et les juges des commissions extraordinaires étaient choisis presque exclusivement parmi eux. Quatre d'entre eux pouvaient siéger à la grand'chambre du parlement où ils prenaient rang immédiatement après les présidents. Les maîtres des requêtes étaient plutôt, on le voit, les hommes du roi que les membres d'une magistrature indépendante; aussi leur défection était-elle un grave symptôme.

Un nouveau lit de justice force l'enregistrement. Dès le lendemain, les maîtres des requêtes forment opposition à la validité de l'enregistrement; le parlement leur donne acte de leur opposition, déclare l'enregistrement sans valeur parce qu'il a été imposé par la présence du jeune roi, et rend un arrêt qui casse les édits.

La cour des aides et la cour des comptes se refusèrent aussi à l'enregistrement des nouveaux édits, malgré la persuasive éloquence du duc d'Orléans. Ce prince marchait alors d'accord avec le gouvernement de la reine, sous l'influence de l'abbé de La Rivière, son favori, leurré par Mazarin de l'espoir d'un chapeau de cardinal. Le don du gouvernement de Languedoc au duc d'Orléans avait été le prix de cet accord; de même que le don du gouvernement de Champagne au prince de Condé était le prix de l'appui de sa maison. Ces dons de gouvernements aux princes de la maison régnante constituaient une dérogation au système de Richelieu; mais la politique royale, dans la nécessité, se résignait au démembrement momentané de son autorité, à la condition de recruter des alliés puissants dans sa lutte contre le principe du libre contrôle.

Un quatrième corps, le grand conseil, prit fait et cause dans la querelle. Ce grand conseil, dont l'institution remontait à une ordonnance rendue par Charles VIII, en 1497, était présidé par le chancelier et avait dans ses attributions les affaires relatives aux officiers du roi et au domaine. Ce corps était tout à fait étranger au conseil du roi et à ses diverses fractions; composé de magistrats, il était imbu de l'esprit de la magistrature et partageait son exaltation du moment.

La cour des aides, la cour des comptes, le grand conseil, étaient particulièrement atteints dans l'intérêt privé de leurs membres, par une nouvelle mesure relative à la Paulette. On appelait ainsi, du nom de Charles Paulet, secrétaire de la chambre du roi, qui l'avait imaginé en 1615, un impôt, sorte d'abonnement égal au soixantième de la valeur des charges. En retour de cet abonnement, les charges étaient en quelque sorte assimilées à des propriétés ordinaires, et les magistrats étaient assurés de la faculté de les vendre ou de les transmettre par héritage. La Paulette avait eu par conséquent la rare bonne fortune d'être un impôt à la fois productif pour le trésor et bien accueilli par ceux qui le payaient.

Seulement cet abonnement n'était pas consenti à perpétuité ; il était renouvelé par périodes de neuf années, à l'expiration desquelles le roi était libre de modifier les conditions. Une période de neuf années étant expirée à la fin de 1647, une déclaration pour le renouvellement de la Paulette avait paru au mois de mai suivant, à la condition que pour avoir droit à ce renouvellement, chaque titulaire d'un office perdrait quatre années de gages de sa charge. Le parlement, que la cour voulait particulièrement ménager, était seul excepté de cette condition.

Les trois corps frappés, et qui prenaient d'ailleurs pour toutes les autres affaires une large part au mécontentement général, offrirent au parlement de venir se mettre à leur tête pour travailler en commun à la réformation de l'État. Celui-ci accéda à cette proposition ; de cet accord, naquit l'union des quatre cours souveraines, prononcée par arrêt du parlement.

Cette union de magistrats qui avaient une grande influence, il est vrai, mais qui ne disposaient d'aucune force matérielle, forma l'esprit de la Fronde parlementaire ; l'accession de l'hôtel de ville, avec sa hiérarchie, ses compagnies de bourgeois organisées et armées, lui donna le corps et la force qui lui manquaient.

Cette coalition était formidable, autant qu'elle

était illégale. Afin d'en détourner le but et de l'affaiblir, en lui attribuant exclusivement une couleur d'intérêt particulier, Mazarin feignit de croire que la Paulette était la cause unique de cette émotion et proposa de retirer la suppression des gages. Cette offre fut dédaigneusement repoussée. Les amours-propres étaient engagés, l'irritation était grande, les magistrats se sentaient soutenus et ne voulurent pas s'être avancés dans une voie si nouvelle pour reculer par une timide retraite. Ils maintinrent le programme de l'union des cours souveraines pour la réformation de l'État.

Entre la régente, voulant recourir aux coups de vigueur avec cet entraînement, disait Mazarin, d'un soldat qui ne connaît pas le danger, et le cardinal, plaçant toute sa confiance dans l'astuce et la temporisation, des dissentiments éclatèrent plus d'une fois. Aussi, malgré son inclination pour le cardinal, Anne d'Autriche l'eût sacrifié alors, si elle eût trouvé un ministre disposé à se jeter avec elle dans la périlleuse aventure d'un coup d'État; mais l'ancien garde des sceaux, Châteauneuf, s'y était refusé.

Ces dispositions de la reine qui n'échappent pas à Mazarin, le décident, pour conserver son ascendant, à plus de fermeté. Les personnes attachées à la cour reçoivent la défense de causer sur la politique ; trois capitaines des gardes sont cassés : le marquis de Gesvres, le comte de Charost, le marquis de Chandenier, de la maison de Rochechouart [1] ; cinq trésoriers de France qui avaient écrit à leurs collègues de ne rien payer des taxes demandées au nom du roi, sont emprisonnés ; les gages des magistrats sont rétablis, et la Paulette supprimée.

Ces mesures atteignaient au vif la magistrature dans l'hérédité de ses charges ; et ces mêmes magistrats, qui avaient naguère déclaré que placés au-dessus de mesquins intérêts personnels, ils ne voulaient s'occuper que du bien de l'État, entrent dans une exaspération que vient accroître encore l'ordre qu'ils reçoivent de cesser leurs assemblées dans la chambre Saint-Louis. Cet ordre est bravé. La cour des aides et la cour des comptes, le grand conseil sont mandés au Palais-Royal, où la reine les traite sans ménagement. En sortant, les magistrats s'assemblent de

---

[1] Nous avons trouvé au ministère de la guerre, t. CXXXIX des *Archives*, p. 46, l'ordre de révocation du marquis de Chandenier, motivé sur la mauvaise satisfaction que sa conduite donne au roi. Il y est dit que le sieur Duplessis-Guénégaud est chargé de recevoir sa démission et de lui rembourser neuf-vingt mille livres payées pour cette charge aux héritiers de M. de Gordes par M. de Chandenier. Il eut pour successeur le comte, depuis duc de Noailles, qui avait embrassé avec ardeur les intérêts du cardinal Mazarin.

nouveau. Alors, par l'ordre de la reine, les conseillers Chéselier et Guérin, de la cour des aides, Lottin, président, Turgot, d'Argouges et Dreux, conseillers au grand conseil, sont successivement enlevés et conduits, les uns à Pont-à-Mousson, les autres à Nancy. Le parlement reçoit l'ordre d'apporter en corps, au Palais-Royal, la feuille même de l'arrêt qui avait prononcé l'union des cours pour qu'elle soit déchirée devant lui. Le parlement se présente, Molé, son premier président, en tête, mais n'apporte pas l'arrêt. La reine, à cette nouvelle, refuse de le recevoir. Le parlement passe, dans les antichambres, de longues heures d'attente, debout, environné de gardes, en proie à une émotion à laquelle s'étaient prudemment soustraits une vingtaine des plus timides, en évitant de se rendre au Palais-Royal. Enfin, la reine consent à ce que les magistrats soient introduits; mais c'est pour leur faire entendre une forte réprimande du chancelier, et la lecture d'un arrêt du conseil royal cassant l'arrêt d'union des cours souveraines. Le premier président veut répliquer; la reine lui ordonne de se taire. Le parlement congédié recouvre en sortant son audace un instant ébranlée; le jour même, l'assemblée des quatre cours est reprise par députés, à la chambre Saint-Louis.

Une réponse si audacieuse à des mesures énergiques qui avaient semblé à la reine devoir triompher de tous les obstacles, fut un coup de foudre pour cette princesse. Après une nuit passée dans le désespoir et dans les larmes, se sentant à bout de ses forces, elle faiblit le lendemain. Le cardinal s'empresse de mettre à profit cette atonie morale; et, sa politique de ménagement reprenant le dessus, par le revirement le plus inattendu, l'union des cours et leurs assemblées pour la réformation de l'État sont approuvées.

Soixante députés choisis par les quatre cours souveraines, sont autorisés à se réunir dans la chambre Saint-Louis; le parlement se réserve l'enregistrement ou le rejet des articles qui sortiront des délibérations des députés.

Les articles les plus importants adoptés sont : le rétablissement des tailles sous l'ancienne forme, avec diminution d'un quart au profit du peuple; cet article porte naturellement à son comble la popularité de la magistrature; la nullité de toute imposition dont l'édit n'aurait pas été vérifié en parlement; la nullité de toute création d'offices de magistrature ou de finance dont l'édit n'aurait pas reçu la même vérification; la suppression de toutes les commissions extraordinaires de justice non vérifiées en parlement; l'obligation de faire interroger dans les vingt-quatre heures, et de rendre à ses juges naturels toute personne arrêtée, de quelque condition qu'elle fût; enfin, de tous ces articles, le plus antipathique à la cour, parce qu'il était le renversement de la politique de centralisation qui préparait sourdement mais sûrement l'omnipotence du pouvoir, fut la révocation des intendants.

Ces articles, équitables sur bien des points, mais à la fois si radicaux et si incomplets, puisqu'ils ne tendaient à tempérer l'absolutisme royal que par le contrôle d'une magistrature sans mandat pour représenter la nation, laissant à dessein l'institution des états généraux dans l'oubli, méconnaissaient le besoin le plus essentiel de la situation, c'est-à-dire le contrôle des actes du pouvoir par une assemblée élective. Ces articles heurtaient de front la cour avec trop de violence pour qu'il en pût sortir aucune réforme franchement acceptée, et par conséquent durable; ils étaient d'ailleurs un succès trop éclatant du pouvoir parlementaire pour ne pas accroître ses prétentions dans une mesure sans limites.

La cour, en effet, sacrifia vainement d'Émery; Mazarin avait espéré que le surintendant emporterait avec lui le poids de la haine publique, et que lui-même profiterait de la popularité de ce changement. La nomination du maréchal de la Meilleraye à la charge laissée vacante par d'Émery, fut mal accueillie. La régente se résolut à de nouvelles concessions, dans le chimérique espoir de mettre un terme aux demandes, et surtout pour mettre fin aux séances de la chambre Saint-Louis, assemblée dont l'existence seule lui paraissait plus périlleuse que toutes les concessions.

Le jeune Louis XIV, envoyé par sa mère, se rend à cheval au parlement apportant avec solennité un édit qui accorde la plupart des points jusque-là contestés : la remise de la taille, le payement des gages, le rétablissement de la Paulette, la suppression des nouvelles charges des maîtres des requêtes. Comme contre-partie, l'édit se terminait par la déclaration de la clôture de l'assemblée de la chambre Saint-Louis. L'enregistrement fut prononcé.

Si la France pouvait se trouver mal servie au point de vue de ses droits et de son organisation qui était à refaire depuis la chute de la féodalité, par l'adoption des articles sortis de la chambre Saint-Louis, la magistrature, qui devenait le premier corps politique de l'État, devait au moins se montrer satisfaite. Il n'en fut rien ; dès le lendemain, le parlement prétendit revenir sur l'enregistrement de la veille et continuer l'examen des propositions. Le duc d'Orléans, au nom de la reine, tenta des efforts impuissants pour l'y faire renoncer. Après trois jours de délibération, sur la proposition du conseiller Broussel, des commissaires sont nommés pour procéder à la suite de l'examen.

L'exaspération de la régente est portée à ses dernières limites en voyant que le système même de souplesse conseillé par son ministre ne peut rien obtenir; elle prend la résolution de frapper un coup d'autorité. L'éclat des armes et les victoires prédisposant d'ordinaire les peuples à l'obéissance, elle songe à mettre à profit la conjoncture de la victoire de Lens sur les Espagnols, que vient de remporter le prince de Condé. En grande pompe, elle se rend avec le jeune roi à un *Te Deum* chanté à Notre-Dame pour célébrer cette victoire. Les compagnies des gardes du corps et des gens d'armes accompagnent le cortége; le régiment des gardes françaises et suisses forme la haie depuis le Palais-Royal jusqu'au parvis. Les tambours et les fanfares retentissent; sur le long parcours, les armes étincellent. Le parlement en robes d'apparat occupe sous les ogives de la basilique sa place accoutumée. C'est contre lui, et pour contenir par ce déploiement de forces l'émotion populaire qui pourrait éclater, que tout cet appareil est destiné. Le soleil ne darde jamais des rayons si brillants et si chauds que lorsque l'orage est sur le point d'éclater. Les conseillers sont d'autant plus nombreux, qu'ils tiennent à démentir par leur présence un mot prononcé par le jeune roi à la nouvelle de la victoire de Lens, et répandu à dessein : « Ah! le parlement sera bien fâché de cette nouvelle! » Les autres cours souveraines se pressent également dans l'antique basilique.

La cérémonie terminée, la cour se retire, et la reine jette, en passant, ces mots, à voix basse, au comte de Comminges, lieutenant de ses gardes : « Allez, et Dieu veuille vous assister! » Comminges attend à Notre-Dame le temps nécessaire pour permettre au cortége de rentrer au Palais-Royal. Le régiment des gardes reste dans les rues sans se replier. Le peuple commence à prendre ombrage de cette immobilité; et les conseillers qui ont remarqué que Comminges n'a pas suivi la reine, selon les fonctions de sa charge, s'émeuvent de cette émotion particulière aux magistrats qui sentent leur courage facilement faillir, quand ils ne sont pas assis sur leurs chaises curules. Leur émotion, par le mutuel encouragement qu'ils donnent à leurs sentiments, se change en panique, et leur panique en déroute telle, que les portes de Notre-Dame, disent les récits du temps, n'étaient pas assez larges pour leur livrer passage. Ils fuient; mais ce n'est pas dans leur maison que la plupart, prudemment, vont chercher un asile.

Ce pressentiment des magistrats empêche en partie l'exécution des lettres de cachet, à l'avance secrètement délivrées par la reine. Les conseillers Benoise, Lainé et Loisel ne sont pas chez eux, lorsque les exempts leur apportent des ordres de départ pour l'exil ; quant à Broussel, Potier de Blancménil et Charton, les ordres sont plus sévères ; c'est dans les prisons d'État qu'on doit les conduire. Le président Potier de Blancménil est arrêté, Charton, plus leste, s'échappe par-dessus les murs de son jardin. Comminges s'est réservé l'arrestation de Broussel comme la plus importante : sur ce conseiller s'était portée l'affection de la multitude. Homme sans capacité, mais d'une honnêteté réelle que relevaient ses cheveux blancs et soixante-dix ans passés, disait le cardinal de Retz, dans la poussière de la grand'chambre, il était le déclamateur le plus véhément contre la cour et les impôts. Il n'en fallait pas davantage, dans un temps d'effervescence, pour fonder sa popularité. Broussel avait un motif personnel de mécontentement contre la cour ; il avait conçu le désir de pousser sa famille de la robe dans l'épée, et s'était vu refuser une compagnie aux gardes pour son neveu. Sa demeure était située dans une rue étroite et populeuse de la Cité, la rue Saint-Landri. Comminges fait poster son carrosse, environné de gardes, à l'entrée de la rue, et, accompagné de deux autres gardes, se rend à la maison de Broussel. Le fougueux conseiller n'était pas de ceux qui avaient pris la fuite à la sortie de Notre-Dame; l'appréhension même de la solennité l'avait rendu malade et il était prudemment resté chez lui pour prendre médecine. Comminges le trouve à peine vêtu, achevant son dîner, entouré de sa famille. Interdit à l'ordre qui lui est signifié, Broussel demande quelques instants pour s'habiller; une vieille servante ouvre la fenêtre et crie au peuple de venir au secours de son maître que l'on arrête. Comminges, voyant qu'il n'y a pas un instant à perdre, menace Broussel de le tuer, s'il ne le suit; il le pousse, sans souliers, jusqu'au carrosse dont le peuple voulait couper les traits et que les gardes défendaient en menaçant de leurs armes. On part à toute vitesse. Un banc jeté, rue des Marmousets, par la fenêtre de l'étude d'un notaire, est heureusement franchi; mais les chevaux effrayés et emportés vont verser et briser le carrosse sur le quai des Orfévres. Le peuple se précipite pour délivrer Broussel; Comminges, l'épée nue, lui dispute son prisonnier; il succombait sous le nombre, si quelques soldats du régiment des gardes n'étaient accourus pour le dégager. Un carrosse qui passe est arrêté, on en fait descendre une dame; Comminges y monte avec Broussel et recommence une course si effrénée que ce second carrosse est encore brisé. Un troisième carrosse envoyé au-devant de lui par son oncle Guitaut, capitaine des gardes, se rencontre à propos, et Broussel peut enfin être conduit au château de Saint-Germain.

Cet enlèvement exalte la colère populaire; et comme le bruit des attroupements commence à pénétrer les appartements du Palais-Royal, la reine ordonne au maréchal de la Meilleraye de les dissiper. Il sort à la tête de deux cents gardes seulement, et refoule le peuple jusqu'au Pont-Neuf. Sur ce point, la foule devient si compacte, qu'il ne peut plus ni avancer ni reculer.

A cette heure, dans le palais de l'Archevêché, un prélat jeune encore, forcé dans sa vocation, rempli de passions fougueuses et dévoré de sentiments ambitieux, aspirait aux bouleversements politiques, afin de dissimuler, à la faveur des troubles, le débordement des unes et satisfaire l'aspiration des autres. Tel était Jean-François-Paul de Gondi, archevêque *in partibus* de Corinthe, neveu et coadjuteur de Jean-François de Gondi, archevêque de Paris. Lié en secret avec les ennemis de la cour et du cardinal Mazarin, il affectait une grande sympathie pour le parlement et en avait acquis une considérable lui-même parmi le peuple de Paris. A la nouvelle du désordre grossissant, le coadjuteur, en rochet et camail, sort de son palais. Quel rôle va-t-il jouer? il l'ignore encore; mais si le flot tumultueux le porte à son sommet, il est homme, avec sa crosse transformée en trident, à gouverner les tempêtes; si c'est le rôle de pacificateur que lui réserve son habit et la fortune, la cour reconnaissante doit tomber à ses pieds et Mazarin lui céder sa place. Avec le flot populaire qui l'enlève et le flot intérieur de pensées qui le pousse, il s'avance intrépide; prélat désordonné, mais gentilhomme, il ne redoute pas le fer qu'il a manié plus d'une fois, avant de le déposer à regret. Il arrive au Pont-Neuf, au moment où le maréchal de la Meilleraye, enveloppé de toutes parts, a renversé un crocheteur d'un coup de pistolet. Une mêlée effroyable va commencer, lorsqu'on aperçoit le coadjuteur accourant vers le blessé étendu dans le ruisseau, pour écouter sa confession et lui donner les derniers secours de la religion. Ce spectacle inattendu suspend le tumulte. Le prélat monte ensuite sur le parapet du pont, et annonce qu'il se rend au Palais-Royal pour obtenir la liberté de Broussel et la satisfaction des griefs populaires. Le maréchal de la Meilleraye, dégagé par cette diversion, prend avec lui le chemin du palais. Au coin de la rue des Prouvaires, une troupe de mutins fait une décharge sur les gardes et le coadjuteur est renversé par une pierre qui le frappe au-dessous de l'oreille. Le prélat se relève, par quelques mots heureux calme les dispositions hostiles, et quarante mille hommes lui font cortége, en criant : *Vive le coadjuteur!*

Introduit dans l'appartement de la reine, le coadjuteur lui décrit l'état d'effervescence de la population et l'assure de la nécessité de la calmer par quelques satisfactions; le maréchal de la Meilleraye et le vieux Guitaut ajoutent leurs instances. Mais la reine a été prévenue par des flatteurs qui l'ont persuadée que l'émeute, œuvre de quelques meneurs et du coadjuteur lui-même, n'est pas sérieuse ; l'un d'eux, en plaisantant, lui a même dit, à l'entrée du prélat : « Il faut qu'on croie Votre Majesté bien malade, pour que le coadjuteur vienne ainsi lui apporter l'extrême-onction. » Aussi, la reine répond au prélat : « Je vous entends, Monsieur le Coadjuteur, vous voudriez que je rendisse la liberté à Broussel, je l'étranglerais plutôt de mes mains, et ceux qui ... » Elle avançait, en même temps, ses mains sur le visage du prélat, lorsque le cardinal Mazarin, craignant quelque imprudence, l'interrompt, et, par quelques mots à voix basse, calme cet emportement. La reine, prenant alors un ton d'ironie, termine l'entretien par ces paroles adressées au coadjuteur : « *Allez vous reposer, Monsieur, vous avez bien travaillé.* » Le coadjuteur, ainsi bafoué et méprisé, se retire la rage dans le cœur. La cour avait refusé d'accepter son rôle de pacificateur; elle s'en était fait un mortel ennemi.

Pour regagner l'archevêché, le prélat dut dissimuler son échec; il fut même obligé de monter sur l'impériale de son carrosse pour assurer la foule des dispositions favorables dans lesquelles son intervention avait laissé la reine.

Le soir était arrivé, le peuple s'écoula peu à peu; mais les bourgeois occupèrent en armes quelques postes principaux. Le soleil du lendemain devait éclairer la journée des Barricades.

Le coadjuteur veille une partie de la nuit entouré des principaux mécontents s'animant les uns les autres; il mande quelques-uns des colonels des quartiers pour faire mettre en armes les compagnies bourgeoises. Les conseillers du parlement, de leur côté, ne restent pas inactifs et s'entendent pour se trouver au palais, le lendemain, à cinq heures du matin.

Au Palais-Royal se passait la contre-partie. La reine, persuadée, par le calme rétabli à l'entrée de la nuit, que sa vigueur à l'égard de Broussel avait réussi et ne demandait qu'à être confirmée par d'autres mesures réduisant les magistrats à une soumission entière, avait soupé gaiement. Six heures du matin sonnaient à peine à l'horloge du Palais-Royal, que, par ses ordres, le chancelier Séguier en sortait, pour porter au parlement l'expression de la volonté souveraine. A la même heure, le régiment des gardes françaises et suisses se massait aux environs de la résidence royale.

Le parlement, non moins matinal, instruisait de son côté, sur la plainte portée par deux neveux de Broussel, à l'occasion de l'arrestation de leur oncle : Molé présidait avec son calme accoutumé. Après avoir recueilli les voix, le premier président prononçait un arrêt de prise de corps contre Comminges et contre tous ceux qui s'étaient présentés avec des lettres de cachet dans les maisons des magistrats. L'arrêt portait en outre qu'il serait informé contre ceux qui avaient donné de tels conseils à la reine, comme perturbateurs du repos public; enfin, que le parlement se rendrait en corps auprès de la reine pour lui demander le retour des absents, et reviendrait ensuite délibérer sans désemparer.

A mesure que le bruit de l'assemblée du parlement se répand dans la ville, le peuple descend dans les rues; les tambours battent le rappel sur l'ordre de Miron, maître des comptes, colonel du quartier Saint-Germain-l'Auxerrois, et de Madame Martineau, suppléant son mari, conseiller aux requêtes et colonel du quartier Saint-Jacques, ivre pour le moment; les compagnies bourgeoises se mettent sous les armes.

Le chancelier Séguier n'avait pas à remplir une mission facile pour porter au parlement les ordres de la reine au travers d'un tel tumulte, d'autant plus que la bravoure n'était pas sa vertu dominante. Son frère, l'évêque de Meaux, l'accompagnait; sa fille, la duchesse de Sully, avait aussi voulu courageusement aller avec lui. On commençait à tendre les chaînes dans les rues, on les renforçait de tonneaux remplis de terre, de pierres, de fumier. En moins de deux heures, plus de douze cents barricades surgirent dans Paris, gardées, chacune, par vingt ou trente bourgeois armés et entourées d'un peuple immense. La reine, persuadée que la bourgeoisie lui était favorable, et que le bas peuple était seul fauteur de la sédition, avait joint ses propres ordres pour que les compagnies bourgeoises fussent appelées en armes; mais celles-ci, disposées seulement à empêcher le pillage, et, du reste, fort animées contre la cour, formaient en réalité une force nouvelle ajoutée à l'insurrection.

Le chancelier ne peut aller en carrosse que jusqu'au Pont-Neuf, où les barricades rendent le passage impossible autrement qu'à pied; il descend du sien. A la place Dauphine, le peuple s'oppose à le laisser continuer sa route. Il tente de tourner par le pont Saint-Michel; mais le peuple s'irrite, des menaces de mort retentissent. Le chancelier, hors de lui, aperçoit ouverte la porte de l'hôtel d'O, où demeure le duc de Luynes; comme s'il eût eu des ailes, il se précipite vers cette ouverture de salut, suivi de son frère et de sa fille. La foule accourt sur ses pas, force l'entrée de l'hôtel, et le cherche vainement dans les appartements que, par dépit, elle se met à piller et à saccager. Le maréchal de la Meilleraye, averti du péril du chancelier, arrive avec quelques troupes, dégage l'hôtel et découvre Séguier, plus mort que vif, au fond d'une vaste armoire, se confessant aux pieds de son frère. On fait monter le chancelier dans une voiture; le peuple veut l'empêcher; le maréchal ordonne une décharge, on riposte, une balle atteint légèrement la duchesse de Sully. Le chancelier rentre au Palais-Royal : faute par lui d'avoir pu remplir sa mission jusqu'au bout, l'histoire ignore quels en étaient les termes.

Le parlement, que n'a pu arrêter dans ses projets les ordres de la reine qui ne lui sont point parvenus, s'était, lui aussi, mis en marche à travers Paris insurgé. Au nombre de cent soixante-dix, en robes rouges, le président Molé en tête, les magistrats s'avancent deux à deux; les armes s'abaissent, les barricades laissent ouvrir l'étroit passage ménagé au centre de chacune d'elles, et le peuple crie : « Vive le roi, vive Broussel, vive le parlement! » Accueillis d'abord par un refus de les recevoir de la reine, qui se retire dans son appartement particulier en leur fermant la porte au visage, les conseillers vont se retirer, lorsque quelques personnes s'entremettent pour conjurer la gravité de la situation. Elles obtiennent de la reine la promesse de rendre les prisonniers, à la condition que le parlement cessera ses délibérations sur les affaires publiques. Le parlement, sur cette offre, veut retourner au palais pour délibérer; mais le peuple, qui le voit revenir sans Broussel qu'il croyait enfermé au Palais-Royal, le force à revenir sur ses pas. Une séance s'improvise dans la grande galerie; un arrêt est rendu, portant que la reine sera remerciée de la liberté des prisonniers, et qu'il sera délibéré jusqu'au 7 septembre sur le payement des rentes de l'Hôtel-de-Ville et sur l'exécution du tarif. La reine accède à la délibération après bien de la résistance. Les conseillers se retirent précédés du carrosse de la reine et de celui du jeune roi destinés à aller chercher les prisonniers, avec les lettres de cachet de délivrance portées ostensiblement. Tous les obstacles tombent alors pour laisser passer le parlement; le calme se fait, mais la bourgeoisie ne désarme que lorsqu'elle s'est assurée du retour des prisonniers, auquel elle ne veut croire qu'après les avoir vus.

Ces tumultueux événements firent résoudre la reine à s'éloigner d'une ville où son autorité éprouvait de telles entraves, et à se retirer, avec le jeune roi, au château de Saint-Germain. Comme signal de la liberté d'action retrouvée par la reine, Léon Bouthillier de Chavigny, secrétaire d'État, et Phelypeaux de Châteauneuf, qui voulait rentrer au ministère, devenus suspects au cardinal Mazarin, sont arrêtés. Afin de donner un général à la politique de la cour, des avances sont faites au prince de Condé, dont la victoire de Lens venait de grandir encore la réputation militaire ; mais le prince met en avant la difficulté d'employer la force ouverte contre une ville telle que Paris. Un conseil modéré dans la bouche d'un prince si impétueux ne pouvant permettre de se faire jour à des vues plus hardies, des conférences avec les députés du parlement sont acceptées. L'habile cardinal Mazarin y donne les mains avec d'autant moins de difficulté qu'il espère que le contact des prétentions des magistrats avec la fougue du prince ne pourra manquer d'amener une rupture par laquelle Condé serait entraîné avec plus de décision dans le parti de la cour. Les prévisions du cardinal faillirent se réaliser. On était à peu près d'accord sur l'approbation de tous les articles délibérés dans la chambre Saint-Louis, sauf celui de la sûreté publique, auquel la reine ne pouvait se résoudre, lorsque, sur un mot du président Viole, mal interprété, le prince se laissa aller à des transports de colère qui eussent rompu toute entente, s'il n'eût réfléchi promptement que cet article était un avantage non moins grand pour les princes du sang que pour les derniers sujets; il n'avait, dans sa famille, que trop d'exemples de la |fâcheuse absence de cette garantie. La reine enfin accorda cet article ainsi que tous les autres, avec la formelle intention de tout reprendre à la première occasion.

Le déficit des finances fut provisoirement comblé, d'un commun accord, par la suppression des gages de quelques offices et le retranchement d'un quartier et demi des rentes assises sur les tailles. Cette dernière mesure était en réalité une banqueroute partielle, qui indiquait à la fois la grandeur des embarras, la faiblesse des scrupules et l'ignorance des principes sur lesquels se fonde le crédit public.

CHAPITRE VI.

Le calme promptement troublé. — Le parlement refuse de se soumettre à un ordre d'exil. — Alliance entre les princes, la noblesse et le parlement. — Le duc d'Elbeuf. — Le prince de Conti généralissime. — Le duc de Bouillon chef véritable. — Les hostilités. — La paix. — Exigences du prince de Condé. — Arrestation des princes. — La noblesse court aux armes. — La princesse de Condé au château de Turenne. — Siége de Bordeaux. — Liberté des princes. — Le cardinal Mazarin quitte la France. — Assemblée de la noblesse demandant la convocation des états-généraux. — Changement de ministère. — Lettre du cardinal Mazarin à Hugues de Lyonne. — Correspondance du cardinal Mazarin avec la reine. — Caractère de l'attachement de la reine pour son ministre. — Rupture du mariage projeté entre le prince de Conti et Mademoiselle de Chevreuse. — Conférences nocturnes de la reine et du cardinal Mazarin. — Conséquences. — La politique du prince de Condé. — Sa fuite à Saint-Maur.

(1649—1651.)

Le caractère de la première partie de la Fronde fut essentiellement parlementaire; et, sous cette influence, d'après les conditions que nous avons vues acceptées de part et d'autre, la monarchie, d'absolue qu'elle était devenue, était brusquement rendue tempérée. Heureux résultat pour les rois et pour les peuples, si cette pondération de l'autorité avait eu dans le plateau opposé la nation elle-même régulièrement représentée par ses mandataires, au lieu d'un corps de magistrats sans mission. L'usurpation des pouvoirs ne saurait être un remède contre l'usurpation de l'autorité; aussi tout cet échafaudage de libertés et de garanties sans base, devait-il promptement s'écrouler.

L'année 1649 vit commencer le déchirement de ce pacte impossible. La régente était revenue dans Paris; mais froissée par le nouvel ordre de choses, elle méditait son renversement. Au moment le plus inattendu, elle partit pour Saint-Germain avec son royal fils, ses ministres et sa suite. Afin d'éviter toute opposition à son projet, il s'en fût élevé une des plus formidables dans Paris si le bruit s'en fût répandu, elle n'avait fait faire dans le château aucuns préparatifs pour sa réception, à tel point que la cour s'y trouva, les premiers jours, dans le plus étrange dénûment. Anne d'Autriche était, cette fois, fermement résolue à mener à bonne fin l'entreprise avortée, l'année précédente, de l'anéantissement complet des conquêtes politiques de la Fronde. La reine comptait pour la réussite de son projet sur le concours de forces militaires plus imposantes que celles dont elle avait pu disposer jusqu'alors. La victoire de Lens l'avait mise déjà sans inquiétudes du côté de l'Espagne ; la paix de Westphalie [1] lui rendait une armée aguerrie devenue sans emploi sur les frontières. Enfin, elle espérait engager plus vivement dans ses intérêts le prince de Condé dont la tiédeur l'avait obligée, l'année précédente, à des concessions. A la grande satisfaction de la régente, ce prince, qui déjà ne pouvait souffrir les magistrats, par un contact journalier se mettait d'autant plus mal avec eux. Dans une séance, il se laissa emporter de menaces et même du geste contre le conseiller Quatre-Sous. Cet éclat obligea les Frondeurs à renoncer au projet qu'ils formaient en secret, de placer ce prince à leur tête. La reine s'en tint d'autant plus assurée de trouver dans Condé un énergique appui.

Le parlement avait pris au sérieux sa mission de contrôle politique. Il rendait impitoyablement

---

[1] La paix célèbre de Westphalie, qui termina la guerre de Trente-Ans, se composait de deux traités particuliers, qui furent signés dans deux villes différentes de la Westphalie : le premier à Osnabruck, le 6 août 1648, entre l'empereur Ferdinand III, la Suède et ses alliés protestants ; le second, à Munster, le 24 octobre 1648, entre la France, l'Empereur et ses alliés catholiques. L'Espagne seule refusa de participer au traité, dans l'espoir de profiter des troubles de la Fronde.

des arrêts pour casser tous les actes de l'autorité royale contraires à la déclaration du 24 octobre. Au milieu de l'ardeur qu'il apportait à s'acquitter de ses fonctions nouvelles, et en raison même de ce zèle, il reçut de la régente un ordre d'exil pour Montargis. Les magistrats refusèrent d'obéir. Ils envoyèrent à Saint-Germain le procureur-général Talon pour obtenir la révocation de cet ordre; mais celui-ci ne put obtenir d'audience. Au retour du procureur général à Paris, le parlement rendit un arrêt déclarant le cardinal Mazarin perturbateur du repos public, ennemi du roi et de l'État, et lui enjoignant, dans les huit jours, de quitter le royaume, avec ordre à tous les sujets du roi de lui courir sus, passé ce délai.

La désobéissance du parlement et son arrêt provoquaient une rupture dont l'audace n'était rien moins qu'une déclaration de guerre. Ce corps entrait dans une phase de résistance toute différente de la résistance à peu près légale et passive qu'il avait précédemment employée; s'il changeait d'allures et de ton, c'est que de nouveaux alliés lui étaient arrivés : la Fronde, qui n'avait porté que la toge ou dressé des barricades populaires, allait ceindre l'épée.

Ainsi par des réalités et des appréciations contraires, les deux partis croyaient avoir grandi leur puissance et comptaient d'autant plus sur le succès; mais le résultat de ce réciproque accroissement de forces devait avoir pour conséquence plus certaine l'accroissement de la vivacité de la lutte.

Avant même le départ de la cour de Paris pour Saint-Germain, une secrète entente s'était établie entre le coadjuteur de Paris et la duchesse de Longueville pour donner à la Fronde le concours de la noblesse. Ambitieuse et romanesque, la princesse s'était laissé facilement entraîner à la perspective de jouer un rôle basé sur l'empire de ses séductions; de plus, elle était irritée contre son frère, le prince de Condé, qui ne ménageait pas sa légèreté par des mots piquants, et qui avait conseillé à son mari de la faire enfermer. Ces motifs poussaient Madame de Longueville à figurer dans le parti contraire.

De nombreux mécontents étaient prêts à se grouper autour du coadjuteur et de la princesse. Le premier comptait à sa suite Saint-Ybard [1], Montrésor [2], le duc de Chevreuse; la seconde, le

---

[1] Henri des Cars, seigneur de Saint-Ybard. Dans la plupart des ouvrages du temps, son nom est écrit par erreur Saint-Ybal. Les ruines pittoresques du château de Saint-Ybard, fief dont il portait le nom, existent encore aux environs d'Uzerche, et sont aujourd'hui la propriété de M. Dufaure, libraire à Versailles.

[2] Claude de Bourdeilles, comte de Montrésor; il a laissé des Mémoires.

prince de Marçillac[1], le duc de Nemours[2], une foule de brillants gentilshommes, et même son mari, bien qu'il ne fût pas, disait le coadjuteur, l'homme de la cour le mieux avec sa femme; mais le duc de Longueville se plaignait du cardinal Mazarin qui ne lui avait laissé que le rôle apparent dans la négociation du traité de Munster, tandis qu'il avait confié à Servien la direction réelle; de plus, le cardinal ne lui avait pas tenu la promesse du gouvernement du Hâvre qui manquait à la plénitude de son gouvernement de Normandie. La princesse disposait encore de son frère, le prince de Conti, à tel point, qu'elle avait pu promettre son concours à son insu et qu'elle put tenir sa promesse. Les chaînes étranges que ce prince s'était forgées pour se lier à l'empire de sa sœur nous sont déjà connues; un ressentiment personnel contre son frère aîné devait aider encore à l'entraîner; il était froissé de la hauteur et du dédain avec lesquels il en était traité, et désirait, avec une vivacité extrême, échapper, par des aventures et des prouesses guerrières, au chapeau de cardinal suspendu sur sa tête comme une épée de Damoclès. Le prince de Condé, continuateur des vues paternelles, vou-

---

[1] L'auteur des *Maximes*; il ne prit le titre de duc de La Rochefoucauld qu'après la mort de son père.
[2] Charles-Amédée de Savoie, duc de Nemours.

lait en effet le fixer dans l'état ecclésiastique pour ne pas diminuer la puissance de sa maison en lui faisant une part de ses biens.

D'autres mécontents s'offraient encore par leur propre empressement : le duc de Beaufort rêvait de reprendre l'entreprise des Importants et conquérait, par la popularité fâcheuse qu'il sut obtenir, le titre de *roi des halles ;* le duc de Bouillon avait à réclamer, en échange de la principauté de Sédan, les dédommagements promis et toujours différés ; le maréchal de La Motte-Houdancourt gardait sur le cœur l'injuste emprisonnement de Pierre-Encise, tandis que la faute qu'on lui avait fait expier retombait sur le ministre qui l'avait laissé sans ressources ; enfin, les ducs de Brissac, de Retz, de Luynes, les marquis de La Boulaye[1] et de Noirmoutiers, Fontrailles et bien d'autres ne demandaient qu'à se signaler contre le parti de la cour.

Le coadjuteur était convenu avec la duchesse de Longueville, restée à Paris sous prétexte de sa grossesse, que le duc, son mari, quitterait secrètement Saint-Germain avec le prince de Conti, pour revenir à Paris ; et que celui-ci serait nommé général en chef des troupes de la Fronde. Sous

[1] Maximilien Eschalart, marquis de La Boulaye, gendre de M. de Bouillon-la-Marck, était, après le duc de Beaufort, l'un des héros populaires de la Fronde.

un si jeune général, le coadjuteur savait qu'il se ménageait la principale direction des événements.

L'empressement imprévu du duc d'Elbeuf à se jeter dans le mouvement faillit rompre les mesures du coadjuteur. Le duc, sans s'être concerté avec lui, se présenta à l'Hôtel-de-Ville et au parlement. Son nom, il était de la maison de Lorraine, faisant revivre les souvenirs de la Ligue et du duc de Mayenne, était de circonstance; sa hardiesse et sa pauvreté étaient une garantie de ses efforts pour le succès. Un arrêt le déclara général. Lorsqu'une première fois, le jeune prince de Conti, conduit par le coadjuteur, se présenta au parlement pour offrir ses services, le duc d'Elbeuf déclara qu'il connaissait le respect qu'il devait à un prince du sang, mais qu'ayant été nommé général, il ne résignerait son commandement qu'avec la vie; le parlement, qui était en méfiance contre le prince de Conti, maintint ce qu'il avait fait.

Le coadjuteur exerçait sur le clergé et sur le peuple de Paris l'ascendant le plus extraordinaire en raison de sa vie si peu régulière; mais ses désordres étaient plus ou moins cachés, et les yeux se fermaient volontiers en faveur d'un prélat qui s'était toujours montré le zélé défenseur des priviléges de son ordre, qui prêchait avec éloquence, qui répandait de si abondantes aumônes que ses dettes s'élevèrent à plusieurs millions. Surpris, mais nullement vaincu par cet échec inattendu devant le parlement, il eut recours à la fécondité de ses ressources : sa popularité qu'il a augmentée dans une récente circonstance; la religion qu'il sait malheureusement employer au succès de ses vues mondaines. La pondération du pouvoir absolu était certainement un but à la fois monarchique et national; mais l'on voit trop souvent les causes les plus justes gâtées par l'égoïsme des vues et par le choix défectueux des moyens. La popularité du coadjuteur avait grandi à l'occasion d'une mesure fiscale qui avait anticipé sur les tailles de l'année suivante, en les abandonnant aux traitants qui en feraient l'avance, moyennant un très-fort escompte. Cet arrêt du conseil était un de ceux contre lesquels s'était élevé le parlement, comme étant contraire à la déclaration du 28 octobre. Le coadjuteur avait assemblé les curés et les docteurs qui lui étaient les plus dévoués, et leur avait fait décider que cet acte était contraire aux canons de l'Église comme entaché d'usure. L'odieux et le ridicule dont il sut ainsi couvrir le cardinal Mazarin, furent tels, que l'arrêt du conseil fut retiré. Dans la conjoncture présente, ce fut encore à son caractère épiscopal que le coadjuteur emprunta une partie de ses moyens d'action; il fit habilement insinuer et répandre par les curés de Paris que le duc d'Elbeuf était un traître vendu à la cour; il communiqua en confidence à plus de cinq cents personnes un billet vrai, ou supposé du duc à l'abbé de La Rivière, confirmant cette entente. Il se servit enfin de la plume de Marigny [1] pour ridiculiser le duc; sa pauvreté même fut jetée en pâture à la plaisanterie, par ce triolet, que le lendemain matin Paris entendit chanter en s'éveillant :

> Monsieur d'Elbeuf et ses enfans
> Font rage à la Place-Royale :
> Ils sont tous quatre piaffans,
> Monsieur d'Elbeuf et ses enfans.
> Mais si tôt qu'il faut battre aux champs,
> Ils quittent leur humeur martiale :
> Monsieur d'Elbeuf et ses enfans
> Font rage à la Place-Royale.

> Le pauvre monseigneur d'Elbeuf
> Qui n'avait aucune ressource,
> Et qui ne mangeait que du bœuf,
> Le pauvre monseigneur d'Elbeuf
> A maintenant un habit neuf
> Et quelques justes dans sa bourse,
> Le pauvre monseigneur d'Elbeuf
> Qui n'avait aucune ressource [2].

---

[1] Jacques Carpentier de Marigny, auteur de nombreux pamphlets en vers et en prose.

[2] Les branches cadettes de la maison de Lorraine étaient peu favorisées du côté de la fortune; Charles de Lorraine,

Par malheur pour le duc d'Elbeuf, il laissa prendre, ce même jour, Charenton par le prince de Condé sans le secourir.

Sous les auspices de ces conjonctures nouvelles, le coadjuteur mène une seconde fois le prince de Conti au parlement. Après une scène préparée et fort habilement conduite, dans laquelle le duc de Longueville promet l'appui des forces de son gouvernement de Normandie, le duc de Bouillon et le maréchal de La Motte-Houdancourt demandent à servir comme généraux sous les ordres du prince de Conti. Ce prince est cette fois proclamé généralissime; les ducs d'Elbeuf, de Bouillon et le maréchal de La Motte sont nommés généraux sous son autorité; le duc de Beaufort, le prince de Marsillac, le marquis de Noirmoutiers, lieutenants-généraux. Les duchesses de Longueville et de Bouillon, l'une et l'autre aussi belles qu'intrépides, traversent

---

IIe du nom, duc d'Elbeuf, dont il est ici question, avait épousé Catherine-Henriette, légitimée de France, fille naturelle de Henri IV et de Gabrielle d'Estrées. Les trois fils qui chevauchaient à ses côtés, étaient : 1º Charles de Lorraine, IIIe du nom, duc d'Elbeuf après la mort de son père; 2º François de Lorraine, célèbre général, connu sous le titre de comte d'Harcourt; 3º François-Marie de Lorraine, comte de Lillebonne. Le duc d'Elbeuf, outre plusieurs filles, avait eu un quatrième fils, Henri, abbé de Humblières, mort en 1648. (Voyez l'*Histoire généalogique* du P. Anselme; le *Dictionnaire historique* de Moréri, etc.)

Paris pour se rendre à l'Hôtel-de-Ville, où elles disent vouloir demeurer en otages de la fidélité de leurs maris et de leur propre zèle pour la défense commune; elles achèvent par cette démarche de donner au mouvement un caractère enthousiaste et chevaleresque.

La Fronde n'avait pas seulement à sa disposition les compagnies bourgeoises commandées par les colonels des seize quartiers, principalement préposées au maintien de l'ordre intérieur et à la défense de la ville, elle avait formé une armée régulière pour tenir la campagne. Celle-ci était composée de cinq mille cavaliers et de quatorze mille fantassins levés par commissions délivrées par le prévôt des marchands. Un arrêt du parlement, se frappant lui-même d'un impôt d'un million, soumettait à une taxe les maisons et les boutiques de Paris, et ordonnait aux comptables des deniers royaux de verser leurs recettes à la caisse de l'Hôtel-de-Ville, afin de pourvoir à la solde et aux frais de la guerre [1].

L'armée du prince de Condé compte à peine douze mille hommes, nombre impuissant pour une attaque à force ouverte, insuffisant même à

---

[1] Cet impôt était de 150 francs pour les maisons à porte cochère, et de 30 francs pour les boutiques. La solde assurée aux soldats était de 10 sols par jour; et de 3 et 5 francs, celle assurée aux officiers, suivant les grades.

fermer les passages qui assuraient l'approvisionnement de Paris. En outre, des arrêts rendus contre le cardinal Mazarin par les divers parlements du royaume, une adhésion générale parmi la noblesse des provinces, dix mille hommes levés en Poitou par le duc de La Trémoille, la défection du maréchal de Turenne repassant le Rhin avec son armée pour venir au secours de Paris, l'archiduc d'Autriche s'avançant dans le même but jusqu'aux portes de Reims, semblent démontrer à la reine, de vingt côtés à la fois, qu'elle s'est abusée dans son espoir d'un triomphe facile.

Le prince de Condé, son défenseur, était intarissable, cependant, d'entrain et de gaieté. Dans cette phase de la guerre civile, où plus particulièrement la pointe de l'épigramme fut plus acérée que la pointe du fer, le comte de Maure [1], frondeur déterminé, opinait toujours pour les projets les plus téméraires ; Bachaumont [2] avait tourné

---

[1] Louis de Rochechouart, comte de Maure, grand sénéchal de Guyenne, fils de Gaspard de Rochechouart, marquis de Mortemart et de Louise, comtesse de Maure. Il avait épousé la spirituelle Anne Doni d'Attichi, l'amie de Madame de Sablé. Il mourut sans postérité. Voyez l'*Histoire généalogique* du P. Anselme ; le *Dictionnaire historique* de Moréri.

[2] François Le Coigneux de Bachaumont, conseiller-clerc au parlement de Paris. Il fut un des plus spirituels faiseurs d'épigrammes, et passe pour avoir baptisé la Fronde du nom qu'elle porte.

cette ardeur excessive en plaisanterie par des triolets qui se terminaient par celui-ci :

> Buffle à manches de velours noir
> Porte le grand comte de Maure.
> Sur ce guerrier qu'il fait beau voir
> Buffle à manche de velours noir !
> Condé, rentres dans ton devoir,
> Si tu ne veux qu'il te dévore.
> Buffle à manches de velours noir
> Porte le grand comte de Maure.

Le prince de Condé y ajouta ce dernier couplet de sa composition :

> C'est un tigre affamé de sang
> Que ce brave comte de Maure.
> Quand il combat au premier rang,
> C'est un tigre affamé de sang,
> Mais il n'y combat pas souvent,
> C'est pourquoi Condé vit encore.
> C'est un tigre affamé de sang
> Que ce brave comte de Maure.

Les revirements de parti furent fréquents dans la Fronde plus que dans aucune guerre civile; quand les événements auront marché, le prince de Condé lui-même aura passé au parti du comte de Maure, et celui-ci, dont le courage était au-dessus des épigrammes, deviendra l'un des généraux de ce prince dans la Guyenne.

La défaite du régiment de Corinthe, commandé

par le chevalier Renaud de Sévigné, oncle du mari de l'illustre marquise, régiment composé de nouvelles levées et qui portait le nom de l'archevêché *in partibus* du coadjuteur de Paris, archevêque de Corinthe, fut plaisamment appelée *la première aux Corinthiens*, et jeta quelque ridicule sur les armes de la Fronde; mais l'échec plus sérieux de la perte de Charenton n'abattit lui-même un instant le courage des Frondeurs que pour le relever d'un plus vif essor, par le succès d'un convoi traversant victorieusement l'armée royale pour ravitailler Paris.

Toutes les apparences présageaient la défaite du parti de la cour, si la Fronde n'eût porté dans ses flancs, par l'antagonisme de ses deux principaux éléments, un germe de dissolution. La noblesse, sous la direction apparente du prince de Conti et sous la direction réelle du duc de Bouillon, auquel s'étaient joints son frère le maréchal de Turenne et son beau-frère le duc de La Trémoille[1], avait acquis sur la situation un immense ascendant; mais la noblesse et le parlement au fond ne pouvaient s'entendre. D'un côté, on

[1] Henri, duc de La Trémoille, avait épousé, en 1619, Marie de La Tour, fille du vicomte de Turenne, premier duc de Bouillon de sa maison, et d'Élisabeth de Nassau, sa seconde femme. Le prince de Tarente, dont il sera bientôt question, était issu du mariage de Henri, duc de La Trémoille, avec Marie de La Tour.

négocie avec l'Espagne pour la continuation de la guerre; de l'autre, avec la cour, pour la conclusion de la paix. Le cardinal Mazarin trouve moyen avec huit cent mille francs, habilement distribués, d'enlever au maréchal de Turenne ses troupes qui refusent de le suivre. Le président Molé qui désire le triomphe de la reine, malgré l'opposition des princes et des chefs de la noblesse, malgré les frémissements de la populace ameutée, porte au parlement, en montrant un courage intrépide, les articles de la paix négociés avec la cour. Par un de ces revirements soudains, fréquents dans les troubles civils, la paix est signée le 11 mars 1649, au moment le plus inattendu, sans autre garantie, pour les principes, que la reconnaissance de la déclaration du 24 octobre 1648; pour les personnes, qu'une amnistie nominative quant aux chefs, générale quant à la foule. Le cardinal Mazarin inflige au coadjuteur la mortification de le comprendre dans celle-ci, en passant son nom sous silence.

Cette période de la Fronde qui ne dura guère plus de deux mois fut celle où elle fut la plus active et la plus animée dans Paris; ce moment fut le seul où elle y régna complétement en souveraine, ayant son gouvernement civil, militaire et judiciaire. Jamais l'épée, la parole, la plume ne se sont livrés peut-être, sur un triple champ de bataille et en moins de temps, des assauts plus brillants, plus vifs, plus acérés; jamais la gaieté française ne dissimula sous plus de folies la gravité d'une situation.

La Fronde semblait terminée par cet accord imprévu; aucune question politique et sociale n'avait cependant reçu de solution définitive. La lassitude du désordre qui suit les longs troubles et dispose au repos, n'était pas assez grande, pour que cette paix apparente ne fût en réalité autre chose qu'une halte et qu'une trêve.

Quel terrible et incommode allié était le prince de Condé; impétueux, exigeant, exalté par la fumée de sa jeune gloire; insatiable de biens, d'honneurs et de prérogatives pour lui, sa maison et ses amis; incapable de concevoir des idées saines sur le gouvernement! La reine trouvait en lui un dominateur insupportable, inconséquent et dangereux : un jour, il réclamait avec hauteur le gouvernement du Pont-de-l'Arche pour le duc de Longueville, déjà gouverneur de Normandie; le lendemain, il portait, en plein conseil, la main au visage du cardinal Mazarin qui persistait dans son refus par ce motif de sage administration, que si les places fortes et les châteaux étaient donnés aux gouverneurs des provinces, ils y règneraient en souverains. Pour attribuer indirectement à son beau-frère toute autorité sur la

place du Hâvre, il combinait une intrigue a
une femme adroite, Madame de Pons, dépour
de jeunesse et de beauté[1], dans le but de lui fa
épouser le jeune et inexpérimenté duc de Ric
lieu, au grand désespoir de sa tante, la duche
d'Aiguillon, qui avait assuré à son neveu l'allia
du plus grand parti du moment, celle de Ma
moiselle de Chevreuse: Il les fit rencontrer
Try, château de la duchesse de Longueville,
sans plus de cérémonie, marier en sa présen
Le duc de Richelieu était gouverneur du Hâv
le prince de Condé s'assurait, par cette voie p
digne, de cette place pour son beau-frère et
besoin pour lui-même. La reine se sentit rédu
à une impuissante colère. Un affront person
lui était réservé dans son honneur de femme.
prince de Condé avait tenté de la dominer p
le marquis de Jarzay, qui se vantait de pouv
plaire à la reine: Anne d'Autriche, avertie de l'
trigue, avait chassé Jarzay de la cour; mais
prince exigea avec hauteur qu'elle l'y reçût
nouveau, et la reine dut céder. Le cardinal Ma
rin se sentit poussé à bout par cette dernière e
gence, car il avait conçu contre Jarzay une v
lente jalousie. Il rencontrait, en outre, dans M.
prince un obstacle aux ambitieux projets qu

[1] La marquise de Pons était la sœur aînée de la belle dem
selle de Vigean, aimée par le grand Condé. Voy. chap. IV, p. 1

avait conçus pour élever sa famille, une formelle opposition au mariage de deux de ses nièces, avec les ducs de Mercœur et de Candale. Il prit, dès lors avec la reine de secrètes mesures pour se défaire d'un rival si gênant. Pour réussir il fallait compromettre ce prince avec la noblesse et avec le peuple, en lui tendant un double piége dans lequel il fut peu difficile de le faire tomber.

Poussé par Madame de Longueville, le prince de Condé réclamait en faveur du prince de Marcillac les honneurs du Louvre; son père, le duc de La Rochefoucauld, vivant encore, il n'y avait aucun droit. Accéder à cette demande eût été reconnaître à la maison de La Rochefoucauld les prérogatives des maisons souveraines. Cette prétention, que Mazarin parut appuyer pour compromettre le prince, avait excité parmi la noblesse une émotion générale; elle se réunit spontanément au nombre de plus de huit cents membres et signa un acte d'union. D'une question d'une importance très-secondaire, l'assemblée passa à des questions plus graves : l'opportunité de la convocation des états généraux fut agitée; de sorte que le cardinal, pour ôter à l'assemblée le prétexte de ses réunions, se hâta de lui envoyer quatre maréchaux de France l'assurer qu'aucune atteinte ne serait portée à ses prérogatives.

Pour compromettre le prince avec le peuple

de Paris, l'entreprise est plus facile encore. Il existait parmi les porteurs des rentes de l'Hôtel-de-Ville une vive fermentation, par suite du retranchement partiel des quartiers et de la banqueroute déclarée des fermiers des gabelles, qui devaient en fournir les fonds. Dans cette conjoncture, les partis combinent, chacun en vue du succès de ses espérances, une double comédie d'assassinat : la première, œuvre des Frondeurs, sur Joly, syndic des rentiers, afin d'exciter le peuple contre la cour; la seconde, conduite secrètement par Mazarin, sur le prince de Condé. Une balle traversa le carrosse du prince dans lequel il n'était pas; mais persuadé qu'une conspiration est formée contre sa vie, il cite au parlement le duc de Beaufort et le coadjuteur qu'il accuse d'en être les auteurs.

Le grand Condé se dressait encore comme un arbre altier qui ne tombe que lorsque le fer a tranché sa dernière racine, mais qu'un souffle suffit alors pour coucher sur le sol. En ces jours de tempêtes, le simple souffle attendu devait tarder d'autant moins. Sur l'ordre de la reine, le 28 janvier 1650, Guitaut, capitaine des gardes, arrête le prince au conseil, avec le prince de Conti et le duc de Longueville. Une escorte de seize cavaliers suffit pour conduire les prisonniers au château de Vincennes; et le peuple de Paris, à la nouvelle de l'arrestation des princes, allume des feux de joie. Ce revirement d'opinion, moins contre le prince de Condé, toujours impopulaire, que contre son frère et son beau-frère, était le résultat d'un rapprochement soudain aussi vrai qu'invraisemblable entre la cour et les Frondeurs, par l'accord du cardinal Mazarin et du coadjuteur, rivaux qui en étaient venus à s'embrasser pour se mieux étouffer.

Dans leur triste prison, les trois princes tinrent une contenance analogue à leur caractère; le duc de Longueville se laissa abattre par un profond découragement; le prince de Conti, toujours mobile, revint à la piété pour acquérir de la résignation; le prince de Condé, gai et railleur à son ordinaire, conserva l'insouciante humeur d'un soldat. Un jour qu'il entendit son frère demander qu'on lui apportât une *Imitation de Jésus-Christ,* « Pour moi, dit-il, qu'on m'apporte une imitation de M. de Beaufort. » Le duc de Beaufort, l'année précédente, s'était évadé de ce même donjon.

La captivité des princes, résultat de la nouvelle entente avec les Frondeurs parlementaires, produisait, pour ceux-ci, une situation singulière, illogique, et peu digne pour des magistrats. Ils abandonnaient sans scrupule l'un des articles les plus importants de la déclaration du 31 octobre, celui de la sûreté publique, garantie d'un intérêt général, pour un intérêt qui leur était particulier, et qui satisfaisait leur ambition; car, en retour de cet abandon, la cour ne leur contestait plus la faculté dont ils usaient chaque jour, de contrôler, dans leurs assemblées, les affaires de l'État. Mazarin était devenu une sorte de ministre constitutionnel tenu à avoir la majorité, non point dans une chambre réellement représentative de la nation, mais au sein du parlement.

La noblesse, bien qu'elle eût peu à se louer du prince de Condé, se montra généreuse quand il fut abattu; elle prit sa cause en main. Paris lui manquant par l'attitude nouvelle du parlement et de la bourgeoisie, elle porta son action sur les provinces. Le maréchal de Turenne, qui s'était entendu avec l'archiduc d'Autriche, arbora le titre de général de l'armée pour la délivrance des princes, il s'avança auprès de Vincennes pour les enlever; mais ceux-ci venaient d'être transférés au château de Marcoussi. Le maréchal de Turenne dut se retirer, suivi de près par le maréchal du Plessis, qui remporta sur lui une victoire auprès de Rhétel.

La princesse de Condé s'était enfuie de Chantilly avec le jeune duc d'Enghien, pour se réfugier au château de Montrond, en Berry.

Les ducs de Bouillon et de La Rochefoucauld tâchaient de former un parti en Limousin, en Périgord, en Poitou, en Guienne; Lenet, le conseiller dévoué du prince de Condé, ménageait l'alliance du parlement de Bordeaux. Comme il fallait un nom pour donner un appui au mouvement, on pressait la princesse de Condé de venir se mettre à sa tête. Elle partit secrètement de Montrond; le duc de Bouillon l'attendait à Argentat, sur la Dordogne, avec des troupes, et la conduisit à son château de Turenne, qui vit luire avec un éclat passager, en la recevant dans ses murs, les derniers jours de sa grandeur féodale.

La princesse écrivit, de Turenne, cette lettre circulaire, adressée aux gentilshommes du Limousin et des provinces voisines :

« Monsieur,

« Je n'ai pas voulu différer à vous donner avis que je me suis rendue en cette province près de MM. les ducs de Bouillon et de La Rochefoucauld, pour mettre M. le duc d'Enghien, mon fils, à couvert de la violence du cardinal Mazarin, lequel n'étant pas satisfait de l'injuste détention de Monsieur mon mari et de Messieurs mes beaux-frères, nous fait poursuivre partout par ses troupes. Je crois que vous êtes assez généreux pour contribuer, en votre pouvoir et en celui de vos amis, pour la conservation du seul prince du sang qui soit hors de la puissance de cet étranger. Monsieur son père, lui et le roi lui-même, reconnoîtront un jour le service que nous recevrons de vous en cette rencontre; en mon particulier, croyez que j'aurai toute ma vie le ressentiment que j'en dois avoir, et que je suis votre affectionnée

« La Princesse de Condé.

« A Turenne, ce 18 mai 1650. »

Le grand Condé, enfermé dans sa prison et arrosant des œillets pour se distraire, s'écria, en apprenant l'énergique conduite de la princesse qu'il avait peu appréciée jusque-là : « Qui m'eût dit qu'un jour je cultiverais des fleurs pendant que ma femme ferait la guerre! »

Cet appel de la princesse ne fut pas fait en vain; la noblesse s'empressa d'y répondre. Parmi les plus empressés, se distinguait Carbonnière, seigneur de La Capelle-Biron et du Pin [1], accouru avec une petite suite de quarante maîtres [2]. Sa

---

[1] Une branche de la maison de Carbonnière avait formé les seigneurs de La Capelle-Biron, ou La Chapelle-Biron, qui tenaient ce fief d'une alliance avec la maison de Gontaut (voyez l'*Histoire généalogique du P. Anselme*); une branche de la maison de Gontaut retint cependant le nom de Biron, qui fut porté simultanément par les deux familles. La terre du Pin, près d'Uzerche, autre fief des La Chapelle-Biron, appartient aujourd'hui à l'auteur de ces *Souvenirs*.

[2] On appelait maître un soldat de cavalerie. Cette dénomina-

maison était de celles qui protestaient le plus vivement contre le pouvoir absolu que voulait s'arroger la royauté. Sous Henri IV, son père avait été gravement compromis dans ce mouvement militaire organisé en Limousin par le duc de Bouillon, qui n'avorta que parce que le roi lui-même accourut avec des troupes dans cette province [1].

L'antique château de Turenne, déjà connu du lecteur, abandonné au majestueux silence du passé, depuis que le père du possesseur actuel a acquis ailleurs, pour récompense de son dévouement à servir la cause de Henri IV contre la Ligue, des établissements, sinon plus puissants, revêtus du moins de titres plus pompeux, se réveille, à l'arrivée de la princesse, comme dans ses plus beaux jours. Le bruit des fêtes se mêle au cliquetis des armes. Le châtelain déploie, pour recevoir ses hôtes, un faste digne d'un roi. Une table était servie pour la princesse de Condé, une autre pour le jeune prince, son fils, une troisième pour Madame de Tourville, dame d'honneur, et pour les autres dames de la suite; chaque table dans des salles séparées. On portait des santés nombreuses, à deux ou trois

---

tion provenait sans doute de ce que, dans les anciennes armées, fort encombrées relativement à leurs forces numériques, de valets et de bagages, les cavaliers devaient avoir des serviteurs pour le soin de leurs chevaux.

[1] Voyez l'*Histoire générale de France,* par Dupleix.

rasades, quelques-unes dans des gobelets à l'allemande. La santé du prince de Condé était toujours portée la dernière, debout ou à genoux, mais chapeau bas et l'épée nue à la main. Le duc de Bouillon jurait de ne la remettre au fourreau qu'après avoir obtenu la liberté des princes. Jusqu'au dernier soldat, tous participaient, par de larges distributions de vivres et de vin, à la généreuse hospitalité du seigneur.

La nuit, les clartés intérieures qui étincellent à travers les losanges des vitraux, font paraître les hautes tours comme des phares lumineux. Les dames des châteaux de la province sont accourues pour former une cour auprès de la princesse; les gentilshommes s'empressent autour d'elle; on dirait que Chantilly a quitté sa forêt symétrique pour les vallées sauvages du Limousin. La fête se répandant au dehors, les paysans dansaient aussi aux abords du château.

Un courrier interrompt cette joie oublieuse des dangers mêmes, trait distinctif du caractère de nos aïeux. La ville de Brive vient de tomber au pouvoir de la compagnie des gens d'armes du prince Thomas de Savoie[1], avant-garde du corps

---

[1] Le prince Thomas de Savoie, cinquième fils de Charles-Emmanuel, duc de Savoie, surnommé *le Grand*, s'était établi en France depuis son mariage avec Marie de Bourbon, fille de Charles de Bourbon, comte de Soissons.

d'armée du chevalier de La Valette, fils naturel du premier duc d'Épernon, qui a déjà surpris dans Terrasson le marquis de Sillery. A cette nouvelle, le duc de Bouillon fait sonner la cloche du haut beffroi du vieux manoir, et les cloches des églises des quatre cents villages relevant de la vicomté, en moins d'un quart d'heure, s'émouvant de proche en proche, répètent ce tocsin. Par un ordre observé depuis un temps immémorial, à ces sons multipliés, dont le signal était parti du donjon suzerain, les populations couraient aux armes; la manière de sonner indiquait même le lieu du rendez-vous. Lenet, témoin de cet empressement, s'écrie dans ses Mémoires : « Ce n'est pas assurément dans ce pays-là que le proverbe a pris naissance : *C'est l'ordre de M. de Bouillon; quand il parle, personne ne marche.* »

En quelques heures, quinze mille hommes, sous les ordres du vicomte, sont réunis sous les murs de Brive. Il place quarante maîtres en face de chacune des portes, avec des fagots, et somme les magistrats de chasser, sous le délai d'une heure, les troupes royales, s'ils ne veulent risquer de laisser emporter la ville à force ouverte. Les consuls ne savent quel parti prendre, lorsque le peuple, effrayé de l'imminence d'un assaut, menace de se jeter sur la compagnie des gens d'armes si elle ne capitule. Le marquis de Sauvebœuf qui paraîtra moins de deux ans après dans le parti opposé, au nombre des généraux de l'armée royale, accorde que la compagnie sortira de la ville avec armes et bagages; mais le duc de Bouillon ne ratifie pas cette capitulation, et consent seulement, au nom du duc d'Enghien, à ce que les officiers sortiront avec le cheval qu'on leur voudra donner, et que tous les soldats se rendront à discrétion. La plupart de ceux-ci prirent parti dans l'armée des princes, et cent cinquante chevaux furent conduits à Turenne.

Au bout de huit jours de ce mouvement inaccoutumé, après avoir ajouté cette dernière page à ses vieux souvenirs, le château de Turenne retombe dans le sommeil dont il ne s'est plus réveillé.

Il était urgent, pour les chefs du parti, de se rendre à Bordeaux, une grande ville et un parlement étant un centre nécessaire pour le mouvement organisé. Une nuit, celle du 22 mai 1650; le duc de Bouillon fait éveiller la princesse de Condé et le duc d'Enghien par Madame de Tourville, deux heures avant le jour. La princesse entend la messe et descend au bas du château où elle trouve sous les armes les compagnies des gardes du prince de Condé, du duc de Bouillon, du duc de La Rochefoucauld, avec deux carrosses pour elle et pour les dames de sa suite. Avant cinq heures du matin, la princesse arrivait à Cressensac, rendez-vous général, où plus de six mille hommes étaient rangés en bataille. Le duc de Bouillon en tire une escorte de quinze cents chevaux et mille hommes de pied pour s'avancer vers Montfort, château sur les rives de la Dordogne, qui lui appartenait, où le marquis de Lostanges-Sainte-Alvère vint faire sa jonction avec quantité de noblesse du Périgord. La Valette s'étant avancé avec des forces supérieures, aux environs de Bergerac, pour s'opposer à cette marche, fut culbuté, et la princesse, sans rencontrer d'autres obstacles, put arriver à Bordeaux.

Le parlement de cette ville, *dont le plus sage et le plus vieux,* au dire du cardinal de Retz, *jouait, en ce temps-là, gaiement tout son bien en une soirée, sans faire tort à sa réputation,* était plus prudent dans les questions qui intéressaient sa sûreté. L'arrivée de la princesse, et surtout son cortége, lui déplurent; car il était peu disposé à donner les mains à une résistance autre que celle des remontrances et des arrêts. L'émouvant spectacle de la princesse de Condé se présentant à sa barre pour demander justice, et de son jeune fils mettant un genou en terre en disant : « Servez-moi de père, Messieurs, le cardinal Mazarin m'a ôté le mien, » ne l'eussent même pas fait sortir de cette prudente réserve, si les ducs de Bouillon et de La Rochefoucauld ne lui eussent fait appréhender un danger plus grand encore, en soulevant le peuple contre lui. Sous la pression de cette sorte de terreur, le parlement se décida ; mais on doit rappeler à sa louange, qu'il ne voulut point céder sur l'acceptation d'une alliance avec l'Espagne, et rendit un arrêt pour faire sortir de la ville don Joseph Osorio, envoyé de cette puissance.

Les habitants se décident bravement à la résistance contre l'armée royale qui s'avançait avec Mazarin et la reine elle-même. Les faubourgs sont couverts par des fortifications improvisées ; la porte Dijeaux, par laquelle la ville agrandie avait débordé au-delà des anciennes limites de son enceinte fortifiée, voit s'élever à la hâte un bastion de terre, dans lequel le duc de La Rochefoucauld se maintint trois jours avec des prodiges de valeur.

L'époque des vendanges approchait ; la crainte de perdre la récolte, si la paix n'était faite auparavant, vint réfroidir le zèle guerrier de la bourgeoisie. D'un autre côté, le cardinal Mazarin n'était pas sans inquiétudes sur ce que pourraient tramer contre lui à Paris, en son absence, ses nouveaux amis, le coadjuteur et les Frondeurs.

Ces circonstances amenèrent ce résultat, que la paix, également désirée de part et d'autre, fut conclue avec une facilité extrême, sans que d'aucun côté, on eût même voulu prendre le temps nécessaire pour en arrêter les bases d'une manière sérieuse et solide. Les Bordelais, qui détestaient le duc d'Épernon, se contentèrent de sa révocation de la charge de gouverneur de Guienne et de la promesse assez vague de la reine de rendre aux princes leur liberté. La princesse de Condé put retourner à Montrond, et la cour ne songea pas à élever la moindre difficulté pour empêcher les troupes des princes de se rendre à Stenay, où elles continuèrent à former une armée à leur disposition pour recommencer la guerre civile. Les gentilshommes volontaires qui avaient pris part à la lutte, furent autorisés à se retirer dans leurs terres. La cour, après avoir fait à Bordeaux une entrée accompagnée d'un froid accueil, se hâta de retourner à Paris.

Le premier soin de la reine fut d'obtenir du duc d'Orléans, dont elle redoutait, non sans raison, l'attitude vacillante et la faiblesse de caractère, la remise, entre ses mains, des princes, prisonniers à Marcoussy; elle les fit transférer au Hâvre-de-Grâce pour se mieux assurer de leur captivité. La certitude, devenue plus grande en apparence, de la durée de leur emprisonnement, aboutit à un résultat tout contraire.

Le coadjuteur, qui avait perdu sa popularité par son alliance avec la cour et qui ne pouvait obtenir en échange le chapeau de cardinal, faveur que

Mazarin lui avait fait espérer, mais se gardait bien de lui obtenir, retourne ses batteries ; il se prend d'intérêt pour les princes prisonniers. Un accord entre leur parti et les Frondeurs, dont il est le chef, se conclut secrètement sur ces bases : Mademoiselle de Chevreuse[1], qui n'est pas insensible à l'ambition de devenir princesse du sang, épousera le prince de Conti, et le chapeau de cardinal, assuré à ce prince et qu'il abandonne, est promis au coadjuteur.

Ces conventions furent sanctionnées par plusieurs traités particuliers, dont le principal contient l'engagement du mariage ; nous le donnons textuellement[2]. Les signataires sont : le duc d'Orléans, ensuite Anne de Gonzague, princesse Palatine[3], pour les princes, et Marie de Rohan, duchesse de Chevreuse, pour sa fille :

[1] Fille de Claude de Lorraine, duc de Chevreuse, et de Marie de Rohan, veuve, en premières noces, du connétable de Luynes.

[2] Nous reproduisons ce traité sur l'original qui se trouve dans la collection des papiers du prince de Condé, intitulée : *Portefeuille du prince de Condé, Supplément françois*, 3001, à la Bibliothèque impériale. Deux autres traités particuliers se trouvent encore dans cette collection : l'un, contenant un engagement de mariage pour deux enfants, le duc d'Enghien, fils du prince de Condé, avec Mademoiselle d'Alençon, née du second mariage du duc d'Orléans avec Marguerite de Lorraine ; l'autre, stipulant des avantages particuliers en faveur de la duchesse de Montbazon et du marquis de La Boulaye.

[3] Anne de Gonzague, sœur de Marie-Louise de Gonzague, reine de Pologne, avait épousé Édouard, fils du comte palatin

« Messieurs les princes de Condé et de Conty, et Monsieur et Madame de Longueville, recognoissans combien leur union avec son Altesse Royale leur est honorable, et advantageuse au publicq, et que les alliances peuvent beaucoup servir à l'affermir, nous avons convié Anne de Gonzague, princesse Palatine, de faire trouver bon à Son Altesse Royale, que Monsieur le prince de Conty recherchât en mariage Mademoiselle de Chevreuse, qui a l'honneur d'estre de la maison de Madame la duchesse d'Orléans, et honorée particulièrement de la bienveillance de Son Altesse, ce qui ayant esté agréé par Sadite Altesse et receu avec respect par Madame de Chevreuse, Nous, princesse Palatine, promettons, au nom et en vertu du pouvoir que nous avons de Messieurs les princes et de Madame de Longueville, et engageons la foy et l'honneur de Monsieur le prince de Conty, que si tost qu'il sera en liberté, il passera les articles qui seront trouvés raisonnables entre luy et Mademoiselle de Chevreuse, et l'espousera en face de nostre mère saincte Église, et avons déclaré que Monsieur le prince, Monsieur et Madame de Longueville ont aussi trouvé bon que nous enga-

---

Frédéric V, roi de Bohême, d'où lui vint son nom de princesse *Palatine*; très-insinuante, et sachant plaire même au parti contraire, elle fut une des femmes le plus activement mêlées aux intrigues et aux négociations de la Fronde.

geassions leur foy et leur honneur, qu'ils consentiront, agréeront et approuveront ledit mariage, et, pour la validité de cet article, il a été signé par Son Altesse Royale, d'une part, et Madame la princesse Palatine, d'autre, et Madame de Chevreuse y est intervenue, et a esté signé ce double.

« Faict le 30 janvier 1651.

« GASTON.
« ANNE DE GONZAGUE.
« MARIE DE ROHAN. »

Ces conventions une fois arrêtées, le coadjuteur appuie ouvertement auprès du parlement et des Frondeurs une requête de la princesse de Condé pour la mise en liberté des princes, requête basée sur le motif que leur captivité est une violation flagrante des principes de la déclaration du 24 octobre 1648. Le parlement se prononce en faveur de leur liberté, d'abord sous la forme adoucie de très-humbles remontrances à la reine; mais dans une soirée, au Palais-Royal, le cardinal Mazarin, contre ses habitudes de prudence ordinaire, ayant laissé échapper quelques paroles comparant le coadjuteur à Cromwell et le parlement de Paris au parlement d'Angleterre, un arrêt, rendu à une forte majorité, supplie la reine d'éloigner le cardinal Mazarin de ses conseils.

L'importance attachée au propos tenu par le

cardinal Mazarin mérite d'être relevée. D'abord, elle caractérise parfaitement l'esprit qui animait la Fronde, esprit de liberté, mais aussi esprit de monarchie. La France était profondément attachée à ses souverains, elle voulait seulement tempérer le pouvoir absolu qu'ils tendaient à s'arroger ; mais un parti dont le but eût été le renversement de la royauté ou qui en eût été seulement soupçonné, un parti qui eût demandé la tête du monarque et l'établissement d'une république, eût été un parti perdu. Il était donc très-important, pour le parlement de Paris, de repousser toute assimilation de vues avec le parlement d'Angleterre. Cette observation sur l'attachement de la France à la monarchie se complète par ce fait, que, pendant toute la durée de la Fronde, ses chefs sont toujours partis de cette réalité ou de cette fiction, que le jeune roi étant en quelque sorte captif d'un ministre étranger et jeté par lui hors des voies du gouvernement traditionnel, ils voulaient le délivrer de cette influence ; aussi les levées d'impôts et de troupes, tous les actes publics, étaient-ils faits par eux au nom de l'autorité royale. La seconde observation est celle-ci : le rapprochement en toutes choses entre le parlement d'Angleterre et le parlement de Paris, était encore le résultat de ces équivoques de mots qui formaient la base si peu sérieuse des prétentions du parlement, la même dénomination appartenant à ces deux corps si différents, l'un uniquement politique et représentatif de la nation, l'autre corps uniquement judiciaire, recruté par la transmission ou par la vente des charges. Cette confusion avec le parlement anglais, non moins que la confusion avec l'ancien conseil royal de France ou parlement, aidait puissamment la magistrature à faire illusion au public et peut-être à elle-même sur son prétendu mandat politique.

Plus nous croyons nécessaire de faire ressortir tout ce qu'il y avait d'anormal dans l'usurpation politique du parlement de Paris, plus la vérité nous impose le devoir de dire qu'il n'y a jamais eu, dans le monde, au point de vue judiciaire, de magistrature plus digne, plus intègre, plus respectée. La transmission des charges par succession ou par vente, consacrée par l'impôt de la Paulette et qu'un mot à acception trop étendue désigne sous le nom de vénalité des charges, ne portait nulle atteinte à l'honorabilité incontestée de ce corps, car il ne suffisait pas à un prétendant de posséder l'argent nécessaire pour acheter une charge, il fallait encore qu'il possédât les conditions de probité, d'aptitude, de situation sociale dignes de le faire agréer. Il en résultait que les charges ne pouvaient être exercées que par des hommes, la plupart fort riches, mais tous au moins fort au-dessus du besoin. Les magistrats, dégagés des préoccupations pénibles des nécessités de la vie, ne faisant nulle recherche des faveurs du pouvoir pour avancer dans leur carrière, avaient une indépendance qui relevait leur dignité. Malgré ces avantages, la vénalité des charges pouvait avoir ses inconvénients; mais les gouvernements démocratiques modernes sont tombés dans un excès contraire certainement plus funeste, non-seulement pour la magistrature, mais pour les fonctions publiques de toute nature qui dépassent le niveau du simple employé. Comme une fortune suffisante n'est pas une des conditions demandées pour les obtenir, il faut que les appointements soient assez élevés pour procurer au fonctionnaire le moyen de tenir son rang, d'élever sa famille dans une situation analogue, et de faire même des économies pour l'avenir. Un tel fardeau ne passe-t-il pas les devoirs et les obligations de l'État? Il est la source des budgets écrasants et des déficits qui nécessitent de ruineux emprunts, et malgré ces lourdes charges, des plaintes incessantes se produisent sur l'insuffisance des traitements. Le peuple, proprement dit, qui ne parvient jamais directement à ces fonctions, devient la victime par les impôts qu'il paye sous toutes les formes d'un système qui ne profite qu'à la petite bourgeoisie insuffisamment douée par la fortune. Ne serait-il pas infiniment plus démocratique, en conservant le principe de l'admissibilité de tous aux fonctions publiques, sauf les conditions de capacité ou d'aptitude, de faire, excepté pour l'armée et pour quelques carrières spéciales, d'une fortune suffisante, une des conditions d'aptitude? Ce système serait infiniment plus démocratique, puisqu'il n'établirait aucun privilége de naissance, la fortune étant accessible à tous, et qu'il profiterait à la masse entière par l'allégement des impôts. Ceux qui ont besoin d'acquérir la fortune, au lieu de la chercher dans les fonctions de l'État qui ne sont pas faites pour la procurer, la chercheraient d'une manière bien autrement avantageuse pour le pays ou pour eux-mêmes, dans l'agriculture, dans le commerce, dans l'industrie, dans les arts; plus tard, quand ils auraient obtenu cette fortune par des voies honnêtes, eux-mêmes, ou leurs enfants, pourraient arriver aux fonctions publiques. L'État, parmi les hommes doués de la fortune à divers degrés et trop souvent inoccupés, trouverait avec de moindres émoluments, et souvent gratuitement, une pépinière de fonctionnaires égaux aux premiers pour la capacité, celle-ci restant toujours la condition première, et supérieurs par l'éducation, par l'indépendance, par la dignité de la vie. De tels choix contribueraient à augmenter pour l'autorité le relief si essentiel de la considération. Bien entendu, nous ne voulons porter en rien atteinte au respect dont est digne la pauvreté noblement portée. Ce système de places peu rétribuées calmerait cette soif de fonctions publiques qui fait du peuple français un peuple de solliciteurs, et devient une des causes les plus dangereuses des révolutions modernes; à de certains moments, la foule se précipite comme pour une curée. Comme les capacités hors ligne se sont fait jour dans tous les temps; même sans la fortune, elles trouveraient encore à se produire sous ce régime nouveau; quelques exceptions ne nuisent pas aux règles; on écarterait seulement les médiocrités besoigneuses : où serait le mal?

Après cette digression, revenons au parlement de Paris, investi de pouvoirs politiques. Les concessions qui lui avaient été faites par la royauté, l'appui de la bourgeoisie et du peuple, l'alliance de la noblesse depuis l'emprisonnement des princes, avaient rendu ce corps de magistrature omnipotent. La reine, se sentant réduite à l'impuissance en présence d'une coalition si formidable, se résigne à céder; elle consent au départ du cardinal Mazarin et à la délivrance des princes. Anne d'Autriche et son ministre remettent leur réunion nouvelle à de plus favorables conjonctures. Mazarin s'éloigne à regret; mais, afin de se ménager des retours de fortune, il passe par le Hâvre, pour ouvrir lui-même aux princes les portes de leur prison. Il se présente devant le prince de Condé, avec bassesse, et en est reçu avec une hauteur insultante. Ils se séparent : le même jour, les princes prennent la route de Paris, et le cardinal le chemin de l'exil. Cet exil vient même de cesser d'avoir le mérite d'être en quelque sorte volontaire; car le parlement, enhardi par le départ du cardinal, a rendu contre lui un arrêt d'expulsion hors de France.

Lorsque la nouvelle de l'arrivée des princes s'est répandue dans Paris, le duc d'Orléans, lieutenant-général du royaume, accourut à leur rencontre jusqu'à Saint-Denis, avec le duc de Beaufort et le coadjuteur; les amis du jour ont oublié leurs dissentiments de la veille. Le prince de Condé devenait le maître véritable de la situation : la reine était humiliée; Mazarin sorti du royaume; les Frondeurs, naguère ses ennemis, s'étaient faits ses plus zélés défenseurs. Le renversement définitif du pouvoir absolu, l'établissement d'un pouvoir monarchique, dans lequel les éléments divers de la nation auraient eu leur représentation périodique et régulière, étaient un programme indiqué par la situation et préparé par les événements. La Fronde, ce creuset en ébullition, où tant d'ambitions en jeu avaient jusqu'alors tenu en suspens le métal, semblait d'elle-même se séparer des scories, pour laisser au fond l'or pur d'une constitution, telle que n'a pu devenir aucune de celles sorties de nos modernes révolutions, et qui eût donné satisfaction à cet esprit français avide à la fois d'ordre, de liberté, de distinctions, d'égalité. La constitution impériale actuelle est mise à part de cette observation; la perfectibilité successive qu'elle admet, devant ouvrir aux améliorations la porte que les révolutions brisent quand elles la trouvent fermée.

L'ordre eût été assuré par la continuation du principe héréditaire de la plus durable et de la plus glorieuse race de souverains qui ait paru dans le monde; la liberté garantie par les assemblées représentatives votant les impôts et les lois; les distinctions conservées, mais sur d'autres bases que la féodalité, institution surannée et qui dès lors existait à peine, par le maintien de cette noblesse à laquelle la France est redevable, pour la plus grande part, de cette réputation de politesse, de générosité, de valeur qui fait sa renommée dans l'univers. Cette noblesse rendue plus accessible au mérite qui s'élève, en l'admettant dans ses rangs, eût conservé son ancienne et incontestable popularité; enfin l'égalité eût trouvé sa seule satisfaction raisonnable, en vertu de la nécessité sociale de la distinction des classes qui se maintient même dans les démocraties, par l'égalité des charges publiques, par l'égalité devant la loi pénale, par l'admissibilité de tous aux emplois, par le concours légal des divers ordres et avec une semblable autorité à l'élection de leurs chambres respectives pour la représentation nationale.

Le prince de Condé montra dans cette conjoncture, d'une manière plus irrécusable encore que dans aucune autre, que le grand homme d'épée était un nain politique. L'idéal du gouvernement était à ses yeux le pouvoir absolu exercé par un seul; son unique aspiration était de devenir premier ministre, roi peut-être, et il ne sut devenir ni l'un ni l'autre. Le cardinal de Retz nous a conservé l'opinion de ce prince sur les états généraux : « M. le Prince m'avoit dit vingt fois avant sa prison, qu'un roi ni des princes du sang n'en devoient jamais souffrir. » Ce prince n'avait cependant qu'une mission rationnelle à remplir : se placer à la tête des états généraux pour établir une monarchie représentative régulière. Loin de là, il repoussait cette mission pour fomenter une agitation stérile pour lui-même et pour sa patrie. Satisfait par la seule vanité de son triomphe du moment, sans système, sans prévoyance du lendemain, il laissa glisser dans ses mains la puissance pour le bien que la Providence venait d'y placer.

Les divers éléments de la Fronde triomphante se trouvant ainsi en présence sans un chimiste politique qui sût les combiner, donnèrent, par leurs antipathies, le spectacle de la destruction de l'œuvre si péniblement conduite depuis trois années. Combien eussent été différents les résultats de cette réaction contre un pouvoir despotique anormal, s'il se fût trouvé un homme d'Etat sachant en grouper les éléments divergents pour les faire concourir à un but commun!

La magistrature, la première, faillit à la régénération commencée. Sa jalousie contre l'ordre de la noblesse fut le motif de sa défection.

La noblesse s'était formée en assemblée régulière : huit cents princes, ducs, gentilshommes, chefs de famille, envoyés en députation de toutes les provinces, se réunissaient au couvent des Cordeliers. Les séances avaient lieu trois fois par semaine, et se passaient avec un ordre, un calme, une régularité, qui faisaient contraste avec le tumulte des séances du parlement. Deux présidents, renouvelés tous les quinze jours, préparaient les matières des discussions et les dirigeaient; deux secrétaires, le marquis de Choulot et d'Annery, rédigeaient les procès-verbaux. La réforme des abus introduits dans le gouvernement et la convocation des états généraux, pour arriver à cette réforme, étaient le but que se proposait l'assemblée.

Le parlement, qui n'admettait plus d'autre tempérament au pouvoir monarchique que sa propre autorité; qui ne trouvait rien de préférable à la déclaration du 28 octobre, renfermant toute la satisfaction que réclamaient l'amour-propre et l'ambition de ses membres, s'alarma de l'assemblée de la noblesse et menaça de rendre contre elle un arrêt.

Le clergé, alors réuni à Paris pour une des assemblées périodiques de son ordre, au couvent des Grands-Augustins, se rangea du côté de la noblesse, pour demander la convocation des états généraux. L'évêque de Comminges s'éleva contre les magistrats « qui avaient renversé l'ancienne constitution du royaume, d'après laquelle la France était un corps composé de trois membres : l'ecclésiastique, la noblesse et le tiers état; un quatrième membre ne pouvait se joindre à ce corps parfait sans qu'il en résultât un monstre horrible. »

Si le tiers-état n'avait pas en quelque sorte abdiqué, par l'habitude qu'il s'était faite de voir dans le parlement une représentation de ses intérêts, tandis que cette représentation ne pouvait résider en réalité qu'en la personne de députés élus, et non dans celle de magistrats qui avaient acheté leurs charges, et dont la mission n'était que judiciaire, il eût réclamé avec instance la convocation des états généraux. Cette confusion dans les idées que la monarchie avait créée, en acceptant, en provoquant même le contrôle du parlement, porta ses fruits pour le triomphe momentané des prétentions de celui-ci, et, en définitive, pour le maintien du pouvoir absolu.

La noblesse, outrée des menaces du parlement et trouvant superflus des discours sans effet, voulut enfin donner à ses résolutions une sanction vigoureuse, et arrêta : « de se transporter au parlement pour le châtier de son insolence, et jeter dans la rivière le premier président Molé et M. de Champlatreux, son fils. »

La situation devenait critique ; le prince de Condé, toujours si disposé à se mettre en avant, proteste cette fois de sa neutralité et se retranche derrière les pouvoirs du duc d'Orléans. Celui-ci, dans la conjoncture, penchait du côté de la reine, qui ne connaissait que les maximes espagnoles de l'absolutisme ; il déclare qu'il marchera avec des troupes contre l'assemblée de la noblesse, si elle ne se dissout. La noblesse qui, par tradition hiérarchique, ne prenait les armes qu'avec ses chefs naturels, les grands feudataires, que les princes du sang royal avaient remplacés dans les nouvelles habitudes, et privée de l'appui de ceux-ci, crut devoir se soumettre, mais sans dissimuler son indignation. Elle obtint cependant, avant de se séparer, une déclaration royale portant convocation des états généraux pour le 8 septembre suivant, date astucieusement choisie par ses adversaires, pour que le roi, majeur la veille, ne fût pas lié par la promesse donnée en son nom. Toutefois, en prévision de ce piége tendu à sa bonne foi, l'assemblée exigea et obtint de la reine une déclaration complémentaire qui autorisait la noblesse à se réunir à l'époque fixée, quelque ordre contraire qui pût alors être donné.

Le fait suivant prouve à quel point la magistrature voulait s'opposer à toute tentative de réunion des états généraux pour mieux maintenir son pouvoir usurpé, et de quel aveuglement était atteinte la bourgeoisie abdiquant volontairement en faveur du parlement. La noblesse du bailliage de Chartres s'était réunie le 17 août, sous la présidence du marquis de Maintenon, grand bailli, pour l'élection des députés à envoyer aux états promis pour le 8 septembre, lorsque les lieutenants civils et criminels, dont la prétention de siéger dans l'assemblée avait été justement repoussée, s'introduisirent de vive force dans la salle, accompagnés de bourgeois armés d'arquebuses. Ceux-ci tirèrent sur les gentilshommes qui n'avaient que leurs épées; ils en tuèrent plusieurs. Vainement une députation, dont Brisée, seigneur de Denonville, fut l'orateur, obtint de la reine que les magistrats coupables seraient appelés pour rendre compte de leur conduite; l'appui du parlement, l'antipathie de la cour pour les états généraux et la continuation des troubles laissèrent cet attentat impuni.

Le parlement obtint aussi un succès contre le clergé en obligeant la reine à signer une déclaration interdisant l'entrée du conseil aux étrangers et même aux cardinaux français, lesquels, soumis à un serment particulier d'obéissance au Saint-Siége, pouvaient être amenés à méconnaître leurs devoirs de citoyens; manière indirecte de rendre, en même temps, impossible la rentrée au ministère du cardinal Mazarin. Cette déclaration avait soulevé de vives oppositions. Le clergé dont l'assemblée périodique durait encore, protesta contre un acte qu'il considérait comme une atteinte d'autant plus considérable portée à ses droits, qu'il formait l'un des trois corps politiques de l'État. L'exclusion prononcée ne plaisait pas davantage à certains ennemis déclarés du cardinal Mazarin, tels que le coadjuteur et Châteauneuf[1],

[1] Charles de l'Aubespine, marquis de Châteauneuf, créature

garde des sceaux. Le coadjuteur ambitionnait le cardinalat et le ministère ; Châteauneuf, en possession du ministère, et bien que laïque, ambitionnait le cardinalat. Pour le plus grand dommage de la religion, depuis Richelieu, la pourpre, qui sied mieux à un saint évêque qu'à un politique ambitieux, était considérée en quelque sorte comme le costume obligé d'un premier ministre. Le respect religieux que ce costume était fait pour inspirer et que, cependant, les ministres qui le portaient s'inquiétaient peu de compromettre, était envisagé, par la politique royale, comme un moyen puissant pour faire mieux accepter le pouvoir absolu.

En réalité, c'était la reine qui allait triompher par le fait de ces divisions favorables au rétablissement de son autorité sans contrôle. Elle revint à cet espoir toujours caressé, quoique toujours différé, de se défaire à la fois de ses alliés les Frondeurs et du prince de Condé. Elle fit entrer au ministère, sans consulter le duc d'Orléans qui manifesta son mécontentement sans être écouté, des hommes favorables au cardinal Mazarin, et

---

du cardinal de Richelieu, connu par ses intrigues et sa galanterie. Il passa sa vie, soit en prison, soit à entrer au ministère ou à en sortir. Juge dans les commissions devant lesquelles furent traduits le maréchal de Marillac et le duc de Montmorency, dans les deux procès il avait opiné pour la mort.

poussant loin l'adresse, afin de donner le change au prince de Condé sur ses intentions, l'un de ceux qu'elle appela, mais un seul, Chavigny[1], était dévoué au prince. Les sceaux furent retirés à Châteauneuf; sa jalousie contre le cardinal Mazarin, dont il redoutait le retour, était particulièrement antipathique à la reine; Molé les reçut à sa place en gardant le poste de premier président; Séguier fut nommé chancelier. A l'époque de l'alliance éphémère entre le cardinal Mazarin et les Frondeurs, résultat de la captivité des princes, Séguier avait dû sortir du ministère pour faire place à Châteauneuf, dont le choix était agréable aux frondeurs; il était naturel qu'il y rentrât lorsque Châteauneuf en était expulsé[2].

Le cardinal Mazarin s'était retiré à Brouel, château et petite ville sur les bords du Rhin, à une lieue de Cologne, où l'électeur lui avait offert un asile. Quoique éloigné, il veillait de près aux événements. Il dirigeait la reine de ses conseils par sa correspondance et ses émissaires; et sachant combien cette princesse était impatiente de son retour, il s'appliquait à modérer son ar-

[1] Charles-Léon Bouthillier de Chavigny; il avait déjà fait partie du conseil, ayant succédé à son père comme ministre des affaires étrangères, mais il avait été disgrâcié en 1643.
[2] Pierre Séguier, lorsque sa charge de chancelier lui avait été retirée, en 1650, avait reçu, comme compensation, le titre de duc de Villemor.

deur plutôt qu'à l'exciter, mettant en avant son abnégation et son dévouement à la chose publique, et se disant prêt à se résigner à un exil plus lointain encore. Il voulait, en réalité, ne point s'exposer à revenir à l'aventure; mais seulement lorsqu'il se sentirait assez fort pour triompher de ses ennemis.

La lettre suivante, écrite à M. de Lyonne, ministre secrétaire d'État, renferme l'expression curieuse de sa politique.

Lettre du cardinal Mazarin à M. de Lyonne.

« Le 4 juillet 1651.

« Quoy que dans mes deux dernières despesches, je vous ay mandé mes sentiments et à quel point j'estime nécessaire l'union de la maison Royalle et toutes les diligences et facilités du costé de la Reyne pour cet effect, néantmoins ayant ouvert encore plus particulièrement mon cœur au Sr Ondedei, je vous prie de lui donner entière croyance à ce qu'il vous dira de ma part sur ce subject et sur ma pensée de m'esloigner d'icy vers le lieu que vous m'avez escrit avec dessein d'aller encore plus long. Il vous dira que ma plus grande passion est de pouvoir contribuer à ladite union avec le sacrifice de ma personne et de tous mes interests et voiez que cela vient du cœur, et qui ne pouvant servir présentement en rien sera beaucoup de gloire pour moy de le faire par le moyen que je viens de dire. Il a ordre de voir la Reyne et luy dire la mesme chose, luy ayant pour cet effect donné une lettre de croyance pour Sa Majesté. Il y a trois ou quatre mois que le Sr Ondedei[1] me fait instance d'aller à Rome, et luy en ayant donné la permission, il prend le chemin de Paris pour ajuster l'intérest de son abbaye, et pour voir si avec votre assistance il pourra mestre en bon estat l'affaire que vous savez, et pour laquelle vous m'avez escrit que prétendiez travailler avec M. Brisannet avec l'espérance de la terminer bien tost.

« Je vous prie et tous mes amis de ne vous mettre plus en peine de moy, car j'ay résolu la retraite sans que rien m'en puisse destourner et en lieu que les jalousies, les vacarmes et les appréhensions cesseront. Hannibal voyant qu'il faisoit peine partout aux Romains, se résolut à la mort et prenant le poison, finit disant : *Liberemus hac cura Populum Romanum;* et moy je me contente de délivrer ceux qui me veullent du mal à Paris et à qui je cause de l'inquiétude, en me retirant bien long avec dessin de servir toujours la France comme je dois et mes persécuteurs mesme.

« Le cardinal Mazarin. »

[1] Ondedei était un Italien, créature du cardinal Mazarin, que celui-ci fit plus tard évêque de Fréjus.

Cette lettre est accompagnée de cette déclaration :

« De Brouel, 4 juillet 1651.

« Je soubsigné déclare par ce présent escrit qu'ayant donné pouvoir à l'abbé Ondedei de traicter de quelques interests qui me regardent avec diverses personnes, je tiendray et exécuteray ponctuellement tout ce qui m'engagera à l'esgard de qui que ce puisse estre, sans y apporter le moindre délay ou changement.

« Le cardinal MAZARIN. »

Arrêtons-nous sur cette lettre curieuse à plus d'un point de vue, sans compter le mérite que nous lui croyons d'être restée inédite jusqu'à ce jour[1]. Le style, la comparaison avec Annibal dé-

---

[1] Nous avons trouvé cette lettre parmi les papiers de Lenet, t. V, conservés à la Bibliothèque impériale. Les motifs qui nous font penser qu'elle est restée inédite jusqu'à ce jour, sont qu'elle n'est pas comprise dans les anciennes éditions des *Mémoires de Lenet*, non plus que dans l'édition de la collection Petitot et Montmerqué, et qu'elle ne fait pas partie de l'édition plus récente de la collection Michaud, dans laquelle une troisième partie est consacrée aux pièces originales réunies par Lenet comme matériaux qu'il destinait à la continuation de ses Mémoires. Enfin, cette lettre ne fait pas partie de la collection des lettres du cardinal Mazarin, publiée par M. Ravenel, pour la *Société de l'Histoire de France*, où sa présence eût été cependant d'autant plus précieuse, que la lettre comprise sous le numéro 19, du cardinal Mazarin à la reine, datée du 6 juillet 1651, renvoie précisément la reine à ce que le cardinal a écrit à Lyonne dans notre dépêche du 4 juillet.

notent les prétentions littéraires connues du cardinal pour son talent épistolaire; comme pensées, on y voit l'expression des meilleurs sentiments : les plus sages conseils d'abord pour l'union de la famille royale; ensuite, en ce qui le concerne, l'abnégation et le sacrifice de l'intérêt personnel au bien public poussés jusqu'à la résolution de s'éloigner pour toujours, enfin le sentiment si chrétien de désirer de faire du bien à ses ennemis eux-mêmes, sentiment porté même au-delà de la limite du pardon des injures.

Cette lettre est évidemment un portrait de la physionomie morale du cardinal, peint de sa main, pour être exposé aux regards dans une galerie; mais le peintre s'est trahi, et les traits involontaires tracés par son pinceau ne l'ont fait que plus ressemblant. On voit dans ce portrait ces dehors affectueux, séduisants, qui étaient l'enveloppe ordinaire du ministre; et sous l'amas des couleurs, le trait du dessin fait découvrir sans peine l'égoïsme qui se prêtera, à la première occasion, à toutes les ambitieuses combinaisons.

Pourquoi ce portrait fardé dans une lettre dont le caractère était intime? A cette question la réponse est facile :

Cette lettre pouvait tomber en la possession de personnes hostiles; c'est précisément parmi les papiers de Lenet qu'elle se trouve en société ennemie. A voir les précautions que prenait le cardinal Mazarin pour que sa correspondance ne fût pas interceptée, à remarquer dans ses lettres le soin avec lequel il indique le départ et le mode d'envoi de celles qui ont précédé, on s'aperçoit qu'il veut tenir ses correspondants en éveil sur les lettres qui auraient manqué. Celle-ci aurait-elle été du nombre des lettres qui ne seraient pas parvenues à destination; aurait-elle été dérobée au courrier de l'ordinaire qui en était porteur, par force ou par adresse? On pourrait le croire, puisqu'elle est en quelque sorte, même encore aujourd'hui, prisonnière de guerre dans le camp de Condé. Le cas était prévu, et les sentiments exprimés sont de nature à calmer les inquiétudes de ses ennemis, presque même de nature à les désarmer. On serait même autorisé à former, avec quelque vraisemblance, une troisième conjecture : le courrier aurait laissé cette lettre s'égarer à dessein, pour obéir à quelque secrète instruction. Il est à remarquer, ce qui pourrait confirmer cette conjecture, qu'elle ne contient aucun mot en chiffres, contre l'habitude du cardinal dans sa correspondance. Cette lettre enfin, dans l'hypothèse qui semblerait cependant la plus probable, où elle aurait été simplement écrite pour son destinataire, avait également besoin de ces mêmes dehors empruntés ; le cardinal Mazarin soupçonnait Lyonne de le trahir.

Un rapprochement intéressant qui nous apporte la preuve de ce soupçon du cardinal, se trouve dans ce passage de sa lettre à la reine, écrite deux jours plus tard, le 6 juillet 1651[1] :

« Je commencerai cette seconde lettre en vous priant de bien considérer ce que j'ai écrit dans ma dépêche du 4, au Correspondant[2], par l'ordinaire, et ce que je lui mande par ce porteur. Si vous avez pris la peine d'en faire de même des précédentes, vous y aurez trouvé tout ce qu'il y avoit à faire, quelque chose qui fut arrivée; mais je crains qu'on ne retranche les choses que le Correspondant ne voudra pas que vous sachiez. C'est un grand malheur pour moi d'être contraint à me servir d'un canal qui empoisonne tout ce qu'on y met dedans[3]. »

Suivent de longues récriminations contre le secrétaire d'État qu'il accuse, entre autres choses,

---

[1] Cette lettre porte le n° XIX des lettres du cardinal Mazarin, publiées par M. Ravenel. Voyez la note précédente.

[2] Dans ces lettres, des noms de convention ou des chiffres indiquent les personnes ; le mot de Correspondant désigne Lyonne, d'après la clef donnée par M. Ravenel. Le même personnage est aussi désigné, dans cette lettre, par le chiffre 68.

[3] Le soupçon de trahison contre Hugues de Lyonne ne peut être plus vivement formulé.

d'avoir fabriqué une fausse lettre signée de lui cardinal, pour perdre Le Tellier.

C'est ce même Hugues de Lyonne accusé par cette lettre, qui racontait malicieusement que le cardinal de Richelieu, la première fois qu'il présenta le cardinal Mazarin à la reine, lui dit : « Madame, vous l'aimerez bien, il a l'air de Buckingham. » On sait que Richelieu, soutenu par Louis XIII, avait pris vis-à-vis de la reine Anne d'Autriche une attitude et un ton qui peuvent ne pas rendre invraisemblable ce hardi propos.

Les conseils du cardinal Mazarin à la reine, dans ces diverses correspondances, roulaient sur toutes les affaires du moment, et, en particulier, sur les projets dont il s'efforçait de la détourner de tout son pouvoir : de rétablir le prince de Condé dans ses charges et gouvernements, en ajoutant même au gouvernement de Bourgogne le gouvernement de la Guyenne; de donner le gouvernement de Provence au prince de Conti; celui d'Auvergne au duc de Nemours; la place de Blaye au duc de La Rochefoucauld; en outre, tous les régiments portant les noms des princes de la maison de Condé devaient être remis sur pied; enfin, des sommes considérables allouées au prince pour ses pensions et pour l'entretien de ses troupes. A ces conditions, le prince de Condé, donnant la preuve manifeste qu'il n'avait jamais poursuivi d'autre but que la satisfaction d'une ambition étroite et personnelle, promettait de donner les mains au retour du cardinal Mazarin.

Toutes ces concessions étaient dictées par l'impatience qu'éprouvait la reine du retour de son ministre favori ; impatience attribuée, suivant les appréciations, à des motifs bien différents : pour les uns, par une paresse naturelle, la reine voulait simplement se décharger du soin pénible des affaires, sur un ministre de confiance ; pour les autres, cette princesse, au lieu de céder au désir du repos, avait au contraire l'intention de relever par une volonté inflexible, son autorité méconnue; en outre, elle voyait dans Mazarin le seul homme d'État capable de continuer l'œuvre de Richelieu si chère à la politique royale. D'autres appréciateurs moins bienveillants ont cru pouvoir attribuer ce désir extrême du retour du ministre à des sentiments d'une nature plus tendre que la raison d'État; et parmi ceux-ci, quelques-uns, pour justifier des apparences un peu compromettantes, ont prétendu qu'il existait un mariage secret entre la reine et le cardinal; rappelons que celui-ci ne fut jamais revêtu du caractère sacerdotal.

Le ton général de la correspondance dont nous détachons encore quelques passages, peut justifier l'une ou l'autre des deux dernières opinions; faisons observer toutefois, car l'impartialité est le premier devoir de l'historien, que le style de cette époque était empreint généralement d'une exagération qui laisse la valeur réelle des mots au-dessous de leur signification apparente :

« De Broëlh, le 11 mai 1651.

« Mon Dieu! que je serois heureux et vous satisfaite si vous pouviez voir mon cœur et si je pouvois vous écrire ce qu'il en est, et seulement la moitié des choses que je me suis proposé. Vous n'auriez grand'peine, en ce cas, à tomber d'accord que jamais il n'y a eu une amitié approchante à celle que j'ai pour vous. Je vous avoue que je ne me fusse pu imaginer qu'elle allât jusqu'à m'ôter toute sorte de contentement lorsque j'emploie le temps à autre chose qu'à songer à vous; mais cela est à un tel point, qu'il me seroit impossible d'agir en quoi que ce pût être, si je ne croyois d'en devoir user ainsi pour votre service.

« Je voudrois aussi vous pouvoir exprimer la haine que j'ai contre ces indiscrets, qui travaillent sans relache pour faire que vous m'oubliez, et empêcher que nous ne nous voyons plus. En un mot, elle est proportionnée à l'affection que j'ai pour vous. Ils se trompent bien s'ils espèrent de voir en nous les effets de l'absence : et si cet Espagnol (la reine) disoit que les montagnes de Guadarrama avoient grand tort de se mettre au milieu de deux bons amis,... etc. »

Les réponses de la reine étaient tout à fait de nature à calmer les inquiétudes du cardinal Mazarin ; cet autre passage d'une lettre du cardinal à la reine, en date du 15 juin 1651, en est la preuve :

« Il y a des endroits, dans votre lettre, si obligeants que rien plus ; car l'on voit bien que c'est le cœur qui parle. Le mien sera toujours à vous sans aucune réserve, et désormais j'estime superflu de vous rien dire là-dessus, etc. »

Le cardinal enfreignit plus d'une fois sa résolution de ne plus parler des sentiments de son cœur ; dans une autre lettre à la reine, datée de Hay, le 24 octobre 1651, ces passages échappent à sa plume :

« Le confident (Bartet) de 34 (la princesse Palatine) a fort bien reconnu la passion de 26 (Mazarin) pour la personne que vous savez ; mais, en étant plus informé que qui que ce soit, je vous puis dire qu'elle est incompréhensible, et je sais de bon lieu que H (Mazarin) se meurt pour Zabaot (la reine), ne pouvant être autre chose que. Si 26 (Mazarin) avoit le moyen de vous envoyer son cœur, il y verroit des choses qu'il est impossible d'imaginer, etc. »

Dans une autre lettre, celle qui peut appuyer

l'opinion d'un mariage secret, le cardinal dit que
« Zabaot (la reine), et Conorit (Mazarin), sont
unis ensemble par un lien que rien ne peut
rompre[1]. »

Ces documents n'ont pas seulement l'intérêt
d'une curiosité frivole, ils appartiennent à l'étude
des mœurs de l'époque et à l'histoire sérieuse sur
laquelle la lumière se fait plus vive par le soin
apporté de nos jours à la recherche des documents originaux; car si, par un motif ou par un
autre, la reine, loin de souhaiter avec ardeur le
retour de son ministre, fût restée indifférente à
son éloignement, comme Mazarin était le seul
politique du moment capable de reprendre la
politique de Richelieu, il paraît indubitable que
la Fronde eût abouti aux conséquences logiques
des idées et des besoins qui l'avaient provoquée.
Si l'histoire n'eût pas eu probablement à tracer les
brillantes pages du règne de Louis XIV, éclat que
rendait plus facile à obtenir cette force de concentration qui résumait l'État dans un seul homme, elle n'eût pas eu non plus à voiler les défaillances de son règne et surtout du règne suivant,
où l'absolutisme ne respectait rien, parce qu'il
prétendait que ses débordements mêmes devaient
être respectés; et l'arrière-petit-fils de ces mo-

[1] Lettres publiées par M. Ravenel pour la *Société de l'Histoire de France.*

narques n'eût pas été la victime innocente d'une horrible expiation.

Quel que fût le désir de la reine d'aplanir les voies pour le retour du cardinal Mazarin, celui-ci eut la prudence de se refuser à son rappel aux conditions proposées, acceptées cependant par la reine sans nulle hésitation. Il ne voulait revenir que sur un terrain solide, et ce terrain eût été miné à l'avance sous ses pas par des avantages qui grandissaient contre lui la puissance de son rival. Il dissuada la reine de souscrire à des arrangements après lesquels, lui fit-il savoir, il ne restait plus qu'à conduire Monsieur le Prince à Reims pour lui poser la couronne sur la tête. Il lui donna le conseil de ne rien conclure d'important, mais de leurrer le prince de Condé par des espérances qui le rendissent suspect aux Frondeurs. En conformité de ces avis, le prince obtint seulement l'échange du gouvernement de Bourgogne pour celui de Guyenne, à la place du duc d'Épernon; pour le surplus, la reine fit miroiter des espérances. A l'aide de ce mirage trompeur, elle obtint la rupture du mariage arrêté entre le prince de Conti et Mademoiselle de Chevreuse. Ce mariage avait, il est vrai, pour ce prince plus d'un côté fâcheux : Mademoiselle de Chevreuse, élevée à l'école de sa mère, ne passait pas pour avoir dégénéré. Si ces considérations eussent été la cause réelle de la rupture, elles eussent cependant été assez légitimes pour la justifier; mais elles n'en furent que le prétexte. La reine, et son secret conseiller le cardinal, n'avaient d'autre but que de brouiller les princes avec la Fronde parlementaire; le prince de Condé n'en poursuivait nul autre que celui d'obtenir de la cour des avantages personnels et d'empêcher un mariage de son frère, quel qu'il pût être, afin de le ramener au cardinalat. Le prince de Conti était sérieusement captivé; chaque soir, il allait souper à l'hôtel de Chevreuse pour faire sa cour avec plus d'assiduité. Dans la crainte que des difficultés ne rompissent son mariage, il avait recommandé au président Viole, chargé de dresser les articles du contrat, de céder sur tous les points qui pourraient être contestés. Le prince de Condé entreprit d'éteindre cette flamme par l'emploi d'un irrésistible moyen. Quelques plaisanteries mordantes, telles que ce prince savait les faire, sur Mademoiselle de Chevreuse et sur ses liaisons avec le coadjuteur, avec Noirmoustier[1], avec Caumartin[2], dégoûtèrent sans peine le prince de Conti de l'alliance projetée. Cette rupture, au point de vue politique, était d'une gravité extrême : elle était

[1] Louis de La Trémoille, marquis de Noirmoustier.
[2] Louis-François Le Fèvre de Caumartin, confident du coadjuteur. Il devint intendant de Champagne et conseiller d'État.

un manque de parole aux plus solennels engagements, la promesse de ce mariage ayant été la condition de l'alliance parlementaire qui avait valu aux princes leur liberté. Le coadjuteur, qui avait ainsi ménagé le rapprochement des princes, de la noblesse et du parlement, qui acquittait envers Mademoiselle de Chevreuse sa dette de reconnaissance pour son [amitié, en lui procurant un si haut parti, voyait toutes ses combinaisons renversées et se trouvait pris pour dupe. Ce coup habile de la politique royale rompit en même temps le mariage de raison qui s'était fait entre la Fronde des princes et de la noblesse, et la Fronde des parlements et de la bourgeoisie.

La complication des intrigues les plus bizarres sortit de cet événement. Le coadjuteur et Madame de Chevreuse, laissant de côté leurs visées frondeuses, se résolurent à un rapprochement à tout prix avec la cour, afin de tirer vengeance de la perfidie dont ils accusaient le prince de Condé. La reine et le cardinal Mazarin prêtèrent volontiers l'oreille à un concert d'efforts dont le résultat devait être la perte d'un prince qui avait causé à leur politique de si périlleux naufrages. Cette entente, pour réussir, devant être couverte du plus profond mystère, le coadjuteur commença par déclarer que, fatigué des agitations mondaines, il voulait se renfermer désormais dans les devoirs de son ministère. On ne le vit plus sortir de l'archevêché. Cette retraite simulée est effrontément appelée par lui-même *un pas de ballet.* Quand la nuit a étendu ses sombres voiles sur les rues désertes de la cité, un galant cavalier sort de l'archevêché pour se rendre au Palais-Royal, où la reine l'attend. Ce cavalier, mis avec recherche, est le coadjuteur lui-même, qui veut tenter s'il ne pourrait pas, dans ces conférences politiques auxquelles il est convié, obtenir quelque ascendant sur la reine par des voies semblables à celles qui ont fait la faveur du cardinal Mazarin, en cherchant à lui plaire. La reine communique au coadjuteur une lettre du ministre exilé, et que Retz, dans un élan un peu naïf pour un homme aussi roué, qualifie d'admirable. Dans cette lettre bien connue, rédigée dans l'esprit d'abnégation personnelle de la lettre du 4 juillet, à Hugues de Lyonne, il disait à la reine que plutôt que de la voir céder aux exigences du prince de Condé, il préférerait lui voir donner sa place de premier ministre à son capital ennemi, le coadjuteur. « Faites-le cardinal, donnez-lui ma place, mettez-le dans mon appartement. Il sera peut-être plus à Monsieur qu'à Votre Majesté, mais Monsieur ne veut point la perte de l'État, ses intentions, dans le fond, ne sont pas mauvaises. Enfin, tout, Madame, plutôt que d'accorder à Monsieur le Prince ce qu'il demande. S'il l'obtenoit, il n'y auroit plus qu'à le mener à Reims. » La reine, aussitôt, propose le ministère au coadjuteur. Celui-ci, tout flatté qu'il était, démêla un piége dans ce trop grand empressement : on ne voulait l'employer que pour conjurer les difficultés présentes ; mais s'il acceptait le ministère avant d'avoir le chapeau, le cardinal Mazarin reprendrait infailliblement la première place. Le coadjuteur refusa donc le ministère, trouvant plus sûr, avant d'y entrer, que la pourpre l'eût fait l'égal de Mazarin ; mais il accepta l'offre du chapeau, et promit à la reine tout le concours de son influence pour la perte du prince de Condé et pour le retour du cardinal Mazarin, se réservant, pour ne pas perdre son crédit parmi les frondeurs, la faculté de parler librement contre ce dernier. Il ne manqua pas d'user largement de cette faculté, qui lui permettait, en toute sécurité, un double jeu, dont il pouvait tirer parti à l'occasion. Ces conventions furent consacrées par un traité signé entre le cardinal Mazarin, Châteauneuf, le coadjuteur et la duchesse de Chevreuse. Ce traité contenait aussi une clause de consolation pour l'union manquée de Mademoiselle de Chevreuse : son mariage était arrêté avec Mancini, neveu du cardinal, auquel un duché et un gouvernement étaient assurés[1].

---

[1] Voyez le texte de ce traité à l'*Appendice*.

Un changement dans le ministère était le corollaire de cette entente nouvelle : Molé avait dû résigner les sceaux, comme ayant contribué à la mise en liberté du prince de Condé; Chavigny avait dû se retirer en raison de son attachement connu pour ce prince; le vieux Châteauneuf était entré au pouvoir comme satisfaction à donner aux frondeurs, mais avec le secret engagement, qu'il comptait tenir le moins possible, de travailler au retour du cardinal. Le Tellier, Lyonne et Servien, qu'on appelait par plaisanterie les *sous-ministres ou ministraux*, conservèrent leur poste.

Dans les nocturnes conférences qui se renouvelèrent entre la reine et le coadjuteur, s'agitait le sort à réserver au prince de Condé : la prison ou la mort. La mort ne pouvait être que le résultat d'un assassinat, et la reine repoussait ce moyen avec horreur, malgré le tempérament d'une attaque à main armée proposé par le maréchal d'Hocquincourt. La pensée de l'arrestation prévalut; mais comme elle présentait de graves difficultés, elle resta en suspens.

Le prince de Condé, par l'adresse de la politique de ses adversaires et par l'inhabileté de la sienne, se trouva réduit à l'abandon du plus grand nombre de ses amis. Son aversion pour les états généraux lui aliénait en partie la noblesse; la rupture du mariage de son frère lui faisait perdre tout crédit parmi les Frondeurs. Ce prince se trouva ainsi réduit à vivre dans la plus pénible défiance. Quelque rumeur des projets tramés contre sa personne arrivèrent jusqu'à lui par une indiscrétion de Hugues de Lyonne, qui parla au maréchal de Gramont des conférences nocturnes du Palais-Royal ; et le maréchal, qui avait des amis dans les deux partis, en parla à Chavigny. Condé craignit que la reine, par une résolution soudaine, ne le fît enfermer de nouveau dans quelque donjon. Son appréhension devint telle, que, sous l'impression d'une sorte d'hallucination, il s'enfuit à Saint-Maur de la manière la plus étrange.

CHAPITRE VII.

Cause de la fausse alerte du prince de Condé. — Réunion à Saint-Maur des principaux chefs du parti des princes. — Présentation de Daniel de Cosnac par le duc de La Rochefoucauld. — La duchesse de Chevreuse et sa fille publiquement insultées. — Trois ministres congédiés. — La reine envoie au parlement un acte d'accusation contre le prince de Condé. — Orageuse séance, où le prince et le coadjuteur, avec leurs partisans en armes, sont en présence. — Déclaration solennelle de la majorité de Louis XIV. — Amnistie en faveur du prince de Condé. — Déclaration contre le cardinal Mazarin. — Conseils du duc de Bouillon à Daniel de Cosnac. — Les princes se rendent à Montrond. — Une erreur de route fait échouer un accommodement. — Le conseil des princes décide la guerre. — Vues ambitieuses du prince de Condé. — Échec de son projet d'alliance avec Cromwell. — Traité avec l'Espagne. — Les princes quittent Montrond. — La duchesse de Longueville retient Daniel de Cosnac auprès du prince de Conti. — Il est envoyé en mission auprès du prince de Condé. — Défection du duc de Bouillon et du maréchal de Turenne. — Tentative d'enlèvement du coadjuteur. — Le premier président Molé se lie au parti de la cour. — Violence du prince de Conti à l'égard du maire de Bourges. — Le prince de Conti et la duchesse de Longueville obligés de sortir de cette ville. — Accidents causés par la destruction de la grosse tour de Bourges.

(Année 1651.)

Le prince de Condé avait dirigé vers le château de Saint-Maur sa retraite précipitée; ce château, situé sur les bords de la Marne, non loin des confins du bois de Vincennes, était une des somptueuses demeures de la maison de Condé. Auprès, s'élevait ce couvent savant et célèbre, chef d'ordre de la congrégation des Bénédictins.

Les circonstances de la panique qui conduisit le prince de Condé à se réfugier dans cette résidence, le 6 juillet 1651, sont bizarres. La nuit précédente, il reposait dans l'hôtel de Condé, situé près du Luxembourg sur le terrain aujourd'hui traversé par les rues de Condé et de l'Odéon, lorsque Vigneul, un des gentilshommes de sa maison, vint l'éveiller pour le prévenir que deux compagnies des gardes de la reine, parties du Palais-Royal, s'avançaient vers le faubourg Saint-Germain. Ce détachement de troupes n'avait d'autre mission que d'aller à la porte Saint-Jacques, empêcher l'introduction en fraude de voitures de vin. Le prince, sous l'empire des préoccupations qui l'assiégent, ne prend pas le temps de s'assurer des dispositions de cette troupe; il monte à cheval avec précipitation, et, suivi de sept personnes seulement, s'élance dans les rues à toute vitesse. Il sort de Paris par la porte Saint-Michel, et ne s'arrête qu'en rase campagne pour attendre le prince de Conti, qui avait été moins alerte. Au bout de quelques instants, un bruit de chevaux plus considérable que ne pouvait être celui du prince de Conti et de sa petite suite, se fait entendre. Le prince de Condé croit qu'un escadron le poursuit; il pique des deux et ne s'arrête une seconde fois qu'au château de Fleury, près de Meudon. Les informations qu'il recueille lui apprennent que le bruit devant lequel il a fui n'est autre que celui d'une troupe de coquetiers, de femmes et d'enfants se rendant au marché, montés sur des ânes. Pour le vainqueur de Rocroy, l'aventure était piquante; mais comme il n'était pas alors d'humeur à la prendre en plaisanterie, elle le rendit furieux. Craignant le ridicule de rentrer à Paris immédiatement après cette panique, il se retira à Saint-Maur.

Le prince de Conti, la duchesse de Longueville et la duchesse de Nemours, les ducs de Nemours, de La Rochefoucauld, de Richelieu, les fidèles Marsin et Lenet, Bouteville, Tavannes et bien d'autres s'empressèrent de rejoindre le prince de Condé; le duc de Bouillon et le maréchal de Turenne vinrent aussi; mais les deux frères ne témoignaient plus leur empressement accoutumé, et ne firent que paraître.

A cette réunion au château de Saint-Maur, autour du prince de Condé, des princes et princesses de sa famille et de ses principaux partisans, se rattache la présentation par le duc de La Rochefoucauld, à défaut du duc de Bouillon, de Daniel de Cosnac, pour être attaché à la personne du prince de Conti. Le choix d'un tout jeune homme pour mettre auprès d'un prince aussi jeune et aussi inexpérimenté lui-même, surprenant peut-être au premier aperçu, était au fond politique. L'attitude du prince de Condé dans la question des états généraux, et par suite vis-à-vis de l'autorité royale qu'il allait combattre en rebelle, du moment qu'il cessait de le faire au nom du retour à l'ancienne constitution représentative du royaume, avait occasionné dans les rangs des gentilshommes du parti des princes de nombreuses défections. Cet abandon se manifestait même dans ce noyau de la France féodale et militaire, où les guerres des Anglais possesseurs de la Guyenne, et des protestants plus tard, avaient entretenu le plus vivement dans les familles l'esprit de chevalerie et les traditions de l'épée. Le Limousin, le Périgord, le Poitou, provinces qui seules ont fourni la moitié peut-être des familles illustrées de la noblesse de France, étaient chancelants; le duc de Bouillon lui-même se retirait du parti. Accueillir le jeune abbé de Cosnac, qui appartenait à une des plus anciennes familles de ces provinces, pouvait donc n'être pas inutile; cet accueil était en outre une satisfaction donnée à la fois au duc de Bouillon, qu'on regrettait et qu'on espérait voir revenir, et au duc

18

de La Rochefoucauld, dont le zèle, qui ne se démentait pas, méritait toute considération. Appeler le neveu du comte de Chalais, qui voulait renverser Richelieu, alors qu'on aspirait à ruiner sans retour le cardinal Mazarin, était une coïncidence qui ne pouvait pas déplaire. Ce jeune homme, en outre, était plein d'esprit et montrait des talents précoces; enfin, il était tout juste assez peu engagé dans les ordres pour que sa situation cadrât avec celle du prince de Conti, prince ecclésiastique sans être prêtre, général d'armée, ballotté par les événements entre la pourpre romaine et le mariage. La récente rupture avec Mademoiselle de Chevreuse et les vues du prince de Condé faisaient, en ce moment, souffler le vent du côté du cardinalat.

Ce congrès de partisans de la maison de Condé, tenu à Saint-Maur, fut appelé par la cour, sur un mot du maréchal de Gramont qui, pour plaire à la reine voulut le tourner en ridicule, *les États de la Ligue*.

Le parlement tenta de s'entremettre pour empêcher la guerre civile; des négociations furent entamées et traitées en séance, pour concilier les prétentions diverses. Le prince de Conti s'y rendait assidûment pour soutenir les intérêts de son frère; on remarquait l'assiduité non moins grande de la duchesse de Chevreuse et de sa fille, dans les tribunes de la grand'chambre, appelées les lanternes. Le prince de Conti, qui, avec sa mobilité ordinaire, avait passé de l'adoration pour Mademoiselle de Chevreuse à des sentiments tout contraires, trouvant dans la présence de la mère et de sa fille l'intention de le braver, dans un moment d'étourderie sans doute, se laissa emporter à provoquer une scène peu digne d'un galant homme. Dans la salle qui précède celle des séances, Maillard, un savetier à ses gages pour crier dans Paris, assaille au passage, avec vingt ou trente misérables, ces dames par des huées, par des injures, dans lesquelles le nom du coadjuteur est outrageusement mêlé. La mère et la fille, couvertes de confusion et en larmes, se dérobent à la hâte et regagnent leur hôtel. Le coadjuteur, furieux, demandait du sang de Bourbon pour venger l'injure de celui de Lorraine. Montrésor, quand cet emportement fut calmé, parvint à lui faire accepter, pour le lendemain, une vengeance plus douce et cependant éclatante. Ces dames reparurent au palais avec une escorte de quatre cents gentilshommes et de quatre mille bourgeois; le prince de Conti, surpris sans être accompagné, dut, en passant, les saluer respectueusement, et devant lui, sur les degrés du palais, Maillard reçut la correction qu'il méritait.

Après plusieurs séances, le parlement opina,

comme moyen de conciliation, au renvoi des ministres, Servien, Le Tellier et de Lyonne, soupçonnés d'être les créatures du cardinal Mazarin, à la condition que le prince de Condé rentrerait dans Paris et rendrait ses hommages à la Reine. Anne d'Autriche consentit à se séparer des trois ministres;- il est probable qu'après les soupçons que le cardinal Mazarin lui avait inspirés sur l'un d'eux, elle le sacrifia avec un secret plaisir. Hugues de Lyonne, par une conduite difficile à éclaircir, à tort ou à raison, était devenu suspect aux deux partis. Le cardinal fit parvenir à la reine un avis favorable à cette concession, la considérant comme un moyen de compromettre davantage le prince de Condé, qu'il prévoyait ne pas devoir se contenter de cette satisfaction, et dont les exigences incessantes seraient mises de plus en plus à découvert. Après ce renvoi, le prince revint un instant, fortement accompagné, se rendit au parlement et au Palais-Royal, où une glaciale entrevue avec la reine ne fit qu'accroître les ressentiments.

Une situation si tendue ne pouvait avoir d'issue que par une crise nouvelle. Lorsque le prince fut de retour à Saint-Maur, au milieu de ses amis, les conseils les plus modérés cédèrent devant les plus hardis que prônait la duchesse de Longueville, passionnée pour les aventures, où elle aimait à jouer le rôle des héroïnes de roman. Il fut décidé que l'on se préparerait à la guerre. Le prince de Condé, après quelque hésitation, s'était rangé à cet avis; il envoie ses fidèles dans toutes les directions : les uns, comme le vicomte de Tavannes, pour prendre, au milieu de l'armée royale même, le commandement des régiments de cavalerie et d'infanterie de Condé, d'Enghien, et de Conti, formant un corps de huit mille hommes; les autres, comme Arnault et Boutteville, pour assurer la défense des villes et des places de ses gouvernements. Les princesses partent aussi : Mesdames de Longueville et de Nemours, pour Bourges; la princesse de Condé, pour le château de Montrond; Lenet se rend en Espagne pour négocier un traité.

Le prince de Condé se croyait certain qu'un quart environ de l'étendue du royaume, depuis les Pyrénées jusqu'à la Loire, se prononcerait pour lui. Gouverneur de la Guyenne et du Berry, il considérait ces provinces comme son propre domaine; le Limousin et la Marche lui paraissaient assurés; l'Auvergne lui était promise par le marquis de Lévi; le Bourbonnais, par La Palisse, marquis de Saint-Geran; le Périgord, par le comte de Biron; le Rouergue, par le comte d'Arpajon; le Quercy, par le maréchal de La Force; l'Aunis et les îles de la côte, par le comte du Dognon; enfin la Saintonge, le Poitou et l'Angoumois, par le prince de Tarente et le duc de La Rochefoucauld.

Pour répondre aux conférences de Saint-Maur, la reine, qui ne songe qu'à précipiter une lutte où elle pense que sa politique s'est assuré d'avance tous les avantages, envoie au parlement un acte d'accusation contre le prince de Condé, motivé sur les atteintes qu'il n'avait cessé de porter à l'autorité royale depuis sa sortie de prison, et sur ses intelligences avec l'Espagne. Le duc d'Orléans avait promis à la Reine de se rendre à la séance du parlement pour soutenir cette accusation; mais la veille, cédant à sa pusillanimité, il se mit au lit et se fit saigner, pour ne pas paraître.

Le prince de Condé, averti du danger qui le menace, accourt de Saint-Maur à Paris; il comprend toute l'importance de faire repousser par le parlement une accusation qui, si elle était suivie d'un arrêt confirmatif le mettant au rang des rebelles et des criminels d'État, porterait à sa cause un coup dont elle se relèverait difficilement. Il se rend d'abord au Luxembourg, chez le duc d'Orléans, et par la frayeur qu'il lui inspire, lui arrache un écrit qui dément les accusations de la Reine, et le justifie. Du Luxembourg, il va droit au Palais avec une formidable escorte. Le coadjuteur qui, avec la Fronde parlementaire, soutenait la Reine depuis l'alliance nouvelle, s'arrachant volontiers à la solitude de l'archevêché, s'était aussi rendu au Palais avec quelques gentilshommes de son parti, et surtout avec force bourgeois en armes. Il avait fait saisir à l'avance les postes les plus avantageux dans l'intérieur du Palais, de manière à prendre en flanc et en queue l'escorte du prince de Condé; par ses soins, un formidable approvisionnement de grenades avait été déposé dans une des buvettes. Les partis, en entrant, se comptent et se mesurent d'un air menaçant; bientôt, dans la grand'chambre, les deux rivaux sont en présence. Le prince de Condé se plaint de voir les salles du Palais ressembler à un camp plutôt qu'au temple de la justice, et relève ce fait étrange que le coadjuteur a l'audace de lui disputer le haut du pavé; il ajoute qu'il saura bien le lui faire quitter; le coadjuteur réplique que ce ne sera pas aisé. Cette réponse soulève un tumulte indescriptible; les présidents et les conseillers se jettent entre les deux rivaux pour les prier de congédier leurs partisans armés. Le prince de Condé qui a jugé d'un coup d'œil que sa position n'est pas la plus forte et qui sent le ridicule même d'une victoire sur le coadjuteur dans une lutte armée, donne l'ordre sans hésiter. Le coadjuteur, qui ne peut faire moins, sort pour donner le même mot de retraite à ses partisans; mais lorsqu'il veut rentrer dans la grand'chambre, il se trouve pris, le cou serré entre les deux battants de la porte poussés et maintenus par le duc de La Rochefoucauld. Dans cette posture étrange et dangereuse, il courait le risque d'être étranglé, si Champlâtreux, fils du président Molé, ne fût accouru à son secours et ne l'eût dégagé de cette étreinte. Sur ces entrefaites, dix heures du matin, heure à laquelle les conseillers quittaient la discussion des affaires publiques pour aller dans leurs chambres s'occuper des procès, sonnent à l'horloge du Palais; tous s'empressent à cet appel, trop heureux de laisser sans solution une séance commencée sous de si terribles auspices.

Une consternation générale se répandit dans Paris avec la nouvelle des événements qui avaient failli éclater le matin au Palais. Le coadjuteur lui-même avoua qu'il ne songeait depuis qu'en frémissant à son imprudence, si, ce qu'il pouvait souhaiter de plus heureux en cas de lutte engagée, la défaite et la mort du prince de Condé en fussent résultées. Tout ce jour, les artisans ne travaillèrent qu'en gardant leur mousquet chargé à côté de leur établi. La Reine apprit avec joie ces nouvelles de la lutte engagée entre son ennemi déclaré et son ami nouveau qu'elle n'aimait guère; elle n'eût pas été fâchée même de la voir se renouveler et aboutir à un résultat plus décisif; mais elle fut obligée de céder à la pression de l'opinion générale, qui voulait qu'une nouvelle rencontre ne fût plus possible, et envoya un capitaine des gardes défendre au coadjuteur de reparaître au parlement. Celui-ci qui ne siégeait que par tolérance, le droit de séance appartenant exclusivement à son oncle, l'archevêque de Paris, reçut avec bonheur une défense qui le tirait honorablement d'un si mauvais pas.

Le lendemain, le hasard fit rencontrer les deux rivaux dans une rue de Paris; le coadjuteur conduisait une procession. Une collision entre les fidèles de la procession et la suite du prince paraissait imminente, lorsque le prince, descendant de son carrosse, se mit à genoux pour recevoir la bénédiction du prélat. Celui-ci la lui donna d'abord, puis, ôtant son bonnet, lui fit un profond salut.

Le prince de Condé continua à se rendre au parlement les jours suivants, pour obtenir un arrêt de justification; mais cet arrêt fut ajourné par des longueurs calculées.

Le roi mineur entrait dans sa quatorzième année. En raison des difficultés de la situation, il parut d'autant plus nécessaire à la Reine-mère d'environner la déclaration de la majorité d'une pompeuse solennité. Anne d'Autriche espérait, comme l'événement le prouva, devenir d'autant plus puissante pour abattre les factions et pour gouverner par elle-même ou par son ministre favori, qu'elle devait continuer à n'avoir qu'un enfant à diriger, et qu'elle allait néanmoins couvrir ses propres volontés de toute la force de celles d'un roi majeur. Le 7 septembre 1651, un somptueux cortége de noblesse et de gardes accompagna le jeune Louis XIV, avec sa mère, du Palais-Royal au parlement, où la Régente prononça quelques mots pour remettre le pouvoir à son royal fils. L'absence du prince de Condé à cette cérémonie fut vivement remarquée; le prince de Conti seul s'y était rendu. Néanmoins, comme un acte de clémence et d'oubli doit être l'aurore qui fait bien inaugurer du jour d'un règne qui commence, le greffier du parlement, par ordre du roi, fit lecture de cette déclaration :

« Que tous les avis donnés touchant de prétendues intelligences, dedans et dehors du royaume, contre le service du Roi, ayant été trouvés faux et artificieusement supposés, Sa Majesté, pleinement convaincue de l'innocence et de la fidélité de son cousin, vouloit que tous les écrits envoyés sur ce sujet, tant au Parlement qu'aux autres

Cours du royaume et à la bonne ville de Paris, demeurassent supprimés, sans que ors ni à l'avenir il pût être rien imputé au prince de Condé des faits contenus en iceux. »

Une déclaration plus fallacieuse parut le surlendemain. Après avoir énuméré tous les maux du temps, et en avoir rejeté la responsabilité tout entière sur le cardinal Mazarin, cette déclaration continuait en ces termes :

« C'étoit par une juste punition de tant de crimes que ledit cardinal Mazarin avoit été banni du royaume; cependant, depuis son départ, il n'avoit cessé de continuer ses pratiques ordinaires avec aucun de ses amis et affidés.

« A ces causes le Roi, de l'avis de la Reine, sa mère, du duc d'Orléans, du prince de Condé, et autres ducs, pairs et officiers de la couronne, et encore de sa pleine puissance, certaine science et autorité royale, faisoit de nouveau expresses défenses et inhibitions audit cardinal Mazarin, à ses alliés et domestiques, de jamais rentrer dans le royaume et terres de France, à peine d'être poursuivis comme criminels de lèze-majesté et perturbateurs du repos public. »

Cette déclaration déguisait si bien par la force de ses termes les véritables sentiments de la cour, que le cardinal Mazarin s'y méprit et s'en alarma jusqu'au moment des explications rassurantes qui lui furent données. Toutefois, dans la crainte que cet acte ne laissât contre lui des impressions nuisibles pour l'avenir, il trouva que la Reine l'avait comblé au-delà de ses désirs par l'excès de ses bonnes intentions.

Sans confiance dans l'amnistie dont il était l'objet, et dans les promesses de la cour, le prince de Condé continuait à Saint-Maur, avec le prince de Conti, ses derniers préparatifs de départ pour aller rejoindre ses partisans déjà sous les armes.

Daniel de Cosnac, au milieu de ces événements, qui se succédaient avec rapidité depuis son entrée récente dans la maison du prince de Conti, se sentait déjà pris de dégoût pour une existence où, simple témoin, il n'était mêlé à rien ; ce n'était pas le compte de cette dévorante activité qui le possédait et dont il devait donner tant de preuves dans le cours de sa vie. Il était même tenu à l'écart avec intention; car il était devenu promptement suspect, dit-il dans ses Mémoires, comme ayant été donné par le duc de Bouillon, auquel les princes reprochaient amèrement de persister, malgré leurs pressantes instances, dans l'abandon de leur parti, défection d'une grave portée, car le duc en avait été jusqu'alors le soutien le plus éclairé, le plus énergique et le plus puissant. Sa présentation, il est vrai, avait été faite par le duc de La Rochefoucauld, persévérant encore à ajouter quelques pages à son chevaleresque roman avec Madame de Longueville, qu'il devait si brusquement terminer; mais, ajoute-t-il, M. de La Rochefoucauld n'était que la cause seconde de son entrée, et ne suffisait pas pour le faire prendre en confiance. Il songeait donc à se retirer. Cette disposition lui fit recevoir avec une sorte de joie un témoignage de méfiance du prince de Conti, désirant se faire de ce procédé une justification vis-à-vis de lui-même pour le projet qu'il méditait. Le prince, partant pour Montrond, distribua ses ordres à chacune des personnes de sa suite; Daniel de Cosnac fut le seul auquel il ne dit rien ou ne fit rien dire. Sa résolution fut prise à l'instant; mais n'osant y céder sans la participation du duc de Bouillon, il alla le trouver pour prendre ses conseils. Il raconte en ces termes l'avis qu'il reçut; cet avis renferme l'explication curieuse donnée par celui qui avait été jusque-là le premier chef militaire de la Fronde, Condé ne l'avait pas été encore, de la vacillante politique de tous ces princes, ducs et gentilshommes qui, privés de boussole pour marcher vers un noble but, se ménageaient volontiers avec tous les partis, réduits à ne poursuivre chacun que le succès d'un intérêt particulier :

« Sitôt que je le vis, il me dit que la considération de mon établissement devoit m'empêcher de me laisser emporter si vite à mes premiers mouvements; que c'étoit encore une chose douteuse de quel côté pencheroient ses affaires; qu'il n'étoit pas si fort assuré des bonnes intentions de la Reine qu'il ne pût se rengager dans les intérêts de MM. les princes; et qu'en ce cas, il seroit bien aise de me trouver dans un lieu où il pourroit ne m'être pas inutile; et que, s'il demeuroit à la cour, il me donnoit sa parole de m'y appeler aussitôt que sa fortune l'auroit mis en état de contribuer à la mienne[1]. »

Au moment où le duc de Bouillon conseillait son jeune parent, il était préoccupé du soin de concilier ses engagements passés vis-à-vis du prince de Condé avec ceux qu'il voulait prendre vis-à-vis de la cour; et, pour y parvenir, il travaillait à une réconciliation entre le prince et la reine; il obtenait pour le prince la plupart des satisfactions désirées, particulièrement le gouvernement de Blaye; mais celui-ci, froissé de l'attitude du duc, ne voulut rien entendre et prétendit, avant d'accéder à nul arrangement, que le duc de Bouillon vînt le rejoindre et que le maréchal de Turenne allât prendre le commandement de ses troupes, ainsi qu'ils en étaient précédemment

---

[1] *Mémoires de Cosnac*, t. 1, p. 9.

convenus. Ces exigences consommèrent la rupture.

Le conseil du duc de Bouillon, donné avec tant de franchise et de bienveillance, ne permettait plus au jeune abbé de Cosnac de donner suite à la pensée de se retirer ; il partit pour aller rejoindre à Montrond le prince de Conti.

Le château de Montrond, en Berry, où s'est écoulé une partie de l'enfance du prince de Condé et de son frère, était, entre les châteaux nombreux de la riche et puissante maison de Condé, son plus fort donjon militaire. Il formait le centre de ses approvisionnements et de ses ressources, l'arsenal où étaient réunis non-seulement les engins de guerre nécessaires à la défense de la place, mais ceux encore qui pouvaient armer de nombreuses troupes en campagne. L'illustre Sully, surintendant des finances et grand-maître de l'artillerie de France, avait été propriétaire de ce château et de bien d'autres, que l'auteur des *Économies royales* avait acquis en Berry sur ses économies domestiques. L'habileté probe qui les signala fut son meilleur titre à la direction des finances de l'État. Il avait travaillé avec amour et avec art à ses fortifications, si bien que ce château passait pour une des plus fortes places du royaume. Lorsque l'heure des retours de fortune eut sonné pour Sully avec l'avénement de Louis XIII, le prince de Condé, gouverneur du Berry, jeta un œil d'envie sur cette forteresse, qui pouvait ajouter un redoutable appoint à sa puissance dans la province; il lui en demanda l'acquisition. Sully, vieux et disgracié, n'était pas en état d'opposer un refus à un désir qui était un ordre; il dut céder avec une amertume qu'il ne dissimule pas dans ses Mémoires. Ce château nous est déjà connu; nous en avons vu partir, pour aller soutenir le premier siége de Bordeaux, la princesse de Condé, accompagnée des ducs de Bouillon et de La Rochefoucauld.

Après Saint-Maur, résidence ouverte et trop proche de Paris, Montrond était le rendez-vous choisi par les chefs pour y continuer la tenue des *États de la Fronde*. Le prince de Condé était d'abord allé à Trie, trouver son beau-frère, le duc de Longueville, afin de l'entraîner avec lui; mais ce prince, tout juste assez capable pour sentir une infériorité qui le plaçait toujours au dernier rang, se dégoûtait de courir de nouvelles aventures, et de s'exposer encore au ridicule trop prolongé de soutenir le parti de sa femme; il répondit par des promesses et des conditions évasives, qui étaient un refus déguisé.

En s'éloignant de Paris, le prince de Condé, que ces défections rendaient hésitant, avait écrit au duc d'Orléans qu'il remettait ses intérêts entre ses mains pour un accommodement, ayant soin de le prévenir qu'il voyagerait lentement et attendrait une réponse au château d'Augerville[1], chez le président Pérault, intendant des affaires de sa maison. Le duc d'Orléans, fatigué peut-être de la continuation de tant de troubles politiques qui, s'ils avaient été un attrait de sa jeunesse, pouvaient lasser son âge mûr, parut se prêter avec empressement à la négociation : ayant obtenu de la reine des conditions présumées satisfaisantes, il dépêcha en courrier Monsieur de Croissy au prince de Condé. Soit inadvertance réelle, soit faute volontaire, le duc d'Orléans lui-même est accusé par quelques historiens d'avoir agi sans franchise et d'avoir fait la leçon au messager, Croissy se trompa et se rendit à Angerville, bourg sur la route d'Orléans. Quand il eut reconnu son erreur, l'envoyé ne trouva plus le prince de Condé au château d'Augerville ; il ne put le rejoindre qu'à Bourges et le suivit à Montrond.

Ce milieu était peu favorable pour faire accepter des propositions d'accommodement. Le prince s'y trouvait entouré des plus fougueux partisans de la guerre civile ; en outre, les propositions ap-

[1] On sait que ce château appartient aujourd'hui à l'illustre M. Berryer.

portées, excellentes si la sincérité ne pouvait en être suspectée, étaient peu de son goût : la reine promettait la convocation prochaine des états généraux, et nous savons quels étaient les sentiments du prince à l'égard de ces assemblées. Le duc d'Orléans lui faisait observer cependant que ces États, s'ils étaient convoqués, ne pourraient pas manquer de se prononcer en faveur des princes du sang contre le cardinal Mazarin ; que si, après l'expression formelle du sentiment des États et la promesse solennelle de la reine, cette princesse venait à y contrevenir et à rappeler le cardinal, ce manque de foi ferait tomber la France entière aux pieds de Condé, pour demander un libérateur !

Ces propositions d'accommodement, discutées entre les princes, les princesses et leurs principaux adhérents, furent unanimement rejetées ; la guerre fut une seconde fois décidée. Condé, cependant, ne fut pas le plus ardent à adopter cette suprême résolution, car il prononça ces paroles : « Souvenez-vous bien que vous l'avez voulu ; vous me forcez à prendre les armes, vous les quitterez avant moi! » Telle n'était pas la pensée de son conseil ; car en présence des hésitations du prince, qui leur faisaient craindre son abandon, la duchesse de Longueville, le prince de Conti, les ducs de Nemours et de La Rochefoucauld, le président Viole[1], signèrent un traité secret par lequel ils s'engageaient «, à rester unis entre eux sans leur chef ou même contre leur chef, si celui-ci s'accommodoit avec la cour. » La suite des événements nous montrera ceux qui voulaient persévérer, se lassant les premiers, et celui qui paraissait plus disposé à prêter l'oreille à un accommodement, rester de beaucoup le dernier à déposer les armes. Le grand Condé avait fatalement raison.

Au moment où ce prince va se jeter dans une lutte armée contre la couronne, il n'est pas sans intérêt de récapituler tous les titres, toutes les dignités, toutes les charges dont il avait été investi par la couronne elle-même, les uns simplement honorifiques ; mais les autres lui donnant une puissance effective qu'il allait retourner contre elle. Il était :

Grand maître de France,
Gouverneur de la province de Guyenne,
Gouverneur de la province de Berry,
Bailli de Berry,
Capitaine et gouverneur de la grosse tour de Bourges,

[1] Le président Viole, du parlement de Paris, appartenait à une famille de robe et d'épée. C'était un magistrat d'une conduite assez désordonnée.

Capitaine des chasses du Berry;

Capitaine et gouverneur de la ville d'Issoudun;

Capitaine et gouverneur du château de Dijon;

Gouverneur de la ville de Sarre,

Gouverneur de la ville de Saint-Jean de Losne;

Gouverneur de la ville de Verdun, en Bourgogne;

Capitaine des chasses d'Auxerrois,

Capitaine des chasses de Bourgogne, en Bresse,

Gouverneur de la citadelle de Clermont, en Argonne,

Gouverneur de la ville et de la citadelle de Stenay,

Capitaine et gouverneur du château de Jametz[1].

Puisque le prince de Condé et les siens rejetaient les bases véritables de la pacification de la France, la convocation des états généraux, assemblée qui eût offert les divers avantages d'indiquer les remèdes aux maux de la situation, d'empêcher le retour du cardinal Mazarin par une protestation contre les tendances du pouvoir absolu, et par conséquent contre tout ministre personnifiant en lui ce système de gouvernement, on se demande au nom de quelle idée, de quel principe, le prince de Condé allait prendre les armes?

---

[1] Nous reproduisons cette énumération telle que nous l'avons trouvée dans les papiers de Lenet conservés à la Bibliothèque impériale.

La réponse est accablante pour le caractère politique de cet illustre guerrier; elle montre en sa personne, non point un prince cherchant à arracher son pays aux étreintes d'une administration vicieuse, pour le rendre prospère; mais un ambitieux qui poursuit la possession du pouvoir, de préférence même avec tous ses vices, pour l'exercer plus absolu. Il n'avait que deux moyens de s'en emparer : le premier, en sujet rebelle, qui dompte son roi et règne sous son nom; c'était aller plus loin que Richelieu, dont l'ascendant était volontairement accepté par Louis XIII; le second, en usurpateur, qui arrache d'un front une couronne pour la poser sur le sien. Il n'est pas douteux que le premier moyen fut sa pensée primitive; mais, en admettant que sa pensée n'allât pas au delà, le succès du premier pas amenait inévitablement à faire le second pas; le vainqueur de Rocroy et de Lens, le héros intrépide couvert des lauriers de tant de batailles, prince lui-même du sang royal, devait être le roi!

Soit que dans le cours de ces troubles il ait été le protecteur de la cour ou son ennemi, cette aspiration vers la conquête du pouvoir ne se démentit jamais chez ce prince sous des apparences plus ou moins déguisées; mais le refus opposé aux propositions royales fait tomber tous les voiles. Il n'est même pas besoin, pour reconnaître la vérité, d'invoquer le témoignage des Mémoires du comte de Coligny qui disent sans détour que le dessein du prince de Condé était de détrôner Louis XIV. Traître envers son roi et sa patrie, Condé fût devenu, sans plus de scrupule, traître à sa religion, si l'avantage qu'il en attendait eût pu se réaliser. Il fit proposer à Cromwell de se faire protestant, s'il voulait le soutenir de son alliance et de l'envoi d'une armée. Cromwell refusa sur le rapport d'un émissaire envoyé en France, qui lui dit qu'il n'y avait pas possibilité d'y faire renaître un parti protestant, les adhérents de cette religion étant même satisfaits de l'exactitude que le cardinal Mazarin avait toujours apportée à l'observation des édits. Cromwell informé, en outre, que des espions autour du prince de Condé rapportaient au cardinal ces négociations, voulut les rompre pour ne pas compromettre sa politique extérieure. Il tint à Stoupe, de retour de sa mission, ce propos sur le prince de Condé : « *Stultus est et garrulus, et venditur a suis Cardinali*[1]. » Nous verrons cependant ces négociations avec l'Angleterre reprises pendant le second siége de Bordeaux.

Du côté de l'Espagne, les efforts du prince de Condé furent plus heureux, si l'on peut qualifier

---

[1] *Histoire de mon temps*, par Burnet, traduite par Lapillonière.

ainsi des succès de cette nature. Cette puissance soutenait, avec des péripéties diverses, une longue guerre avec la France; elle ne manqua pas d'entrer avec empressement dans une alliance qui divisait ses ennemis et lui donnait pied dans l'intérieur même du royaume, puisque cet espoir l'avait empêchée d'adhérer au traité de Westphalie.

Lenet, envoyé du prince, signait à Madrid un traité dont voici les conditions principales :

« Que Sa Majesté catholique et S. A. le prince de Condé ne concluroient point la paix sans obtenir satisfaction pour les intérêts de tous les deux; que Sadite Majesté catholique remettroit cinq cent mille écus à Monsieur le prince pour lever des troupes et lui fourniroit en nature des armes, des canons, des munitions; qu'il enverroit à l'embouchure de la Gironde une flotte de trente vaisseaux avec quatre mille hommes de débarquement; que Monsieur le prince livreroit un port de mer pour la sûreté de la flotte espagnole, lequel port le roi d'Espagne rendroit à la France lors de la paix générale; que partout où le prince de Condé se trouveroit en personne, il commanderoit aux troupes coalisées [1]..»

---

[1] Voyez à l'*Appendice* le texte entier de ce traité, tiré du *Portefeuille du prince de Condé* à la Bibliothèque impériale;

Ce traité nous retrace toute l'économie de la campagne méditée par le prince de Condé : une marche convergente sur Paris, du sud-ouest et du nord-est, ayant pour base d'opérations, à l'intérieur, Bordeaux et Stenay, avec l'espoir d'un soulèvement en Provence; pour base extérieure, l'Espagne et la Flandre. Le prince se réservait le commandement de l'armée de Guienne, et destinait au vicomte de Turenne, qu'il espérait toujours voir revenir à son parti, le commandement de l'armée du Nord. Ce commandement permettait au maréchal, comme opération accessoire, de reprendre Sédan, gage important pour sa maison, puisque la cour tardait indéfiniment à tenir les brillantes promesses faites en échange de cette place; cette perspective, dans la pensée du prince, devait, à plus forte raison, ramener aussi le duc de Bouillon, remis en situation de dicter ses volontés à la cour.

Toutes ces dispositions étant arrêtées, le marquis de Parsan est préposé à la défense du château de Montrond, et les membres de la conférence se dispersent pour se rendre chacun au poste qui lui est assigné. Le prince de Condé se dirige vers la Guienne; le prince de Conti se rend à Bourges, pour mettre cette ville en dé-

---

il est très-intéressant à connaître pour l'appréciation de la suite des événements.

fense contre l'armée royale, qui s'avançait vers elle.

Daniel de Cosnac avait été froidement accueilli à Montrond, et, pendant les conférences, n'avait joué qu'un rôle effacé et inutile. La résolution de se retirer lui revint plus forte que jamais, de sorte que mettant de côté les conseils du duc de Bouillon, lorsque le prince de Conti fut au moment de son départ pour Bourges, il se présenta pour prendre un congé définitif. Ce congé ayant paru accepté par le prince sans trop de répugnance, il se disposait à quitter le château. La duchesse de Longueville, avertie de son projet, le fit appeler. Nous laissons la parole à Daniel de Cosnac, pour raconter cette conférence :

« Soit qu'elle considérât que le peu de satisfaction que j'avois reçue pourroit donner quelque déplaisir à Monsieur le duc de Bouillon, qu'elle vouloit encore ménager, soit qu'elle vît que la guerre civile devoit commencer dans une province où j'avois des parents considérables, et qui pourroient servir à ce parti, elle résolut de ne rien oublier pour m'engager de nouveau avec Monsieur son frère[1]. »

Les désirs exprimés par une femme jeune et

---

[1] *Mémoires de Cosnac*, t. I, p. 10.

belle, quand, en outre, elle est princesse du sang royal, cette princesse surtout étant la spirituelle et séduisante Madame de Longueville, sont bien irrésistibles pour un jeune homme, portât-il le petit collet, et il n'avait encore reçu que la consécration légère de la simple tonsure. Faut-il donc s'étonner que ce jeune homme qui avait une première fois cédé aux conseils du duc de Bouillon, cédât une seconde fois, plus facilement encore, aux sollicitations flatteuses de la princesse? Elle voulut qu'il allât immédiatement rejoindre à Bourges le prince de Conti, et il partit. La duchesse lui remit une lettre pour son frère, sans lui en faire connaître le contenu; mais elle produisit le changement le plus complet. Il était plus de minuit lorsque Daniel de Cosnac, arrivé à Bourges, fut introduit dans l'appartement du prince; celui-ci, après avoir pris connaissance de la lettre, fit retirer tout le monde et lui commanda de rester : « Dès qu'il se vit seul, il me fit des caresses si extraordinaires, me témoigna tant d'envie que je m'attachasse à lui, qu'elles suspendirent tout mon chagrin, et qu'elles m'engagèrent à y répondre par les protestations les plus vives et les plus respectueuses[1]. » De ce jour, Daniel de Cosnac se crut

---

[1] *Mémoires de Cosnac*, t. I, p. 11.

tout à fait décidé à s'attacher à la personne du prince de Conti; nous verrons cependant se produire des irrésolutions nouvelles.

Le prince de Conti passait avec une rapidité inouïe par les changements les plus divers : tour à tour pacifique ou guerrier, dévot ou voluptueux, prince de l'Église ou prince du monde; un caractère si mobile était peu fait pour rendre facile et sûre la position d'un favori. La compensation à ces ennuis se trouvait dans l'esprit charmant de ce prince, enjoué, cultivé, aimant autour de lui, les hommes d'esprit et les gens de lettres, et faisant de sa cour, au milieu des troubles et des hasards de la guerre civile, un lieu charmant de réunion.

Le premier témoignage de confiance du prince de Conti pour Daniel de Cosnac fut de lui donner une mission. Il l'envoya en Guyenne, au prince de Condé, son frère, porter des lettres importantes adressées de Provence par ses émissaires le président de Gallifet, du parlement d'Aix, et l'abbé de Sillery chargés d'y soulever les populations et d'assurer un passage sur le Rhône; une autre partie de sa mission était de faire connaître au grand Condé l'état de la province du Berry.

A ce moment apparut la défection définitive du duc de Bouillon et du maréchal de Turenne,

Depuis le départ du prince de Condé, les deux frères vivaient fort retirés à Paris, disposés à s'accommoder avec la cour, mais ne voulant le faire qu'à de bonnes conditions. Celles qui leur furent proposées et qu'ils acceptèrent, furent pour le duc de Bouillon, en échange de Sédan, les ratifications nécessaires pour la cession régulière des duchés d'Albret et de Château-Thierry, le titre d'altesse et d'autres avantages; pour le maréchal de Turenne, le commandement des armées royales. Le duc d'Orléans qui avait entrepris la tâche de tenir la balance égale entre la cour et le prince de Condé, continuant, pour être quelque chose, l'effort de toute sa vie de hausser sa nullité qui retombait toujours, prévenu du dessein des deux frères de quitter Paris pour rejoindre la reine, envoya son capitaine des gardes, le vicomte d'Autel, frère du maréchal du Plessis, pour les arrêter. Bien que le coadjuteur fût le conseiller du duc d'Orléans depuis la disgrâce de l'abbé de La Rivière [1], il leur

---

[1] Louis Barbier de La Rivière, né en 1593, dont le père avait été commissaire de l'artillerie en Champagne. L'abbé de La Rivière, d'un esprit agréable et très-insinuant, s'était emparé du duc d'Orléans, dont il était le premier aumônier, au point de le dominer entièrement. Sa trop grande ambition lui fit perdre sa faveur : il voulait être cardinal et premier ministre. Il entra dans le cabinet; mais comme il s'était rapproché des intérêts du prince de Condé, le duc d'Orléans lui avait retiré sa confiance et l'avait disgracié. Il trouva moyen plus tard de se relever de

donna, par un principe de point d'honneur et probablement beaucoup aussi à cause de son entente avec la reine, le moyen d'échapper à cet ordre. Le duc de Bouillon et le maréchal lui avaient confié le secret de leur négociation avec la cour; le coadjuteur craignit, non sans raison, s'ils étaient arrêtés, de passer pour avoir trahi leur confiance; il les fit prévenir en toute hâte de la mission du capitaine des gardes. Lorsque le vicomte d'Autel se présenta, il ne les trouva plus.

L'attitude plutôt expectante que favorable du duc d'Orléans était loin d'approcher du concours actif que le prince de Condé en espérait; n'ignorant pas que, pour attirer définitivement ce prince à son parti, il fallait le soustraire à l'influence du coadjuteur, son ennemi, il voulut entreprendre de faire enlever le fougueux prélat. Le succès de cette entreprise, outre l'alliance indubitable du duc d'Orléans, lui promettait un autre avantage, celui d'un rapprochement avec le parlement de Paris. Le coadjuteur conservant toujours l'implacable rancune de la rupture du mariage de Mademoiselle de Chevreuse, employait toute son influence à nourrir et à accroître les préventions de ce corps contre le prince de Condé. Le duc de La Rochefoucauld se chargea de cette mission d'enlèvement par

cette chute, et, sans parvenir au cardinalat, devint évêque et duc de Langres.

l'intermédiaire de Gourville, alors attaché à sa personne et qui lui était tout dévoué. Le coadjuteur devait être conduit à Damvilliers, pour y être enfermé sous bonne garde. La Roche-Corbon, major de la place, se rendit à Paris, avec soixante gardes, pour exécuter ce coup de main. Entrés par des portes différentes de la ville, et séparément, pour ne pas éveiller l'attention, ces soldats se réunissent deux soirs consécutifs, sous les ordres de Gourville et du major, à l'heure où ils savent que le coadjuteur a l'habitude de sortir en carrosse, avec peu de suite, de l'hôtel de Chevreuse, pour retourner à l'archevêché. Le premier soir, les conjurés le manquent, parce qu'il pleuvait, et que Madame de Rhodes[1], craignant de se barbouiller dans son carrosse de deuil tout neuf, obligea le coadjuteur à la reconduire dans le sien à l'hôtel de Brissac, où elle demeurait; cette politesse le fit passer par la rue Saint-Honoré au lieu de suivre le quai, où l'escouade était postée. La soirée suivante, le coadjuteur s'étant rendu chez Madame de Pommereu[2], auprès des Blancs-

---

[1] Louise de Lorraine, fille naturelle de Louis, cardinal de Guise, et de Charlotte des Essarts, qui avait été maîtresse de Henri IV. Louise de Lorraine était la seconde femme de Claude Pot, seigneur de Rhodes, grand-maître des cérémonies.

[2] Denise de Bordeaux, fille de Guillaume de Bordeaux, intendant des finances, seconde femme de François de Pommereu ou Pommereuil, président au grand-conseil.

Manteaux, les conjurés se dirigent de ce côté. Ils placent près de la porte de l'hôtel, une sentinelle chargée de les prévenir de la sortie du coadjuteur; l'attrait d'un prochain cabaret détourne celle-ci de sa consigne et le coadjuteur échappe encore. Quelque imparfaite que fût la police de Paris, à cette époque, l'éveil se fit sur ces tentatives; le surlendemain La Roche-Corbon fut arrêté et mis à la Bastille; négligemment gardé, il ne tarda à s'en échapper.

A une époque où il était prudent de ne pas trop pousser ses ennemis, les partis étaient si changeants, le coadjuteur fut le premier à demander qu'on ne fît pas le procès de La Roche-Corbon. Il tourna même l'affaire en plaisanterie, suivant l'esprit du moment. Le lieutenant-criminel insistant pour le procès dans le cabinet du duc d'Orléans, le coadjuteur s'exprima ainsi, en s'adressant au prince :

« Il est si beau, si honnête et si extraordinaire, Monsieur, à des gens qui font une entreprise de cette nature, de hasarder de la manquer et de se perdre eux-mêmes par une action aussi difficile qu'est celle d'enlever un homme qui ne va pas la nuit sans être accompagné, et de le conduire à soixante lieues du royaume; il est si beau, dis-je, de hasarder cela plutôt que de se résoudre à l'assassiner, qu'il vaut mieux, à mon sens, ne pas pénétrer plus avant, de peur que nous ne trouvions quelque chose qui dépare une générosité qui honore notre siècle. »

Le coadjuteur raconte qu'à ce discours tout le monde se prit à rire; et, s'adressant au lecteur, ajoute : « peut-être en ferez-vous de même[1]. »

Gourville fut arrêté à Montlhéry par le lieutenant du prévôt de l'Ile-de-France; mais il était homme d'expédients, ayant des intrigues de tous les côtés, et avec la cour elle-même. Il n'était pas depuis trois heures entre les mains des archers, qu'un ordre du premier président Molé lui faisait rendre la liberté. C'était un bien singulier personnage que Gourville; toujours au troisième plan, mais en rapport avec ce qu'il y avait de plus haut placé, il n'est pas un événement de cette époque où il n'ait pris une part active. Les plus périlleuses aventures étaient l'élément qu'il aimait et dont, en se jouant, il sortait toujours avec avantage. Il avait été domestique dans la maison de La Rochefoucauld[2]. D'après les usages féodaux, les grands seigneurs, les gentilshommes même d'un certain rang, avaient une maison calquée, dans des proportions plus ou moins réduites, sur la cour des rois et des princes; la qualité

---

[1] *Mémoires du cardinal de Retz.*
[2] Voyez chap. II, p. 60, l'explication donnée sur la valeur du mot *domestique.*

des personnes de la suite diminuait sans doute suivant la qualité du maître; mais un petit gentilhomme s'attachait volontiers à la personne d'un grand seigneur. Gourville n'était cependant pas gentilhomme, il s'était élevé à la qualité de domestique d'une condition inférieure, car il avait commencé par être valet de chambre du duc de La Rochefoucauld; mais son intelligence et son dévouement l'avaient fait appeler aux fonctions de secrétaire. Son amabilité séduisante le rendait éminemment propre aux négociations; il y fut employé toute sa vie. Il monta graduellement encore, devint secrétaire du prince de Condé, puis intendant des vivres à l'armée de Catalogne, pourvu enfin de la recette générale de la province de Guyenne. Ami de Fouquet, il fut inquiété par Colbert, et dut, après la chute du surintendant, se réfugier en Angleterre. Rentré en grâce auprès de Louis XIV, il reçut des missions diplomatiques en Allemagne et en Espagne.

Le premier président Molé, nommé à propos de Gourville, était un de ceux dont l'alliance avec la cour enlevait au parti des princes un de ses plus solides soutiens. Il avait jusque-là imprimé aux protestations contre le ministre détesté, par sa ferme et calme attitude au milieu des plus grands désordres venant expirer à ses pieds comme des flots impuissants, un certain caractère de légalité. Son changement provenait, selon les uns, de ce que, ayant une médiocre fortune et une famille nombreuse, il avait jugé nécessaire de se rapprocher de la reine dans l'intérêt de l'établissement de ses enfants; selon les autres, et cette version se lie seule à son grand caractère, voyant l'impuissance de la Fronde à établir un gouvernement régulier et mis en demeure de choisir entre l'anarchie et le pouvoir absolu, il avait opté pour le second parti.

Pendant cette infructueuse tentative de l'enlèvement du coadjuteur à Paris et tandis que le prince de Condé organise ses forces dans la Guyenne et dans les provinces environnantes, le prince de Conti prépare la résistance dans la vieille capitale du Berry. Cette ville est entourée d'assez faibles remparts, il est vrai; mais les deux rivières qui l'enlacent de leur cours, la protégent par une défense naturelle. Les souvenirs de son père, ancien gouverneur, la gloire et l'autorité de son frère, gouverneur actuel de la province, sa propre enfance passée dans cette ville, avaient créé entre la maison de Condé et la ville de Bourges de réciproques rapports de respect, de bienveillance et d'attachement; le prince, en conséquence, comptait y trouver de vives sympathies. La duchesse de Longueville vint le rejoindre, accompagnée du duc de Nemours, apportant, l'une, le secours de sa gracieuse influence; l'autre, la bouillante ardeur d'un courage souvent inconsidéré. Les habitants de Bourges témoignèrent d'abord la joie la plus expansive de l'arrivée des princes; ce n'étaient que témoignages empressés d'un dévouement à toute épreuve; mais lorsqu'ils s'aperçurent qu'il faudrait en arriver à soutenir une lutte longue et sérieuse, leurs bonnes dispositions se refroidirent. Le maire de la ville entretenait avec adresse cette tendance nouvelle des esprits, mais pas avec assez de secret pour qu'il n'en revînt quelque bruit aux oreilles du prince de Conti. Ce prince, furieux de ce qu'il considérait comme une trahison, l'ayant rencontré, se jeta sur lui et, le saisissant au collet, le poussa dans la grosse tour de Bourges, où il donna ordre de l'enfermer, en criant que *c'était un Mazarin qui voulait faire revenir le cardinal!* Montant à cheval aussitôt après cette arrestation, le prince parcourut les rues en jetant de l'argent au peuple et en lui adressant quelques vives paroles pour réchauffer son enthousiasme pour la Fronde. Les échevins, mécontents des procédés violents du prince à l'égard de leur premier magistrat, firent sous main prévenir la reine que leur ville n'était pas en état de se défendre, et que si elle avançait avec un corps de troupes, les habitants se déclareraient en sa faveur. Cet avis décida la reine à quitter Fontainebleau avec le jeune roi. En passant par Montargis et Gien, elle s'avança vers Bourges avec quatre mille hommes commandés par le maréchal d'Estrées. A son approche, le prince de Conti faisant, comme tant d'autres, l'épreuve de la fragilité singulière de la popularité, jugea, d'après les dispositions des habitants, toute résistance impossible, et quitta précipitamment la ville avec sa sœur, en emmenant avec lui le maire prisonnier.

Sur une simple sommation, Bourges ouvrit ses portes à la reine, et la reçut, le 8 octobre 1651, avec les mêmes acclamations prodiguées naguère à la duchesse de Longueville et au prince de Conti.

Depuis Louis XIII, la royauté aimait, après chaque succès obtenu, à laisser comme enseignement quelque visible trace en démantelant les châteaux et les villes fortifiées. Le vieux donjon de Bourges reçut cette destination. Du reste, il avait été bâti autant pour tenir la ville elle-même en respect, que pour servir à sa défense contre l'ennemi du dehors; les donjons remplissaient, dans l'ancienne fortification, un rôle analogue à celui des citadelles dans la fortification moderne. A ce titre, il déplaisait aux habitants, et sa destruction devait être un acte populaire de nature à faire bien accueillir le retour sous l'autorité royale. Cette énorme tour, construite par Philippe-Auguste, avait cent deux pieds d'élévation depuis le rez-de-chaussée jusqu'au sommet, et quatre-vingt-dix pieds de circonférence; ses murailles avaient dix-huit pieds d'épaisseur; des piliers intérieurs soutenaient les voûtes superposées à chaque étage. La destruction de cette masse n'était pas sans offrir des difficultés matérielles considérables. On s'y prit avec une innocence de moyens qui prouve que nos aïeux étaient peu familiarisés encore avec les effets terribles de la poudre à canon. On accueillit pour cette entreprise les propositions d'un Allemand nommé Daniel Lesgat. Celui-ci fit creuser trois mines au fond de la tour, au-dessous des trois piliers qui la soutenaient, plaça douze quintaux de poudre dans les deux premières mines et laissa la troisième inoccupée. Le 12 novembre 1651, il y mit le feu; mais la tour fut simplement fendue du haut en bas et les fondements fracassés. L'Allemand se met au travail sur nouveaux frais. Cette fois, il creuse deux mines à l'étage au dessus dans les fentes produites par l'explosion; il les charge de huit quintaux de poudre, la meilleure qu'il put trouver, et place six quintaux dans la mine souterraine, restée sans emploi la première fois. Le 9 décembre fut choisi pour le jour de l'explosion. Les habitants furent prévenus à son de trompe que les avenues de la tour seraient gardées pour prévenir les passants du péril; mais un grand nombre d'habitants se postèrent aux alentours pour jouir du spectacle. A trois heures après midi, Lesgat mit le feu à la mèche aboutissant aux amorces. En se retirant, il alluma une mèche de pareille longueur qu'il tenait à la main, et dont la combustion, d'après sa pensée, devait le prévenir du moment de l'explosion ; il avait calculé qu'elle devait avoir lieu à quatre heures environ. L'heure se passe, la mèche est consumée tout entière entre ses mains, et le donjon est encore debout. Persuadé que le feu de la mèche placé dans la tour a été étouffé, il quitte sa place suivi des spectateurs ; mais à peine a-t-il fait quelques pas qu'une explosion formidable retentit. Il n'avait pas songé que la mèche qu'il tenait à la main, se consumant à l'air libre, devait brûler plus vite que la mèche placée dans la tour. L'explosion, comme un cratère de volcan, lança dans toutes les directions des pierres d'une grosseur prodigieuse ; vingt-cinq personnes furent tuées, une trentaine furent blessées. Parmi les premières on compta deux chanoines de l'église cathédrale de Saint-Étienne, les sieurs Barré et Berthomé, qui regardaient à une fenêtre à deux ou trois cents pas de la tour ; le sieur de la Croix, prieur de la même église, cinq écoliers du collége des Jésuites et un maître d'école dans son jardin.

Ce terrible résultat ne fut cependant pas complet; la moitié de la tour seulement avait été enlevée, l'autre moitié subsistait encore. On s'en tint là, pour éviter de nouveaux malheurs, il faut le croire ; mais comme l'autorité tient, en tout temps, à avoir raison, on eut soin de publier qu'on laissait subsister cette moitié du donjon, pour « servir de monument éternel de la fidélité et affection des habitants de Bourges au service de Sa Majesté[1]. »

[1] Nous avons tiré du numéro de la *Gazette* du 6 janvier 1652, ce fait curieux passé sous silence par les auteurs de Mémoires et les historiens, qui se contentent de signaler la démolition de la tour de Bourges.

CHAPITRE VIII.

Le prince de Condé organise ses forces dans la Guyenne et dans les provinces limitrophes. — Mort du duc de La Force. — Chefs principaux : le duc de La Rochefoucauld, le prince de Tarente, le comte du Dognon. — Le baron de Vatteville et la flotte espagnole. — Le conseiller Lenet. — La princesse de Condé, la duchesse de Longueville, le prince de Conti quittent Montrond. — Daniel de Cosnac rejoint, à Coutras, le prince de Conti. — Le comte d'Harcourt choisi pour combattre le grand Condé. — La maison de Lorraine et la maison d'Harcourt. — Le prince de Conti envoyé à Agen. — La cour se rend à Poitiers. — Rentrée en France du cardinal Mazarin. — Les nièces du cardinal. — La tête du cardinal mise à prix par le parlement de Paris. — Les envoyés du parlement reçus par une charge de cavalerie. — Commencement de la guerre en Guyenne. — Prise de plusieurs villes. — Échec sous les murs de Cognac. — Les tours de la Rochelle, horrible massacre du gouverneur. — Retraite du prince de Condé sur Tonnay-Charente. — Il passe la Charente à La Bergerie. — Un pont de bateaux rétabli par le comte d'Harcourt livre passage à son avant-garde. — Jonction du comte de Marsin. — Départ du duc de Nemours pour prendre le commandement de l'armée de Flandre. — Lettre du comte d'Harcourt au cardinal Mazarin. — Lettre du roi au comte d'Harcourt. — Mouvement offensif du prince de Condé entre la Charente et la Boutonne. — Autre lettre du comte d'Harcourt. — Probabilité d'un coup de main hardi, projeté par le prince de Condé pour enlever le roi à Poitiers. — Nouvelle lettre du comte d'Harcourt. — Lettre du marquis de Montausier. — Retraite du prince de Condé sur la Dordogne. — Échecs pendant la retraite. — Le comte d'Harcourt repoussé à Saint-André de Cubzac. — Entrée à Bourg du prince de Condé. — Le comte d'Harcourt repoussé. — La campagne paraît terminée.

(Années 1651—1652.)

Nous avons laissé Daniel de Cosnac allant remplir une mission auprès du prince de Condé [1]. Il le rejoignit à Agen. Ce prince, au lieu de le renvoyer auprès du prince de Conti, le garda pour l'accompagner dans la visite qu'il faisait des villes de son gouvernement de Guyenne, véritable revue de ses forces avant de commencer la guerre [2].

Une mort et une défection dans une province limitrophe, lui enlevaient en ce moment un concours qu'il avait jusque-là envisagé comme certain. Le vieux maréchal de La Force s'éteignait; le bâton de maréchal donné à son fils, le mariage de la fille de celui-ci avec le maréchal de Turenne, laissèrent indécise la province de Quercy.

Les dispositions de la province de Guyenne pour le prince de Condé, son gouverneur, étaient favorables; mais la bonne volonté de la masse

---

[1] Chap. VII, p. 299.

[2] Daniel de Cosnac se borne, dans ses *Mémoires*, à énoncer sa mission auprès du prince de Condé sans entrer dans aucun détail, non plus que sur les événements de la Guyenne, avant le siège de Bordeaux; nos recherches nous ont amplement permis de combler cette lacune.

pacifique des habitants d'une contrée ne vaut pas une armée. Les vieilles et bonnes troupes de Condé, formées des régiments qui portaient son nom et ceux des princes de sa maison, étaient bien loin, aux environs de Stenay, jointes à l'armée d'Espagne. Ces troupes provisoirement placées sous les ordres du comte de Tavannes étaient du reste destinées à opérer une diversion puissante, d'autant plus que le prince de Condé s'était flatté, jusqu'au jour où la vérité contraire parut trop clairement à ses yeux, que le maréchal de Turenne consentirait enfin à en prendre le commandement.

En Guyenne, le prince de Condé possédait surtout les sympathies prononcées de la ville de Bordeaux, appui populaire de peu de ressource dans une campagne; il fallait donc improviser une armée. Une vaillante noblesse s'offrait de toutes parts; uniquement avec de nouvelles levées sous ses ordres, elle ne pouvait cependant former que des troupes médiocres. Le prince espérait que le comte de Marsin, abandonnant son gouvernement de Catalogne, lui conduirait quelques troupes pour former un cadre aguerri; mais ce secours avait encore les Pyrénées à franchir.

En Poitou, dans l'Aunis et dans la Saintonge, se trouvaient des éléments de lutte plus militairement organisés. Une grande partie de ces provinces était acquise par le triple concours du duc de La Rochefoucauld, du prince de Tarente et du comte du Dognon.

Nous connaissons déjà le dévouement du duc de La Rochefoucauld à la cause des princes et l'immense influence de sa maison dans la province de Poitou; cependant, depuis le premier siége de Bordeaux, la reine s'était appliquée et s'appliquait encore à détruire cette influence par tous les moyens, par la ruine même : le château de Verteuil avait été démantelé et la division introduite dans la famille. Le comte d'Estissac, oncle du duc, gagné à la cour et revêtu des charges enlevées à son neveu, prenait les armes pour la cause royale[1].

Henri-Charles de la Trémoille, prince de Tarente[2], s'était jeté dans le parti de la Fronde pour quelques griefs personnels contre la cour. Il apportait au prince de Condé l'appui de son illustre maison, puissante en ces contrées, et la ville forti-

---

[1] Voyez, à l'*Appendice*, l'ordre donné peu de temps après à M. de Chalesme de se saisir des châteaux de La Rochefoucauld, de Verteuil et de La Vergne.

[2] Fils de Henri, duc de La Trémoille, et de Marie de La Tour, fille du vicomte de Turenne, premier duc de Bouillon de sa maison. Le prince de Tarente avait épousé, en 1648, Amélie de Hesse, fille de Guillaume V, landgrave de Hesse-Cassel. En 1670, le prince de Tarente abjura le calvinisme entre les mains de l'évêque d'Angers ; il mourut, en 1672, avant son père, laissant des *Mémoires* qui ont été publiés par le P. Griffet.

fiée de Taillebourg dont il était seigneur. Un traité signé entre le prince de Condé et lui, portait que le prince soutiendrait la maison de la Trémoille dans les droits qu'elle prétendait comme représentant la maison d'Aragon par le fait du mariage de Charlotte, fille de Frédéric d'Aragon, roi de Naples, et d'Anne de Savoie, héritière du royaume de Naples, avec Guy de Laval; Anne de Laval, leur fille, ayant épousé François de la Trémoille. Le titre de prince de Tarente porté par Henri-Charles de la Trémoille, avait lui-même pour base cette prétention. En outre, le prince de Condé s'engageait à secourir en personne avec toutes ses forces Taillebourg, si cette place était assiégée. En retour, Henri-Charles de la Trémoille devait faire revenir auprès de lui deux régiments, l'un de cavalerie, l'autre d'infanterie, qu'il avait dans l'armée du roi, et lever dans la province trente compagnies d'infanterie et huit de cavalerie. Le prince de Condé lui garantissait un subside de mille francs par compagnie d'infanterie, et de six mille par compagnie de cavalerie. En exécution de ce traité, le prince de Tarente fit prévenir les officiers de ses deux régiments qui s'empressèrent d'accourir avec le plus de soldats qu'ils purent emmener avec eux. Il s'assura par de secrètes intelligences que les villes de Saint-Jean-d'Angély et de Saintes lui ouvriraient leurs portes à la première démonstration; mais pour Fontenay et Niort, des détachements de troupes royales envoyés en toute hâte firent échouer les négociations semblables sur lesquelles il avait cru pouvoir fonder des espérances certaines.

Le comte du Dognon apportait de son côté des forces organisées; car il entretenait de fortes garnisons dans les villes de son gouvernement de Brouage. Fidèle à ses promesses, le comte avait fait ceindre à ses soldats l'écharpe de la couleur distinctive des troupes de Condé. A cette époque où les armées ne portaient point d'uniforme, où la cocarde n'était pas encore inventée, l'écharpe seule les distinguait. On en vit de cinq couleurs différentes paraître dans ces luttes : l'écharpe blanche pour les troupes royales, l'écharpe isabelle pour les troupes des princes, l'écharpe bleue pour celles du duc d'Orléans, l'écharpe rouge pour les Espagnols, enfin l'écharpe verte pour les troupes du cardinal Mazarin que nous verrons bientôt entrer en ligne. Ces écharpes étaient généralement de la couleur des livrées. Dans nos armées modernes, les trompettes de la cavalerie, les tambours et les clairons de l'infanterie, conservent les galons de diverses couleurs, tradition des livrées d'autrefois.

Louis de Foucault, comte du Dognon, présente

une figure assez particulière et assez caractéristique des errements de son époque pour mériter de fixer un instant notre attention. Il s'était institué gouverneur de Brouage pour le roi, de sa seule autorité; voici comment : Appartenant à une famille de petits gentilshommes, ses parents avaient trouvé une situation d'avenir pour lui, en le plaçant comme page dans la maison du cardinal de Richelieu. Celui-ci l'avait mis plus tard comme une sorte de gouverneur auprès du duc de Maillé, son neveu, qu'il fit duc pour amoindrir la disproportion du mariage de sa sœur, Clémence de Maillé, avec le prince de Condé. Le duc de Maillé, nommé gouverneur de Brouage, prit du Dognon pour lieutenant. Lorsque le duc de Maillé fut tué en Italie, au combat d'Orbitelle, du Dognon, quittant l'armée et devançant la nouvelle de sa mort, rentra dans Brouage comme lieutenant et s'y maintint comme gouverneur. De cette place, il dominait la contrée depuis Nantes jusqu'à Bordeaux. Il entretenait les fortifications de ses places de guerre, ses troupes, des navires armés, avec le produit des salines de Brouage et des prélèvements sur les recettes royales dont il se faisait délivrer une part à sa convenance. Le comte avait plusieurs motifs pour arborer l'écharpe de Condé : son attachement à la maison de Maillé; le nom de sa mère Jeanne Poussard du Vigean [1], de la famille de la belle Mademoiselle du Vigean; enfin le désir de conquérir sur la cour le titre régulier de gouverneur de Brouage.

L'étendue considérable des côtes de France dont le comte du Dognon était en possession, rendait son adhésion d'autant plus précieuse, que le récent traité conclu par le conseiller Lenet avec l'Espagne, commençait à recevoir son accomplissement. Le baron de Vatteville [2], amiral d'Espagne, mettait à la disposition du prince de Condé une flotte et quelques troupes de débarquement. Cette armée navale présentait un état de forces considérable [3].

[1] On trouve le nom du père de Jeanne de Vigean parmi ceux des députés de la noblesse aux états généraux de 1614 : Messire Henri Poussart, seigneur et baron de Fors et du Vigean, élu par la sénéchaussée de Basse-Marche.

[2] Charles, baron de Vatteville, d'une famille de Franche-Comté, était sujet espagnol par la raison que sa province natale était alors une possession de l'Espagne. Il fut dans la suite un des plénipotentiaires de cette puissance aux conférences qui précédèrent la paix des Pyrénées. Plus tard, ambassadeur à Londres, Louis XIV exigea son rappel, parce qu'il avait pris, dans une cérémonie publique, le pas sur l'ambassadeur de France.

Son frère, Jean de Vatteville, après une aventureuse vie, devint pacha en Turquie, obtint du pape l'absolution de son apostasie, fut pourvu de l'abbaye de Baume, et mourut doyen du chapitre de Besançon, ayant prétendu vainement à l'archevêché de cette ville.

[3] Nous avons tiré cet état des papiers de Lenet, conservés à

ÉTAT des vaisseaux qui composent l'armée navale d'Espagne, commandée par Monsieur le baron de Vatteville.

PREMIÈREMENT :

A La Palisse :

La Concorde, le *Lion-Rouge*, *l'Adam et Ève*, *Saint-Charles*, *Sainte-Barbe*, deux frégates biscaynes de dix à douze canons;

A Saint-Sébastien :

Tragaleguas, Saint-Yago de Cristin, deux pataches à faire brusleaux ;

A Tallemont :

La Gloire, Sainte-Agnès;

A Blaye :

Quatre biscaynes de six à dix pièces de canon et les deux pinasses ;

A Roque :

Saint-Ignace;

Devant Bourg :

Notre-Dame d'Atoche, la Conception, Saint-Salvador, la Nativité de Notre-Dame, Las Virginès, Saint-Philippe, El Principe d'Orange, plus

la Bibliothèque impériale; le baron de Vatteville l'a signé de la lettre initiale de son nom.

deux grands vaisseaux servant de brusleaux, l'un nommé *Saint-Antoine de Naples* et l'autre *Saint-Antoine de Padoue*.

Plus il attend quatre grands vaisseaux d'Espagne et six frégattes de vingt-quatre à trente pièces de canon qui lui viennent d'Ostende.

Il a nouvelle de deux cents matelots qui lui viennent de Saint-Sébastien et encore de huit cents à mille hommes d'infanterye.

V.

Conformément aux stipulations du traité, le prince de Condé fit la remise de la ville de Bourg aux Espagnols qui avaient demandé un port de refuge et un point d'appui en France pour leurs opérations militaires.

Le succès de cette négociation avec l'Espagne était dû à l'habileté de Lenet. Si la Fronde armée trouvait ses représentants naturels parmi les hommes d'épée, la Fronde parlementaire et diplomatique devait avoir les siens parmi les hommes de robe. La participation de la magistrature au mouvement, ayant pour effet, par suite des raisons précédemment exposées, de lui imprimer une sorte de caractère légal, il en résultait que le dévouement de Lenet à la cause de Condé était pour ce prince de la plus haute importance.

Un attachement de vieille date liait la famille de Lenet à la maison de Condé; par la protection qu'il en avait reçue, lui-même avait obtenu une charge de conseiller au parlement de Dijon et un brevet de conseiller d'État. Quoique magistrat, il était éminemment doué pour plaire au prince de Condé sympathique aux hommes d'esprit et aux gens actifs et décidés. Madame de Sévigné a dit de Lenet qu'il avait de l'esprit comme douze; elle ajoutait, il est vrai, que cet esprit était un peu grossier; ce qu'il faut entendre évidemment, quand on connaît sa participation aux événements de Bordeaux, dans le sens de rudesse de caractère, car il avait plutôt l'esprit subtil et délicat[1].

La qualité de magistrat dont Lenet était revêtu avait pour effet utile de ménager au prince de Condé quelques amis dans un milieu où il n'en comptait guère. Déjà Lenet, pendant la captivité

---

[1] La lettre qu'il adressait, en collaboration avec le comte de Bussy-Rabutin, au marquis et à la marquise de Sévigné prolongeant leur séjour en Bretagne au grand désespoir de leurs amis, lettre dont nous citons seulement les premiers vers, pour la rappeler au lecteur, donne un aperçu du genre de son esprit:

Mars 1646.

Salut à vous, gens de campagne,
A vous, immeubles de Bretagne,
Attachés à votre maison,
Au-delà de toute raison:
. . . .

des princes, avait entraîné le parlement de Bordeaux, mal disposé à accorder un asile à la princesse de Condé ; il pouvait rendre encore d'immenses services en intervenant auprès des divers parlements du royaume.

Pierre Lenet était apte à des emplois très-divers ; car il remplissait encore des fonctions équivalentes à celles d'intendant des armées du prince et de trésorier de ses finances. En outre, froid, tenace, soupçonneux, il surveillait de près les dévouements douteux toujours disposés à passer au parti contraire ; infatigable au travail, il entretenait une immense correspondance, dans laquelle il s'occupait des choses importantes comme des détails les plus minutieux. On comprend qu'avec tous ces précieux avantages, rehaussés par une fidélité sans bornes, le prince de Condé lui accordât toute sa confiance ; il fut, pendant cette guerre, le ministre de ses affaires.

En quittant Bourges, le prince de Conti et la duchesse de Longueville s'étaient retirés à Montrond. La reine, pour faire tomber ce nid d'aigle de la maison de Condé, donna ordre au comte de Palluau [1] de s'avancer avec des troupes pour entreprendre le siége de la place. La princesse

---

[1] Philippe de Clérembault, comte de Palluau, depuis maréchal de France.

de Condé avec son jeune fils, la duchesse de Longueville, le prince de Conti, de crainte de se trouver isolés du mouvement général de leur parti par un blocus, s'empressèrent de sortir de Montrond, dont ils laissèrent la défense au marquis de Persan, avec une garnison de deux mille fantassins et de trois cents chevaux, munie de tout ce qu'il fallait pour soutenir un siége d'une année, et ils se dirigèrent vers la Guyenne. Ils étaient restés à Montrond huit jours seulement, temps employé à réunir un corps de sept cents cavaliers pour former l'escorte avec laquelle ils quittèrent la place, à la faveur d'une fausse démonstration sur le poste de Charenton, petite ville à une demi-lieue où se trouvait le centre des quartiers des troupes royales. Le prince de Conti, les princesses et leur cavalerie, après avoir passé le Cher à Montrond, durent rester toute la nuit et toute la journée suivante en marche et sous les armes, harcelés par les troupes du comte de Palluau. Ils franchirent la Creuse à Argenton et la Gartempe près de Magnac; remontant ensuite vers le nord, sur la rive droite de la Vienne, pour chercher un passage qu'ils trouvèrent à l'Ile-Jourdain. En passant à Bellac, petite ville de la Marche limousine du côté du Poitou, quelques habitants tirèrent sur le carrosse de la duchesse de Longueville. Le prince de Conti et le duc de

Nemours faisant mettre pied à terre à leurs gens d'armes et à leurs chevau-légers, menacèrent d'emporter la ville; mais les habitants demandèrent quartier et conduisirent eux-mêmes les coupables à la potence. Le prince leur fit grâce. Aux environs d'Angoulême seulement les princesses et leur escorte purent prendre un peu de repos, après une marche de quatre-vingt-quatre lieues pendant laquelle on ne faisait que deux heures de halte de quinze heures en quinze heures.

Daniel de Cosnac se sépara du prince de Condé aussitôt que lui parvint la nouvelle de l'arrivée en Guyenne du prince de Conti, et s'empressant d'aller à sa rencontre, il le rejoignit à Coutras. Il en reçut un parfait accueil et fut traité obligeamment; mais ces procédés simplement bienveillants restaient au-dessous de ce qu'il ambitionnait. En temps de guerre, sa profession le rendant assez inutile, il ne pouvait jouer un rôle qu'en devenant un ami et un confident; or il était bien difficile à un nouveau venu d'inspirer un tel degré de confiance. La suite des événements nous montrera comment il y put parvenir et prendre, sur la direction des affaires et pour la conclusion de la paix un ascendant décisif.

Tandis que la reine, toujours à Bourges où elle

s'était établie avec la cour, avait en quelque sorte sous les yeux les opérations du corps d'armée destiné, sous les ordres du comte de Palluau, à s'emparer de Montrond, elle en formait un autre plus considérable pour opposer au prince de Condé. Elle en donna le commandement au comte d'Harcourt. Le choix d'un général à placer en face du grand Condé n'était facile à aucun point de vue, soit pour les talents militaires, soit pour la garantie d'une fidélité certaine, en raison du prestige exercé par le prince sur tous les hommes de guerre. Le maréchal de Turenne seul peut-être eût pu remplir la première condition; mais pour la seconde, son accommodement avec la cour était trop récent pour qu'il eût pu donner encore des gages suffisants; tandis que la reine n'avait pas oublié qu'il avait marché à la tête d'une armée pour la contraindre de rendre aux princes leur liberté. Il avait paru plus sûr de l'envoyer sur un autre terrain commander l'armée opposée à l'armée d'Espagne.

Le comte d'Harcourt n'avait rien de commun avec la maison de ce nom dont les services illustres ne font pas oublier un souvenir funeste: un d'Harcourt, à la cour d'Édouard III, fit prêter contre sa patrie au monarque anglais, ce fatal vœu du *héron,* qui devait couvrir la France d'une si longue suite de guerres et de calamités [1]. Le comte d'Harcourt choisi pour commander l'armée royale ne portait ce nom que par un droit de possession de fief; mais il appartenait à un sang plus illustre encore et plus récemment fatal à la monarchie que la Ligue avait ébranlée jusque dans ses fondements; il était de la maison de Lorraine [2]. Seul cependant il offrait les conditions voulues pour un général tel qu'il le fallait pour opposer au prince de Condé. Bien que très-inférieur au maréchal de Turenne, il avait acquis une sérieuse réputation militaire en Italie, particulièrement par la prise de Turin; et il avait surtout donné des gages positifs en se compromettant vis-à-vis du prince d'une manière qui paraissait irréconciliable, ayant consenti à devenir son geôlier lors de la translation de Marcoussy à la citadelle du Hâvre; aussi Condé l'avait-il ainsi chansonné :

[1] Voyez *les Coutumes de la Chevalerie*, par Sainte-Palaye.
[2] Le comte d'Harcourt était le troisième fils de Charles de Lorraine, IIe du nom, duc d'Elbeuf, et de Catherine-Henriette, fille légitimée de Henri IV et de Gabrielle d'Estrées. Il avait épousé Anne d'Ornano, fille de Henri-François-Alphonse d'Ornano, premier écuyer de Gaston, duc d'Orléans, et de Marguerite de Montlaur. Sa descendance masculine s'éteignit en 1705, à la mort de son arrière-petit-fils. Son arrière-petite-fille épousa, en 1725, Emmanuel-Théodore de La Tour-d'Auvergne, duc de Bouillon. Voyez *l'Histoire généalogique du P. Anselme*.

> Cet homme gros et court,
> Si fameux dans l'histoire,
> Ce grand comte d'Harcourt
> Tout rayonnant de gloire,
> Qui secourut Cazal et qui reprit Turin,
> Est maintenant recors de Jules Mazarin.

Le prince de Condé qui organisait ses forces, réparait ses châteaux et ses villes fortifiées, particulièrement Bergerac pour en faire une de ses plus fortes places d'armes, fut interrompu dans ses préparatifs par la marche offensive de l'armée royale. Il était alors à Bordeaux avec le prince de Conti; il envoya ce prince à Agen pour y établir la base de ses opérations et le centre de ses approvisionnements, ce point étant le plus éloigné du théâtre probable de la guerre; lui-même s'avança à la rencontre du comte d'Harcourt en Poitou, province dont une partie des habitants lui était dévouée. La reine, de son côté, se rendit à Poitiers, pour se mieux assurer, par sa présence, de la fidélité de cette province.

Pendant que les forces s'ébranlaient, de part et d'autre, pour se mesurer dans de prochains combats, il se passait à la cour un fait considérable, imprudent, de nature à redonner à la Fronde toute l'ancienne vigueur qui lui faisait défaut dans cette troisième phase, et qui pouvait perdre à jamais la reine et sa politique. L'insuccès l'eût très-certainement condamnée, comme sa belle-mère Marie de Médicis, à aller finir ses jours sur le sol étranger. Le cardinal Mazarin était rappelé!

La reine, dit Talon dans ses Mémoires, désirait le retour du cardinal « avec chaleur et impatience féminine ». Tenace et persévérante, cette princesse ne reculait jamais que pour prendre un élan qui la rapprochât mieux de ses fins; il ne lui suffisait pas, par une correspondance active, de gouverner d'accord avec son ministre réel, bien que disgracié en apparence et condamné par des arrêts solennels, elle voulait l'avoir auprès d'elle; il lui parut donc opportun de choisir le moment où, loin de la pression du parlement de Paris et des émeutes populaires, elle était environnée d'une armée.

Le cardinal Mazarin était devenu au moins aussi impatient que la reine; il redoutait qu'une absence trop prolongée ne lui fît perdre son ascendant sur cette princesse. Ce nouvel Annibal, pour emprunter sa propre comparaison [1], qui s'était déclaré prêt à se sacrifier lui-même pour rendre le repos à ses ennemis, mais d'une manière chrétienne, par un lointain exil, rejetait alors vo-

---

[1] Voyez, chapitre vi, sa lettre du 4 juillet 1651.

lontiers ce masque emprunté d'abnégation. Le cardinal avait un intérêt personnel à risquer un retour imprudent pour ne pas se laisser oublier; la reine, au point de vue du jeune roi et de la France, avait un intérêt tout contraire. La Fronde allait s'éteindre faute d'aliment. L'alliance du prince de Condé avec l'Espagne la transformait en guerre étrangère, car le patriotisme national ne pouvait manquer d'enlever au prince tous ses partisans français; cette guerre perdait alors la plus grande partie de son importance et de son danger, car il ne pouvait être difficile de rejeter les Espagnols hors du territoire de la Guyenne où ils n'auraient trouvé que des populations ennemies. L'autorité royale se serait trouvée rétablie par la force des choses, avec le cardinal Mazarin en moins et les états-généraux en plus, conséquence naturelle, et ceux-ci eussent réglé, de concert avec la couronne, les questions intérieures. La rentrée de Mazarin changeait toute la face de la situation : la France entière, qui avait rejeté un ministre étranger et antipathique, n'était pas écoutée, la noblesse qui avait tiré l'épée était bravée; le parlement qui l'avait banni par des arrêts était bafoué, la royauté qui avait rendu contre ce ministre une déclaration solennelle, se prenait elle-même en flagrant délit de palinodie. Ces fautes redonnaient à la Fronde un caractère national, et plus que jamais son triomphe fût devenu certain si elle avait eu un chef politique; mais elle n'avait qu'un chef exclusivement militaire, qui, par son alliance avec l'étranger et ses idées de pouvoir absolu, ne pouvait qu'achever, au milieu même des plus favorables conjonctures, la perte du parti qui lui avait confié ses destinées. Ainsi, les ennemis du cardinal, par un bonheur qui signala toute sa vie, conspiraient malgré eux à ses succès. Cependant, il est à remarquer, pour mieux faire ressortir la gravité de ce retour inopportun, que, lorsque la royauté voulut faire disparaître tous les obstacles à son rétablissement complet et à sa rentrée dans Paris, Mazarin dut, une seconde fois, prendre le chemin de l'exil.

Depuis son départ de France, le cardinal Mazarin n'avait pas cessé de se faire secrètement parmi certains membres de la noblesse, des amis favorables à son retour. Pour augmenter le nombre de ses partisans, il ne manqua pas d'avoir recours à la politique adroite et intéressée des mariages, qui a joué un si grand rôle dans le cours des événements de cette époque. Il était pourvu, pour pratiquer cette politique, de ressources exceptionnelles. Les unions fécondes de ses deux sœurs lui avaient procuré un formidable essaim de jeunes nièces qu'il fit successivement venir d'Italie. Deux seulement, Mesdemoiselles de Mancini, avaient paru à cette époque. Il s'était déjà servi de l'aînée, Laure-Victoire, pour gagner à ses intérêts la maison de Vendôme, en lui faisant épouser le duc de Mercœur, second fils du duc de Vendôme; il forma le projet de marier la seconde au fils aîné du duc de Bouillon.

Le cardinal, après s'être préalablement assuré des sommes d'argent considérables, franchit la frontière de France, accompagné d'un petit corps de troupes formé de levées de soldats faites en son nom. Les maréchaux d'Hocquincourt[1] et de La Ferté-Senneterre[2], les comtes de Navailles[3] et de Broglie[4], se joignirent à lui avec leurs troupes. Fabert[5],

---

[1] Charles de Monchy, marquis d'Hocquincourt. Un opuscule de Charleval, *Conversation du maréchal d'Hocquincourt avec le P. Canaye,* fait connaître sa bravoure autant que sa faiblesse de caractère. Après avoir soutenu le parti de la cour, ramené le cardinal Mazarin, combattu le prince de Condé à Bléneau, quand la Fronde fut terminée, il se joignit à ce prince pour combattre la France dans les rangs espagnols, où il fut tué au siége de Dunkerque.

[2] Gouverneur de la province des Trois-Évêchés.

[3] Philippe de Montaut, depuis duc de Navailles, maréchal de France et gouverneur du régent.

[4] François-Marie, comte de Broglie, ancien page du prince Maurice de Savoie, s'attacha à la fortune du cardinal Mazarin; il est le premier de sa maison qui se soit établi en France, où sa famille devait acquérir une si grande illustration.

[5] Abraham Fabert, gouverneur de Sédan, depuis maréchal de France. Il avait reporté sur le cardinal Mazarin son ancien dévouement au cardinal de Richelieu.

Beaujeu[1], Manicamp[2], Vaubecourt[3] et les autres gouverneurs des places frontières donnèrent leur concours en détachant une partie de leurs garnisons. Le cardinal se forma ainsi une petite armée de huit mille hommes dont le maréchal d'Hocquincourt prit le commandement, et à laquelle, par une flatterie insigne, il fit ceindre l'écharpe verte. Ce cortége en armes, passant par Sédan, se dirigea sur Reims.

Une indicible émotion s'empara du parlement de Paris à la nouvelle de ce retour armé, et naturellement il se mit à l'œuvre pour rendre des arrêts. L'un, vraiment funeste, fut celui qui ordonna la vente de la précieuse bibliothèque du cardinal. Vainement quarante-cinq mille livres en bloc en furent offertes sous le nom du sieur Violette, trésorier de France à Moulins, afin d'en empêcher la dispersion, le parlement persista pour la vente en détail, qui dissipa ce riche trésor formé d'acquisitions faites dans l'Europe entière [4]. Un autre arrêt, rendu sous l'inspiration des magistrats les plus exaltés, mit à prix la tête

---

[1] Le baron Beaujeu, de la maison d'Hennezay, en Franche-Comté..

[2] Achille de Longueval, sieur de Manicamp, dont la fille, Gabrielle, fut la troisième femme du maréchal d'Estrées.

[3] Nicolas de Nettancourt, comte de Vaubecourt, lieutenant de roi des Trois-Évêchés et gouverneur de Châlons.

[4] Voyez l'*Histoire du cardinal Mazarin*, par Aubery.

du ministre. Le premier président Molé, ne voulant plus désormais courir les vicissitudes inutiles de son ancien rôle, avait quitté Paris pour rejoindre la cour, laissant au parlement toute liberté d'agir à sa guise. L'arrêt qui déclarait le cardinal Mazarin et ses adhérents criminels de lèse-majesté, ordonnait aux communes de leur courir sus, et fixait à cent cinquante mille livres la récompense de celui qui livrerait à la justice le cardinal mort ou vif, somme à prélever sur ses biens confisqués et vendus. Un tel arrêt rendu contre un homme qui marchait à la tête d'une armée, demandait une autre armée au moins pour être mis à exécution ; or le parlement n'avait plus son armée de 1649, et, il faut le dire à la louange de son patriotisme, il refusait de faire cause commune avec le prince de Condé depuis que ce prince avait uni sa cause à celle des ennemis de la France. L'exécution impossible de cet arrêt donna lieu à un simulacre assez ridicule. Les deux conseillers Géniers et Bitaut envoyés en campagne, l'écritoire en main et précédés d'un huissier, verbalisaient, chemin faisant, contre les gens de guerre. Ils prouvèrent du reste qu'ils avaient du courage au-dessus de celui que comportait leurs fonctions, et que le parlement avait bien choisi ses messagers. Arrivés à Pont-sur-Yonne, ils se mirent en travers du passage pour faire rétrograder un corps de troupes et commencèrent une lecture solennelle de l'arrêt dont ils étaient porteurs. Les cavaliers du maréchal d'Hocquincourt rirent d'abord, s'impatientèrent ensuite, et finirent par charger les deux conseillers. Géniers, renversé et blessé par un soldat, se sauva à Sens sur le cheval de ce soldat que son clerc étendit mort d'un coup de pistolet; Bitaut, la robe traversée par quatre balles de mousquet, fut pris et amené au maréchal qui, lui reprochant son imprudence avec douceur, voulut le conduire au cardinal Mazarin; mais Bitaut soutenant son rôle avec énergie : « Je ne le verrai, dit-il, que sur la sellette pour le condamner à mort, comme déclaré criminel de lèse-majesté par arrêt de cour souveraine. » Cet incident ne retarda même pas d'un instant la marche triomphante du cardinal qui, du jour où il avait remis le pied sur le sol de France, ressaisit ostensiblement, sans attendre qu'il eût rejoint la cour, la direction suprême des affaires.

Les opérations militaires commençaient entre le comte d'Harcourt et le prince de Condé, combattant avec leurs petites armées comme sur un échiquier, dont les pièces principales étaient les châteaux et les places fortifiées qui jouaient un rôle si important dans la stratégie de cette époque; guerres pleines d'aventures, dans lesquelles l'initiative personnelle, le talent, la bravoure, pouvaient se donner libre carrière. Celle-ci, malgré quelques taches de cruautés et de pillage surtout causés par l'indiscipline des soldats, fut la dernière guerre d'un caractère chevaleresque et féodal qui faillit se terminer par un échec et mat, à Bleneau.

Le prince de Condé fait avancer ses troupes des bords de la Dordogne sur ceux de la Charente, avec son impétuosité ordinaire. Le prince de Tarente et le duc de La Rochefoucauld conduisent l'avant-garde; l'un a formé, avec le noyau des officiers des deux régiments qui sont venus le rejoindre, un petit corps composé de trois escadrons de cavalerie et de sept compagnies d'infanterie; l'autre a réuni trois mille hommes, malgré la défection de son oncle, Benjamin de La Rochefoucauld, comte d'Estissac, qui est allé rejoindre la reine à Poitiers avec mille gentilshommes de la province. Les ducs arrivent sous les murs de Saintes qui se rend sans résistance. La ville de Saint-Jean-d'Angély ouvre ses portes au prince de Tarente. Le prince de Condé jette des garnisons de ses propres troupes dans Talmont et Taillebourg. Il ne lui manque que la possession de Cognac pour être maître de tout le cours de la Charente depuis son embouchure assurée par la place de Brouage, et pour faire de cette rivière une forte ligne de défense contre l'armée royale. Cette armée pouvait même se trouver gravement compromise, si le comte du Dognon, après s'être emparé de La Rochelle, comme il avait promis d'en faire la tentative, venait attaquer son arrière-garde et couper la retraite. L'attaque de Cognac et de La Rochelle était la double entreprise dont le succès devait assurer celui de la campagne. Le maintien de ces places sous l'autorité du roi, et une marche en avant au cœur du pays occupé par l'ennemi, formaient le plan que se proposait le comte d'Harcourt.

Le comte de Jonzac[1], lieutenant de roi en Saintonge, exerçait en outre les fonctions de gouverneur particulier de la ville de Cognac. Ses dispositions étaient de nature à favoriser singulièrement les projets du prince de Condé; car il lui fit savoir que s'il s'approchait de la place avec des forces suffisantes, il la lui rendrait après une faible résistance. Il ne demandait qu'à couvrir les apparences. Il ne fut pas aussi maître qu'il le pensait de diriger à son gré l'événement. Une quantité de noblesse s'était réfugiée dans la ville, tant pour témoigner au roi sa fidélité que pour sauver ses effets les plus précieux contre le maraudage des

---

[1] Léon de Sainte-Maure, comte de Jonzac, cousin du marquis de Montausier.

soldats qui couraient la campagne. Ces nouveaux arrivants et les bourgeois de la ville obligèrent le gouverneur à dissimuler et à opposer une résistance réelle. Il apportait toutefois à la défense une certaine mollesse; car après huit jours de siége, on remarquait qu'il n'avait encore fait aucune sortie; il se bornait à des canonnades et à des arquebusades derrière les remparts. Les ducs de La Rochefoucauld et de La Trémoille, qui avaient commencé l'investissement de la place avant l'arrivée du prince de Condé, la pressaient vivement, mais avec des dispositions mal prises. Au lieu d'établir le gros de leurs forces sur la rive droite de la Charente, de manière à isoler la ville des secours qui pourraient lui arriver, ils avaient placé leurs quartiers sur la rive gauche, et fait passer la rivière à Nort, maréchal de camp, avec cinq cents hommes seulement, en jetant un pont de bateaux pour établir une communication permanente. Une grande crue d'eau emporta ce pont et laissa Nort isolé. Le comte d'Harcourt qui arrivait au secours de la place, prévenu de cet incident, hâte sa marche pour en profiter. Il forme ses troupes sur deux colonnes : l'une commandée par du Plessis-Bellière[1], lieutenant général; l'autre par Folleville, maréchal de camp,

---

[1] Jacques de Rougé, marquis de Plessis-Bellière.

et attaque par les deux flancs opposés les retranchements et les barricades dont la petite troupe de Nort s'était couverte, tandis que Bellefonds, autre maréchal de camp, qui s'était jeté dans la place, fait une sortie vigoureuse et les assaille de front. En un clin d'œil, les obstacles sont enlevés, et les soldats de Nort[1] massacrés ou faits prisonniers. Le prince de Condé eut la douleur d'arriver à la tête de deux mille fantassins et de quatre mille chevaux au moment de ce désastre qui frappa ses armes le 14 novembre 1651, et d'en être, de l'autre rive, le témoin impuissant. Il s'en vengea sur les deux ducs par cette mortifiante apostrophe : « Qu'ils avaient maladroitement échoué devant une faible place, tandis que, dans un instant, l'ombre et la botte de Marsin l'aurait prise[2]. »

Après l'échec éprouvé sous les murs de Cognac, le prince de Condé descendit le cours de la Charente; il franchit cette rivière à Tonnay-Charente, pour appuyer le comte du Dognon qui avait promis de s'emparer de La Rochelle. Le

---

[1] Nort, fait prisonnier, fut enfermé au château de Saumur. Un ordre du roi à M. de Guitaut, daté de Gien le 12 avril 1652, lui fit rendre la liberté. *Archives du Ministère de la guerre*, vol. cxxxv.

[2] Le prince de Tarente rejette, dans ses *Mémoires*, sur le conseil de guerre la faute des mauvaises dispositions qui furent prises malgré son avis.

comte d'Harcourt suivait ce mouvement pour se poster entre La Rochelle et l'armée du prince, et y réussit sans peine, ayant à parcourir la ligne la plus courte. Il put former ainsi avec ses troupes un rideau que le prince ne put percer et qui lui déroba les faits qui se passaient à La Rochelle.

L'autorité usurpée, accompagnée d'exactions sans nombre, que le comte du Dognon, gouverneur de Brouage, exerçait dans ces contrées, avait accumulé les animosités; celles-ci ne demandaient qu'une occasion pour éclater et s'affranchir du joug; elles devinrent fatales à la cause du prince. Le comte, maître par une garnison qui lui appartenait, des tours qui commandaient le port de La Rochelle et qui dominaient la ville, se croyait assuré que les habitants n'oseraient refuser d'embrasser son parti; mais ceux-ci avaient fait prévenir la reine qu'ils soutiendraient le parti du roi, pourvu qu'elle leur envoyât des troupes suffisantes pour tenir les tours en respect. Le baron d'Estissac reçut l'ordre de se rendre à La Rochelle avec quelques compagnies du régiment des gardes. Le comte d'Harcourt, par sa marche pour couper le passage au prince de Condé, se trouva à portée pour soutenir le baron d'Estissac, et l'attaque des tours fut décidée.

Deux tours capitulent; la troisième, défendue par des Suisses, résiste énergiquement. Il faut employer pour la réduire les moyens réguliers d'un siége. La tranchée est ouverte; mais à chaque marée montante, les assaillants voient emporter leurs travaux. On se sert alors de la marée ennemie pour en faire un auxiliaire de l'attaque : un bateau, dont le pont est recouvert d'une sorte de cuirasse, monte avec elle jusqu'au pied de la tour; il porte un mineur qui s'attache à ses flancs pour y introduire avec le pic la poudre qui va la faire sauter. Les grenades et les engins de toutes sortes lancés du haut de la tour, éclatent ou rebondissent impuissants sur la cuirasse qui protége le bateau, et les sons non interrompus du marteau comptent pour la garnison les dernières minutes de la dernière heure. Les cœurs les plus intrépides défaillent parfois lorsqu'il n'y a plus d'espoir; la garnison demande à capituler. Il se passe alors un fait horrible, indigne des deux nations dont les soldats sont en présence. Le comte d'Harcourt, exaspéré de la longue résistance d'une poignée d'hommes qui méritaient au contraire son estime, les induit au déshonneur, en ne consentant à leur donner quartier que s'ils lui livrent leur chef poignardé. Les Suisses, dans cette extrémité, se jettent sur Basse, c'était son nom. Atteint de plusieurs coups et espérant plus d'humanité parmi les Français, Basse se précipite au bas de la tour. Couvert du sang de ses blessures et des meurtrissures de sa chute, il se traîne aux pieds du comte d'Harcourt et lui demande la vie. Tous les officiers intercèdent; mais le comte impitoyable ordonne qu'on l'achève. Les soldats, plus humains, obéissent malgré eux, en détournant la tête. Neuf pièces de canon trouvées dans la tour, artillerie considérable pour l'époque, vinrent augmenter les approvisionnements de l'armée royale, et les Suisses prisonniers s'enrôlèrent dans ses rangs. Tout espoir de s'emparer de La Rochelle se trouva ainsi perdu, le 27 novembre 1651, pour le prince de Condé.

Un revers non moins grave, éprouvé dans une autre partie de la France, avait atteint la cause du prince et permettait à l'armée royale de recevoir de nouveaux renforts. Le comte de Tavannes [1], réuni au général Estevan de Gamarre, avait été rejeté hors de la Champagne par le marquis de Castelnau, qui amène au comte d'Harcourt six mille hommes d'infanterie et quatre mille chevaux rendus disponibles par ce succès. Le comte prend aussitôt l'offensive avec vigueur. Le prince de Condé, qui ne dispose que de troupes moins aguerries et moins nombreuses, évite les engagements et cède le terrain. Il se retire sur Tonnay-Charente. Comme cette ville est située sur la rive

---

[1] Jacques de Saulx, comte de Busançais et de Tavannes.

droite et qu'il juge qu'il ne peut s'y maintenir, il en fait sauter la tour pour empêcher le comte d'Harcourt de s'en servir comme point d'appui. Il va passer la Charente à la Bergerie, à une demi-lieue, sur un pont de bateaux, afin de se faire du cours profond de la rivière une forte ligne de défense. Ce mouvement habilement exécuté lui coûta cependant la perte du régiment du Dognon, taillé en pièces à l'arrière-garde par la faute du régiment de Richelieu qui ne le soutint pas.

Le prince de Condé avait ordonné la destruction du pont après le passage de son armée. Cet ordre fut imparfaitement exécuté par un officier, le marquis de Chouppes[1], qui commit l'imprudence de délier simplement les bateaux. Le comte d'Harcourt les voyant suivre le fil de l'eau, les fit saisir, et rétablit le pont que franchit son avant-garde. Le prince de Condé, surpris par une agression à laquelle il ne pouvait s'attendre, si les bateaux qui formaient le pont eussent été anéantis, paye d'audace dans la conjoncture. Il joint à la hâte à ses gardes les quelques soldats qui lui tombent sous la main, et court à l'ennemi. Le

---

[1] Le marquis de Chouppes a écrit des *Mémoires* publiés en 1753, dans lesquels il parle avec détail de sa liaison avec Daniel de Cosnac et des événements qui s'y rapportent ; ceux-ci trouveront leur place dans le deuxième volume de ces *Souvenirs*.

comte d'Harcourt, qui ne pensait pas avoir le prince sur les bras, avant que la plus grande partie de son armée eût franchi le pont, et qui croit le prince suivi de toute la sienne, craint de compromettre un plus grand nombre de ses soldats, s'il en fait passer davantage, et suspend son mouvement, heureux d'espérer qu'il ne sacrifie que son avant-garde. Cette erreur et cette faute sauvèrent l'armée du prince de Condé des conséquences d'une surprise désastreuse. Ce prince n'avait même pas assez de monde avec lui pour jeter dans la rivière l'avant-garde ennemie, qui eut la possibilité de se solidement retrancher à la tête du pont. Rallié enfin par le gros de son armée, le prince fait creuser d'autres retranchements qui enveloppent et enserrent ceux de la tête de pont, de manière à ne plus laisser au comte d'Harcourt l'espoir de forcer ce passage.

Pendant trois semaines, le prince de Condé tint le comte d'Harcourt en échec, malgré les forces supérieures dont disposait son adversaire. Le prince occupait encore ce poste, lorsque le comte de Marsin vint opérer sa jonction avec le précieux renfort qu'il avait soustrait à son gouvernement de Catalogne.

Marsin[1] est un des types particuliers de cette

---

[1] Jean-Gaspard-Ferdinand, comte de Marchin ou Marsin. Il

époque : c'était un étranger, un aventurier liégeois, sorte de lansquenet, tel qu'on en voyait souvent dans les armées, vivant de leur épée et braves comme elle ; dévoués non pas à une cause, mais au maître adopté. Il devait tout au prince de Condé : ses honneurs, ses grades, sa femme même. On sait que ce prince, prêt à soutenir chaudement en toutes circonstances, pourvu que son intérêt personnel ne fût pas en jeu, ceux qui le servaient avec zèle, mariait ses amis. Son coup de maître, en ce genre, avait été le mariage de Henri de Chabot avec l'héritière de la fière maison de Rohan. Par une alliance où l'avantage était encore du côté de son ami, il avait fait épouser à Marsin Marie de Balzac d'Entragues. Le comte de Marsin arrivait de Catalogne où il commandait les troupes françaises et gouvernait la province, ne formant plus qu'un vœu d'ambition qui était d'obtenir le titre de vice-roi. La cour, pour se l'attacher, s'était empressée de lui en expédier le brevet. Les circonstances avaient marché si vite qu'il n'attendit pas que cet honneur fût venu le trouver. Lorsqu'il avait appris la sortie des princes de Paris pour commencer la

---

débuta comme cadet dans le régiment d'infanterie du comte de Tilly ; Marsin racontait qu'ils entrèrent dans ce régiment au nombre de vingt-huit, tous compatriotes, sur lesquels quatorze devinrent généraux ayant commandé en chef.

guerre civile, il s'était souvenu d'avoir été emprisonné lui-même lors de la captivité des princes, et redoutant une seconde fois le même sort, il s'était hâté d'abandonner son poste pour aller rejoindre le prince de Condé. Il avait entraîné avec lui le plus grand nombre qu'il avait pu d'officiers et de soldats : les régiments de cavalerie de Montpouillan et de Balthazar et deux régiments d'infanterie, formant ensemble trois cents maîtres à cheval et mille fantassins. Parmi les meilleurs officiers qui le suivaient, se trouvaient Montpouillan[1], La Marcousse, Lussan d'Aubeterre[2], Baltons, le colonel Balthazar[3]. Ces troupes vinrent former le noyau le plus solide de l'armée du prince de Condé. Cet abandon de la Catalogne devait entraîner les plus désastreuses conséquences : les Espagnols s'y fortifièrent de nouveau et tous les efforts faits plus tard par la France pour y rétablir sa domination, demeurèrent impuissants. Au même lieu de la Bergerie,

---

[1] Le marquis de Montpouillan, de la maison de La Force.

[2] Marié à Julie de Sainte-Maure, fille du comte de Jonzac.

[3] Le colonel Balthazar, brave officier, dont le nom revient souvent dans les fastes militaires de cette époque, nous paraissait porter un nom de guerre; mais nous avions vainement cherché quel pouvait être son nom de famille, lorsque nous avons trouvé aux *Archives du Ministère de la guerre*, volume cxxxviii, la minute d'un brevet au nom de Balthazar, à la date du 5 juillet 1658, portant en marge son véritable nom : Jacques de la Croix.

le comte de Chavagnac [1] vint faire sa jonction avec des levées faites en Auvergne.

Le prince de Condé éprouvait non-seulement pour le comte de Marsin une vive amitié, mais il plaçait encore en lui la plus grande confiance. Lorsque ce prince fut obligé de quitter la Guyenne pour aller ailleurs commander en personne, il laissa à Marsin la direction de la partie militaire de la Fronde dans cette province; mais son zèle exagéré, son caractère violent et brutal nuisirent plus à la cause du prince qu'ils ne la servirent. Le marquis de Chouppes accuse nettement ce résultat, dans ses Mémoires :

« M. le Prince était tellement prévenu en faveur de Marsin, qu'il préférait ses avis à ceux de tout son conseil et même à ses propres sentiments : voilà ce qui ruina les affaires de Guyenne.

« Marsin était brave homme, mais incapable d'un bon conseil, étant presque toujours pris de vin. »

Ce jugement est, dans sa vérité même, empreint d'un peu d'exagération. Le marquis de Chouppes, ami de Daniel de Cosnac, qui ne pouvait souffrir Marsin, partageait évidemment les mêmes sentiments qui rendaient ses appréciations sévères.

L'arrivée de ce renfort et de son chef répandit

---

[1] Gaspard, comte de Chavagnac, qui a laissé des *Mémoires*.

une grande joie dans le camp. Marsin était du reste un ami que le grand Condé traitait sans façon ; comme sa naissance était au moins obscure, ce prince gai et moqueur improvisa à table cette chanson, peut-être le soir où il fêtait son retour :

> Je bois à toi, brave Marsin,
> Je crois que Mars est ton cousin,
> Et Bellone est ta mère,
> Je ne dis rien de ton père,
> Car il est incertain,
> Tin, tin, trelin, tin, tin, tin, tin.

La première pensée du prince de Condé fut d'envoyer Marsin prendre le commandement refusé par le maréchal de Turenne de son armée de Flandre; mais réfléchissant ensuite que les événements pourraient l'obliger lui-même à quitter la Guyenne où il serait opportun de laisser un général de confiance, il changea de résolution. A défaut d'un général de réputation pour son armée de Stenay, il chercha un chef dont le nom fût au moins une force ajoutée à celle des dix-huit mille hommes qui composaient cette armée; il choisit le duc de Nemours. Ce jeune prince, d'une complexion délicate, après une tentative de traversée par mer, accomplit par terre, pour se rendre à son poste, à travers mille obstacles, un de ces aventureux voyages que la dispersion des armées sur les points les plus éloignés rendit fréquents pendant les guerres de la Fronde.

Le renfort de bonnes troupes amené par le comte de Marsin permit au prince de Condé, bien qu'il fût encore bien inférieur en forces au comte d'Harcourt, de concevoir le projet de reprendre l'offensive par une marche pleine de hardiesse.

Cette partie de la campagne du grand Condé, en Poitou, est à peine connue; les historiens n'en ont tracé qu'une incomplète esquisse; le récit qui va suivre découle des sources mêmes, de rapports manuscrits et de lettres inédites. La première lettre est adressée par le comte d'Harcourt au cardinal Mazarin, qu'il félicite sur son récent retour.

Lettre du comte d'Harcourt au cardinal Mazarin.

« MONSIEUR,

« Quand je ne vous dirois pas qu'une de mes plus sensibles joyes a esté celle d'apprendre vostre retour auprès de leurs Majestez, je vous croy si bien persuadé de la parfaite estime que je fais de l'honneur de vostre amitié et de la part que je prends à ce qui vous touche, que vous n'en auriez peu douter. C'est ce qui m'oblige à ne pas estendre plus loing ce compliment que pour vous asseurer que je seray toute ma vie le mesme que vous m'avez conneu.

« Cependant, Monsieur, vous trouverrez bon s'il vous plaist que nous commencions à jouir de l'avantage que nous avons de vous revoir dans une charge où vous avez si utilement servy l'Estat et dans laquelle j'espère en mon particulier des marques obligeantes de la bonté que vous m'avez promise.

« J'ay appris le rendez-vous des troupes qui nous doivent joindre par le controlle que Monsieur le comte de Brienne m'en a envoyé, et Mr du Plessis-Bellière part présentement suivant l'ordre du Roy qui m'en a esté adressé pour les recevoir à Chisay où le munitionnaire fait travailler au pain nécessaire à l'infanterie. J'ay sceu que la plus grande partie est sans armes et que mesme dans le régiment de Grandmont, liégeois, il n'y a pas un seul mousquet, et quelque soin que nous ayons eu à en faire chercher dans toutes les villes où il avoit apparence d'en trouver nous n'en avons peu recouvrer en façon du monde, ainsy Monsieur, il est important que l'on en fasse venir de Paris, de Limoges et d'Angers, où Monsieur du Plessis m'a dit qu'il y en avoit pour armer deux ou trois mil hommes, à quoy je vous supplie de vouloir tenir la main, puisque vous scavez mieux que nous, que ce seroit avoir des troupes en painture que de les avoir sans armes.

« Nous nous trouvons un peu embarassez sur les desseins que nous prendrons quand toutes nos troupes seront jointes; s'en offrant deux qui ont, ce me semble, leurs avantages et leurs inconvénients esgaux.

« L'un est de passer la Boutonne pour tascher à faire repasser la Charente à M. le Prince et ensuite la passer à Cognac avec toute l'armée et chercher au delà les occasions de le combattre, si nous le rencontrons en deçà, ou lui oster la communiquation de la Guyenne.

« L'autre est de passer la Charente à Tonnay-Charente et occuper tous les lieux qui sont depuis le chasteau de la Chaume jusqu'à ce bourg, comme les seuls qui peuvent donner moyen de subsister; ceux qui sont depuis Ponts jusques à Tonnay-Charente au delà de la rivière, ayant esté ruynez par l'armée de M. le Prince.

« L'avantage que nous trouvons au premier est de pousser M. le Prince au delà de la rivière ou de le combattre en deçà, si la situation de son camp nous le peut permettre, ou bien de luy oster la communiquation de Guyenne; et l'inconvénient qui s'y rencontre, c'est que estant en liberté de repasser la Charente du moment que nous passerons la Boutonne, il pourra occuper les quartiers de la Chaume et les autres du costé des isles de la Tremblade et faire subsister longtemps ses troupes sans que nous puissions aller à luy. La situation du lieu estant fort avantageuse comme vous verrez par la carte dont le chevalier de Fourrille est chargé ; ou s'il prend le party d'aller du costé de la Guyenne, il ne nous laissera pour subsister que le pays qu'il aura ruyné en passant.

« Le dernier dessein de passer la Charente par le derrière de M. le Prince nous donne l'advantage de subsister du costé des isles de la Tremblade et de ruyner le gouvernement de Brouage, et favoriser la bonne volonté que Marennes et les dites isles ont de se déclarer pour le service du Roy, comme elles n'attendent pour cet effet que l'arrivée des trouppes; mais l'inconvénient est de laisser à M. le Prince la liberté de courir le plat pays si nostre marche de ce costé là ne l'oblige à repasser la Charente comme je croy qu'il ne fera pas, ayant sa retraite libre et asseurée par Xaintes et Taillebourg, outre que nous ne pourrions esviter de hasarder ce poste dont la conservation est importante bien qu'il soit ouvert de toutes parts, et cela me fait souvenir de vous faire remarquer que nous sommes malheureux en ce que nos deux postes plus importants sont la Rochelle et celuy-ci que l'on peut à peine conserver que par la présence d'une armée.

« Je vous avoüe que je suis fort combattu sur lequel de ces deux desseins je dois le plus pencher, et comme les sentimens de la Cour nous servent icy d'une loy inviolable, je vous supplie de nous les faire sçavoir par le chevalier de Fourrille qui est assez bien instruit de toutes choses pour vous esclaircir de celles dont vous pourriez douter. Cependant s'il se présente quelque bonne occasion qui fasse changer nos mesures nous en profiterons avec beaucoup de joye.

« Je vous envoye un mémoire de troupes que l'on me dit que M. le Prince a envoyées à M. de Bourdeilles, ce qui m'a obligé de donner ordre à M. de Sauvebeuf de rester où il est et aux régiments qui se font en ses quartiers, de le joindre pour s'opposer aux desseins du dit S. de Bourdeilles. Je m'asseure, Monsieur, que vous ne trouverrez pas cela mal à propos.

« On nous a envoyé, il y a quelques jours, par le commissaire du Fresnoy une quantité de souliers et de bas de chausses que nous ne distribuerons que quand le reste de ce qui a esté projeté sera achevé et que toute nostre infanterie sera arrivée, ainsy je vous supplie d'ordonner que l'on y travaille incessamment.

23

« Toute l'armée est persuadée d'avoir cet hyver cinq deniers monstres comme on luy a fait espérer, et il est bien juste, Monsieur, que la fatigue qu'elle aura soit adoucie par cette grâce que je vous conjure de leur procurer autant qu'elle despendra de vous.

« Pour ce qui est de l'estat de nos autres affaires de finance, je le remettray, s'il vous plaist, à M. Marin et me contenteray de vous dire que comme je le connois fort zelé et fort fidelle au service du Roy, je luy en laisse la disposition toute entière et n'y agis que comme il juge à propos.

« Je ne croiray pas me rendre fort mauvais office de demander la lettre de service de mareschal de camp en faveur de M. de la Vilette, vous connoissez ses services et sa fidélité, et il est de ces gens à qui on ne sçauroit refuser cette grâce pour laquelle je me suis volontiers engagé de vous escrire.

« Je viens de recevoir la lettre que vous m'avez fait la faveur de m'escrire du xxx décembre à laquelle il ne me reste rien à répondre que sur nos pauvres régimens oubliez. Je vous asseure, Monsieur, qu'ils ont bien plus fatigué en Berry, qu'ils n'ont eu moyen de s'accommoder et c'est une médiocre somme qui les feroit servir avec satisfaction. Faites moy la faveur de croire que je n'en auray jamais de plus parfaite que de vous témoigner à quel point je suis,

« Monsieur,
« Vostre très humble et très asseuré serviteur,

« D'Harcourt [1].

« A St-Jean-d'Angely, le premier janvier de l'an 1652. »

Cette lettre indique que depuis la tentative avortée du passage de la Charente par le comte d'Harcourt, la position respective des deux armées avait changé. Monsieur le Prince, renforcé par les troupes de Marsin et de Chavagnac, avait lui-même passé cette rivière en amont de Tonnay-Charente, de manière à se trouver couvert par une autre rivière, la Boutonne, dont le cours est profond depuis son confluent avec la Charente, jusqu'à Saint-Jean-d'Angely. Il avait placé son quartier général à Saint-Savinien, poste qui lui permettait, en cas de nécessité, de repasser la Charente sans éprouver d'obstacles. Ce mouvement offensif, sans réparer entièrement la tentative infructueuse faite pour s'emparer de La Rochelle et l'échec reçu sous les murs de Cognac, pouvait en neu-

---

[1] *Archives du Ministère de la guerre*, vol. cxxxiii.

traliser l'effet. Cette dernière place était tournée, ses communications interceptées avec l'armée royale; à part quelques faibles inquiétudes pour les derrières, elle ne pouvait gêner en rien ni un mouvement de retraite assurée au besoin par Taillebourg ou par Saintes ni une marche en avant. Placé solidement dans cette presqu'île, ou plutôt cette pointe, que forment la Charente et la Boutonne, en se rapprochant par une ligne oblique jusqu'à leur confluent, le prince de Condé méditait un coup hardi que nous révélera la lettre suivante du comte d'Harcourt. Ce général ne prétendait du reste nullement laisser le prince occuper paisiblement le poste avantageux qu'il avait choisi; sa lettre indique les deux plans entre le choix desquels il hésitait pour l'en déloger. Le premier était de franchir la Boutonne à force ouverte; après ce passage, se présentaient deux hypothèses : ou le prince culbuté serait obligé de repasser la Charente; ou, s'il résistait, le comte d'Harcourt, ayant la facilité d'aller à Cognac franchir cette rivière, pouvait tourner le prince et l'isoler de la Guyenne, sa base d'opérations militaires. L'inconvénient que le comte trouve à ce projet, est que, si le prince de Condé veut éviter un engagement, rien ne l'empêche, pendant que l'armée royale franchira la Boutonne, de repasser la Charente et d'aller établir ses quartiers dans des positions difficiles à attaquer, dans un pays bien approvisionné, appuyé, ce qu'il omet de dire, mais ce qu'il pensait certainement, par la forte place de Brouage et par le voisinage de la mer permettant de recevoir des secours de la flotte espagnole. L'armée royale, au contraire, ne pourrait subsister que dans le pays précédemment ravagé par les troupes de Condé. Le second plan du comte d'Harcourt était de passer la Charente à Tonnay-Charente, pour aller lui-même occuper ces quartiers avantageux le long de la mer, faciliter Marennes et les îles dans leur projet de se déclarer pour le roi, ruiner enfin le gouvernement de Brouage; mais l'inconvénient de ce plan est à ses yeux de ne pas entraîner la certitude que le prince de Condé repassera la Charente, puisqu'il a sa retraite assurée par Taillebourg et par Saintes, et de laisser à découvert Saint-Jean-d'Angely et La Rochelle, villes importantes à conserver. Enfin le général courtisan, qui a commencé par rappeler au cardinal qu'il lui a fait des promesses personnelles dont il attend la réalisation, préfère, en flattant, se décharger de la responsabilité, et demande au tout-puissant ministre de faire lui-même son choix entre les deux projets. On voit venir le temps de Louvois, où les plans de campagne élaborés dans son cabinet, seront envoyés tout faits aux généraux.

Le comte d'Harcourt au cardinal Mazarin.

« Monsieur,

« Les ennemis sont décampez de S.¹-Savinien d'hyer au matin, et ont campé cette nuit à Brisambourg, Escoyeux et lieux des environs. Le bruit est qu'ils vont à Chef-Boutonne et nous avons quelque advis que je ne tiens pas pourtant encore fort asseuré qu'ils ont détasché un corps de cavalerie pour aller du costé de Périgord ; Mais comme la chose est d'importance, je dépesche ce valet de pied du Roy pour vous en faire part et vous donner moyen de prendre quelque précaution du costé de M.ʳ de Paluau ou ailleurs, si vous jugez qu'elle soit utile. Nous avons des partys sur leur marche pour nous en apprendre la vérité et nous assemblons toutes nos troupes pour les suivre ou leur couper le chemin de la retraite, s'ilz vouloient revenir par Xaintes ou par Taillebourg. Il n'y a que quatre ou cinq régiments des troupes qui nous doivent joindre arrivez à Chisay, d'où M. du Plessis m'a mandé n'avoir encore aucunes nouvelles du reste. Elles ne nous seroient pas inutiles, comme vous pouvez juger ; mais nous ne laisserons pas de profiter de l'occasion pour peu qu'elle nous soit favorable, et de faire tout ce que l'on peut espérer de mon zèle et de ma fidélité; je vous conjure de la croire esgale pour vos intérests particuliers et que je suis très passionnément,

« Monsieur,

« Vostre très humble et très acquis serviteur,

« D'Harcourt [1]. »

« L'ordre que j'ay donné ces jours passez à M. de Sauvebeuf de rester aux lieux où il estoit et d'assembler toutes les troupes que l'on y lève, n'a pas esté donné fort mal à propos, et si tout le monde fait bien son devoir, j'espère que ce party des ennemis qui va du costé de Périgord sera fort incommodé dans sa marche.

« A mon départ de Poitiers, on me remit quelques brevêts de maréchaux de camp, les noms en blanc; je demanday permission, il y a quelques jours, d'en donner un au Sr de Forgues, gentilhomme de ce pays fort accrédité, ce qui a esté agréé; mais comme je n'ay point de lettre de service à luy donner non plus qu'à Mr de Montendre, je vous supplie de me les envoyer et que celle de Mr de Forgues soit datée des

---

[1] *Archives du Ministère de la guerre*, vol. CXXXIII.

derniers jours de l'année passée, luy ayant fait prendre jour icy dans l'asseurance que j'ay eüe que c'estoit une grâce accordée.

« Au camp de St-Jean-d'Angely, le 4e janvier 1652. »

Comme le cardinal Mazarin n'était pas encore arrivé à Poitiers et que sa réponse pouvait se faire attendre plus qu'il n'était opportun dans cette conjoncture pressante, le comte d'Harcourt avait pris la précaution d'adresser une dépêche semblable à Le Tellier, qui avait repris son poste de ministre secrétaire d'État spécialement chargé des affaires de la guerre; la preuve en résulte d'une lettre adressée au comte par le roi lui-même, qui est en même temps une réponse à la lettre écrite au cardinal Mazarin :

Lettre du Roi au comte d'Harcourt.

« Poitiers, 5 janvier 1652.

« Mon cousin, ayant veu par la lettre que vous avez escrite au sieur Le Tellier, secrétaire d'État, du 4 de ce mois, comme le prince de Condé a décampé et a logé la nuict précédente à Brisambourg, Escoyeux et lieux voisins, avec bruit dans son armée qu'il alloit vers Chef-Boutonne, sans que vous soyez asseuré de son dessein, je vous fais cette lettre pour vous dire que vous ayez à le suivre et à chercher l'occasion de le combattre et que vous fassiez pour cette fin tout ce que vous jugerez nécessaire et à propos, espérant avec l'aide de Dieu tout bon succez de la justice et de la force de mes armes et de votre grande conduitte et ne doutant pas que vous ne sachiez bien prendre partout vos avantages. Je prie Dieu qu'il vous ait en sa sainte et digne garde.

« Louis [1]. »

Ces lettres apprennent que le prince de Condé avait quitté ses quartiers de Saint-Savinien et qu'il marchait par Escoyeux et Brisambourg sur Chef-Boutonne, et révèlent en même temps le coup de main hardi qui dut être le but secret qu'il se proposait dans le cours de cette campagne, puisque nous le verrons en renouveler ailleurs la tentative. Par cette marche tournante autour de Saint-Jean-d'Angely, quartier-général du comte d'Harcourt, le prince évitait à la fois un engagement général avec l'armée royale que l'état d'infériorité de ses forces eût rendu compromettant, et le passage difficile de la Boutonne, en remontant à Chef-Boutonne où cette rivière prend sa source. Cette marche conduisait en ligne droite sur Poitiers, où se trouvait la cour, avec le

---

[1] *Archives du Ministère de la guerre*, vol. cxxxv.

jeune roi. Il ne nous paraît pas douteux que Condé, en s'efforçant de dérober sa marche au comte d'Harcourt et en le devançant, n'ait eu l'intention de surprendre Poitiers et d'enlever le roi. La tentative qu'il fit plus tard à Bléneau et qu'il conduisit plus loin encore que celle-ci, bien qu'elle ait également avorté, suffit pour révéler que, dans les deux circonstances, son projet fut semblable. Sa hardiesse même s'explique par l'état d'infériorité de ses forces, qui ne pouvant lui permettre de vaincre en bataille rangée, l'obligeait à recourir aux manœuvres habiles et aux surprises. Si le prince de Condé se fût emparé de la personne du roi, il terminait la guerre par un coup si heureux; les armées royales devenaient les siennes et il était maître de régler à son gré les destinées de la France. Le comte d'Harcourt ne paraît pas, d'après les termes de sa lettre, avoir soupçonné toute l'étendue du projet du prince de Condé; ce qui se comprend, puisque sa témérité devait le rendre invraisemblable, et que nous-même ne devons qu'à la tentative postérieure de Bléneau, de pouvoir reconnaître la portée de cette marche imprévue sur Chef-Boutonne.

Cependant la lettre du jeune roi prescrivant au comte de suivre pas à pas le prince de Condé, trahit des inquiétudes sérieuses, et le général de l'armée royale en s'y conformant de point en point, en ne permettant pas, grâce à son exacte vigilance, au prince de Condé de lui dérober sa marche, l'empêcha d'accomplir son hardi projet et rendit au roi et au cardinal Mazarin un service dont la portée allait bien au-delà de ce qu'il pensait.

La crainte manifestée par le comte d'Harcourt, de l'envoi d'un corps détaché, soit du côté du Périgord, soit du côté du Berry, devait être inspirée par un faux avis que lui avait fait parvenir le prince de Condé lui-même. La lettre suivante, du comte d'Harcourt au cardinal Mazarin, confirme pour nous cette supposition. Condé n'avait pas une armée assez forte pour l'amoindrir; mais il voulait, par un simulacre, détourner de sa piste tout ou partie de l'armée royale. Cette même lettre nous apprend que l'éveil que le comte d'Harcourt avait eu de la marche du prince de Condé sur Chef-Boutonne, avait obligé ce prince à abandonner son projet et à repasser précipitamment la Charente.

Lettre du comte d'Harcourt au cardinal Mazarin.

« Monsieur,

« Les advis que nous avons que M. le Prince a fait repasser la Charente à toutes ses troupes sur le pont de Xaintes, m'obligent à vous despescher ce valet de pied du Roy en toute diligence pour vous asseurer qu'il n'a pas tenu à nous que cette guerre n'ayt esté décidée par un combat général. J'ay fait passer la Boutonne à toutes nos troupes dans cette résolution, croyant que M. le Prince nous faciliteroit les moyens de l'exécuter; mais il n'en a pas voulu taster et a changé dans un moment ce beau dessein de nous donner bataille dont il faisoit courir le bruit si hautement dans son armée.

« Je vous proteste, Monsieur, que j'en suis bien fasché sans faire le brave et que j'appréhende bien, s'il se met toujours à couvert des rivières, que nous ne puissions rencontrer d'occasion favorable pour le combattre. Nous alions passer la Charente à Cognac avec dessein de rechercher soigneusement celles qui nous pourront donner quelque avantage, et j'ose croire, Monsieur, que vous serez bien caution de l'ardente passion que j'en ay.

« Nous avons appris à nostre arrivée en ce lieu que l'armée de M. le Prince en est décampée avec une précipitation extraordinaire au premier advis qu'il a eu que nous assemblions nos troupes, et on a trouvé mesme quelques bagages qui y ont esté laissez, ce sont des marques qu'il veut faire une guerre de chicane et qu'il fuira autant qu'il pourra les occasions de combattre.

« Je viens de recevoir la lettre que vous m'avez fait la faveur de m'écrire du sixième de ce mois avec les dépesches de M⁰ˢ de Forgues et de Montendre dont je vous rends mille grâces.

« Je vous envoieray par la première occasion un mémoire de toutes les nouvelles levées qui ont joint l'armée, et je suis ravy de la résolution qui a esté prise de révocquer celles qui n'ont pas fait leur devoir.

« L'advis que je vous avois donné d'un corps détasché de l'armée de M.ʳ le Prince pour aller en Berry n'a eu aucune suitte et je vous l'avois, ce me semble, mandé comme assez incertain; mais je croy qu'à toutes bonnes fins, je ne dois pas manquer de vous faire part indifféremment de toutes choses, de la façon qu'elles viennent à nostre connoissance.

« Je suis avec beaucoup de fidélité et de passion,

« Monsieur,

« Votre très-humble et
très-acquis serviteur,

« D'Harcourt.

« A Brisambourg, le 9ᵉ janv. 1652.

« Je m'asseure que le commis de l'extraordinaire que nous avons envoyé à Poitiers y recevra, sans diminution aucune, le fonds destiné pour les dépenses de cette armée. Il est pourtant bon que je vous die qu'il y a plutost occasion de l'augmenter, et que, sans cela, il nous seroit tout-à-fait impossible de pouvoir faire faire le service, ne pouvant faire icy aucun fondement sur les contributions que de long-temps [1]. »

Le comte d'Harcourt, en faisant avorter le coup de main médité, selon toutes les probabilités, sur Poitiers par le prince de Condé, avait fait de la prose sans le savoir, ainsi que sa lettre le démontre surabondamment. Tandis qu'il vient de rendre à la cause royale le plus signalé service, il ne songe qu'à s'excuser de n'avoir pu forcer le prince à livrer bataille et à atténuer ce qu'il a écrit dans une autre lettre sur le détachement de l'armée ennemie envoyé en Périgord ou en Berry, erreur dont il avait été rendu la dupe par une ruse de guerre.

L'état des esprits dans ces contrées était tel que si la fortune eût permis au prince de Condé de remporter un succès un peu éclatant, il se serait manifesté un entraînement général en sa faveur. Le retour du cardinal Mazarin refroidissait pour le parti du roi ceux mêmes qui s'étaient constamment montrés les plus fidèles. Le marquis de

---

[1] *Archives du Ministère de la guerre*, vol. cxxxiii.

Montausier, que nous avons laissé à l'hôtel de Rambouillet tressant la guirlande de la belle Julie, nous fournira les renseignements les plus curieux sur l'impression générale produite par le rappel du ministre favori.

Le marquis, gouverneur de l'Angoumois, avait quitté Paris depuis le commencement des troubles, et résidait à son poste en gardien vigilant. Son dévouement à la cause royale n'était pas suspect, chaque jour il en donnait des preuves, guerroyant même pour son propre compte avec les faibles forces dont il disposait comme gouverneur.

A une lieue d'Angoulême, le château de la Tranchade, situé dans une position escarpée, entre deux précipices, enveloppés eux-mêmes par des marais, était occupé par un détachement des troupes des princes, composé de cent vingt hommes sous les ordres de trois capitaines. Cette petite garnison était, pour ainsi dire, inexpugnable et commettait de terribles ravages aux alentours. Le marquis s'attacha à surprendre et à détruire les détachements qui s'aventuraient au dehors; une de ses embuscades fut si bien dressée, que la petite colonne de sortie fut détruite en partie et le reste dissipé de manière à ne plus pouvoir rentrer dans la place. Le château se trouvant ainsi dégarni de la plus grande partie de ses défenseurs, le marquis s'avança avec deux pièces de canon; la garnison, devenue trop faible, n'attendit pas son attaque, et il put, sans coup férir, prendre possession pour le roi de ces murs redoutés [1]. Il y plaça un détachement de ses propres soldats; mais ce château appartenait au marquis de Mortemart, qui demanda à être remis en possession, et obtint à cet effet autorisation de la cour pour y rentrer. Montausier ne se hâta pas d'y obtempérer; il fallut qu'un ordre formel, signé par le roi, l'obligeât à faire cette remise au seigneur du château, qui s'engagea à pourvoir à sa défense au moyen d'une garnison lui appartenant [2].

Le marquis de Montausier, qui s'exposait chaque jour pour le rétablissement de l'autorité royale et ne tarda pas à être dangereusement blessé dans une des nombreuses affaires de cette guerre, crut que son dévouement et son devoir l'obligeaient à faire connaître franchement à la reine les dangers nouveaux créés par le retour du cardinal Mazarin; seulement, pour ne pas la heurter en face, sa lettre, qui devait être communiquée à la reine seule, était adressée à Le Tellier, ministre secrétaire d'État. Du reste, la reine, toute à la joie du retour du ministre, sans perdre sa

---

[1] *Gazette* du 6 janvier 1652.
[2] Lettre du roi, du 21 janvier 1652. *Archives du Ministère de la guerre*, vol. cxxxv.

confiance accoutumée, attendait à Poitiers, les événements; la *Gazette* nous l'apprend[1]:

« Le roy continue à prendre icy ses divertissements au manége et au bal, comme la reine ses dévotions pour le succès de leurs armes. »

La lettre du marquis de Montausier troubla-t-elle cette quiétude? nous l'ignorons; mais elle offre, sur la plupart des points qu'elle aborde, un vif intérêt. L'auteur demande à son correspondant le secret le plus absolu vis-à-vis de tout le monde, vis-à-vis même des autres ministres ses collègues, il ne fait d'exception que pour la reine seule. Le secret était en effet important à garder dans le moment; mais depuis, nul historien ne l'a trahi. Cette première indiscrétion, commise à plus de deux siècles d'intervalle, ne nuira en rien maintenant, ni au gouverneur de la province, ni aux officiers des troupes sous ses ordres, ni aux habitants d'Angoulême, ceux d'à présent se sont très-certainement corrigés des défauts de leurs devanciers, ni à leur excellent maire un peu jovial, qui puisait *in vino veritas*.

[1] *Gazette* du 6 janvier 1652.

Lettre du marquis de Montausier à Le Tellier[1].

« Monsieur,

« Comme je ne veux point prendre d'alarme sans sujet, et que n'ayant à en donner qu'avec raison, je n'ay pas voulu mander à la cour jusques icy, l'émotion qui paroissoit en beaucoup d'esprits de cette ville à cause du retour de Monseigneur le Cardinal, j'ay voulu examiner la chose de plus près avant de vous en parler, et enfin j'ay jugé vous en devoir donner avis. J'ay ouy dire que M. Paget, intendant de la généralité de Limoges, ayant séjourné icy quelques jours avoit dit à son retour à Poitiers qu'il appréhendoit que cette ville ne prist les armes sur le sujet dont je vous ay parlé; mais les choses n'en sont pas si avant que cela. Ce qu'il y a de vray, c'est que les esprits s'esloignent peu à peu, sur ce prétexte des sentimens qu'ilz doivent avoir pour le service du Roy, que le peuple murmure de tous costés, et que les bons bourgeois avec la plus part des officiers parlent fort librement de ce retour; et, dans toutes leurs conversations, ils disent que je suis un Mazarin. Il y en a mesme un qu'on ne m'a pas voulu nommer qui fut si insolent que de dire

---

[1] *Archives du Ministère de la guerre,* vol. cxxxiii.

qu'encore qu'on m'eust tousjours obéy en toutes choses qu'on ne le feroit peut-être pas en celle-cy. Le maire mesme de la ville, zélé pour le service du Roy au-delà de ce qu'on peut exprimer et mon ami très-particulier, en une petite desbauche où je me trouvay le jour des Roys, fut assez fou ou assez eschauffé du vin pour vouloir me porter la santé du Roy *sans Mazarin;* mais il en fut empesché par celuy qui estoit auprez de luy à qui il l'avoit communiqué. Je vous rends un compte si exact de toutes ces petites particularités, afin, Monsieur, que vous jugiez vous mesme de l'estat où nous sommes et des remèdes qu'on y doit apporter. Certainement on ne fera pas encore icy de sédition ouverte parce qu'on m'y craint et qu'on m'y considère; mais si j'en sortois, l'on n'y pourroit eschaper. Mesme moy y estant, si d'autres villes après Paris, leur donnent quelque mauvais exemple, ilz le pourroyent suivre si l'on ne les tient un peu en bride, ce que je ne puis pas faire moy seul, comme j'ay fait jusques icy. Voilà, Monsieur, l'estat des choses auxquelles le Roy mettra l'ordre qu'il jugera nécessaire; mais je croy aussi estre obligé de dire mon sentiment sur le remède qu'on y peut apporter; après quoy vous ordonnerez ce qu'il vous plaira. Je vous diray donc, Monsieur, qu'il me semble que le plus expédient est de me donner mon régiment d'in=

fanterie, dont j'en mettrois douze compagnies icy, et huict à Coignac, d'où l'on pourroit oster les Suisses et les autres trouppes qui y sont en garnison; ainsy ces deux places seroyent asseurées et par dedans et par dehors dont elles ont besoing l'une et l'autre; de plus, toutes les petites places, de ces provinces qui ont besoin de garnison en seroyent fournies par des gens commandés de ce corps, et estant besoin de faire la guerre après que Monsieur le Prince sera poussé hors de ce pays, aux ennemis qui y demeureront du costé de Xaintes et de Broüage. J'aurois moyen d'entreprendre quelque chose, et de faire payer les tailles au Roy dont sans cela il ne faut pas faire de compte; mais comme tous les généraux d'armée n'ont jamais de troupes à leur gré, M. le comte d'Harcourt faist peut estre difficulté de se défaire de mon régiment, sur quoy, Monsieur, vous pourrez faire ordonner ce que vous jugerez à propos. Après cette difficulté, il y en a une autre qui est celle de la subsistance, car les villes ne la sçauroyent en aucune façon fournir, outre que quand elles le pourroyent, il ne seroit pas juste de les en charger; car certainement elles ont beaucoup d'affection et de fidélité pour le service du Roy, et la folie générale de la plus part des peuples touchant Monseigneur le Cardinal leur doit faire pardonner la leur particulière, pourvu qu'on mette ordre qu'elle ne puisse porter aucun préjudice. D'un autre costé, je croy que M. le surintendant auroit peine à se résoudre à nous donner de quoy entretenir tant de gens, car cela se monteroit à une somme considérable; mais si l'on le juge à propos, je mettray une contribution très petite sur le plus grand nombre de parroisses que je pourray tant de mon gouvernement que du Périgord et du Poitou qui est en mon voisinage et par conséquent à l'ombre de cette place, imposant selon la force des parroisses dix sols par jour sur les plus foibles, un escu ou quatre francs sur les plus fortes, vingt, trente et quarante solz sur les médiocres. La somme seroit si petite qu'ilz la payeroyent fort aisément et comme si l'on ne leur demandoit rien, estant assez heureux qu'on ne les pillast point, comme l'on fait de tous costez, car dès que j'envoyerois des gens de campaigne, je les ferois vivre en payant aussy exactement qu'en Hollande; si vous trouvez ma proposition raisonnable, faites moy la grâce, Monsieur, de m'envoyer les ordres nécessaires pour cela, et le plus promptement qu'il se pourra, car cela a haste. Je vous conjure aussy de tout mon cœur de ne communiquer à aucun de MM. les ministres ce que je vous mande d'Angoulesme, par ce qu'il y en a qui, affectant en toutes choses de leur estre complaisans et de les protéger principalement contre les choses que je desire, ne manqueroyent pas de les leur faire sçavoir et cela me ruyneroit en cette ville. C'est pourquoy je vous supplie qu'il n'y ait que la Reyne qui scache que j'aie parlé de cecy, vous jugerez bien vous mesme qu'il est important que je ne perde pas l'affection des habitans de cette ville qui estant naturellement les plus orgueilleux et les plus séditieux du monde ont besoing que je les mesnage, ce que j'ay fait assez heureusement jusques icy ; mais je commence à perdre patience, car ilz sont insupportables, meslant à leur présomption tant de paresse et tant de négligence qu'il n'y a pas moyen de leur faire faire le moindre travail du monde pour leur sûreté, ny mesme une garde exacte pour les garantir de surprise ; que je vous aie donc l'obligation que cet avis ou du moins le nom de celuy qui vous l'a donné soit pour la Reyne et pour vous seulement, et croyez que je suis,

« Monsieur,

« Votre très-humble et très-obéissant serviteur,

« Montausier.

« Je vous supplie très humblement, Monsieur, de me faire la faveur de changer quelques uns des lieux d'assemblée de Monsieur le Marquis d'Aubeterre, le gentilhomme qui vous rendra cette lettre vous en baillera un mémoire, et je vous en seray infiniment obligé.

« D'Angoulesme ce xj janv^{er} 1652. »

L'effet produit par le retour du cardinal Mazarin allait donc jusqu'à provoquer la désobéissance des sujets et des troupes les plus fidèles. La reine, par ce rappel imprudent, avait mis la cause royale à deux doigts de sa perte. Si le prince de Condé était arrivé sous les murs de Poitiers, l'enceinte formidable alors de cette ville n'aurait pas eu de défenseurs. La cour s'y fût trouvée dans une situation plus critique qu'elle ne fut plus tard à Gien. Si elle eût voulu fuir, elle n'avait nul obstacle à laisser derrière elle pour arrêter ou retarder la poursuite; tandis qu'à Gien, le cours de la Loire la séparait de l'armée de Condé, et l'on sait que tant que le sort du combat de Bléneau fut indécis, elle tint ses équipages prêts pour la fuite. La faiblesse des moyens militaires dont disposait le prince de Condé, la Providence surtout, sauvèrent la reine des conséquences de ses propres fautes.

La conduite subséquente du prince de Condé semble démontrer qu'il dut considérer son but comme manqué, dès que la promptitude avec laquelle le comte d'Harcourt mit son armée sur ses traces l'eut forcé de renoncer à sa marche sur Chef-Boutonne et très-certainement sur Poitiers ; mais il eut le talent de dérober ses troupes à une lutte inégale, en causant à son adversaire le profond dépit que sa correspondance ne peut dissimuler. Ayant repassé la Charente à Saintes, il ne pouvait lui convenir davantage, dans son mouvement de retraite, de hasarder une bataille qu'il avait dû éviter, même dans un poste plus avantageux. Son nouveau plan fut de se rapprocher de Bordeaux pour maintenir dans son parti cette ville importante où il avait appris que la cour avait formé contre lui de formidables intelligences ; et, en se retirant au-delà de la Dordogne, de faire de cette rivière une nouvelle ligne de défense. Il possédait deux fortes places, Libourne et Bergerac, qui lui en assuraient le cours ; en outre, le pays qu'il laissait derrière lui était loin d'être entièrement perdu pour sa cause : Brouage, Talmont, Saintes et quelques autres places lui appartenaient encore. Outre les garnisons de ces places, le duc de la Trémoille et le comte du Dognon avaient des troupes pour tenir la campagne et inquiéter l'ennemi.

Le comte d'Harcourt désireux de remporter sur le grand Condé, en bataille rangée, une victoire que toutes les apparences semblaient lui promettre, se précipita sur ses pas.

Pour apporter plus de rapidité à sa retraite, le prince de Condé avait dirigé son infanterie du côté de la mer, et l'avait fait embarquer à Talmont pour remonter la Gironde; il n'avait gardé avec lui que sa cavalerie, composée de vingt escadrons, avec l'intention d'éviter tout engagement avec l'ennemi. Le comte d'Harcourt fit, le 10 janvier, passer à Cognac la Charente à son armée, afin de suivre ce mouvement. Le marquis de Bougy [1], maréchal de camp, commandant la cavalerie légère, reçut la mission de se porter rapidement en avant pour atteindre la cavalerie de Condé; il prit avec lui cinq régiments, ceux d'Harcourt, de Créquy, d'Epiés, de Barradas et

---

[1] Le marquis de Bougy, originaire de Normandie, était un des plus braves officiers de l'époque. Lorsqu'il épousa Mademoiselle de Callonge, originaire des environs de Marmande, la *Gazette de Loret*, du 14 février 1654, lui consacra une tirade poétique dont voici les premiers vers :

> Ce brave et hardy gentilhomme
> Que marquis de Bougy l'on nomme,
> Homme de réputation,
> Et qui jadis, sous Gassion
> (Un des plus vaillants de la terre),
> Aprit le mestier de la guerre,
> Faisant céder Mars à l'Amour,
> Doit épouser au premier jour
> Une pucelle assez polie
> Portant le beau nom de Julie,
> Nom illustre, nom glorieux.
> . . . .
> . . . .

d'Aubeterre, ne formant cependant en totalité qu'un effectif de cinq cents chevaux.

Le prince de Condé avait établi ses quartiers pour la nuit entre Saintes et Pons, de manière à les couvrir par la rivière du Né, dont il avait à la hâte fait couper les ponts et rendu les gués impraticables. A la faveur de l'obscurité, Bougy rétablit le pont de Merpin, rendit possible le passage des gués, et, deux heures avant le jour, avait franchi cet obstacle. De grandes difficultés s'opposent encore à sa marche : la campagne est inondée, et, en plusieurs endroits, n'offre d'à peu près praticables que d'étroits défilés [1] ; il avance néanmoins souvent avec de l'eau jusqu'aux sangles des chevaux ; Fontveux, gentilhomme du pays, s'était offert pour servir volontairement de guide. Une demi-heure avant le jour, Bougy arrive à l'improviste sur le quartier ennemi le plus rapproché, celui de Brives-sur-Charente, occupé par le régiment de Duras. Le commandant auquel l'éveil a été donné a eu le temps de monter à cheval avec quelques cavaliers et de s'avancer pour reconnaître les assaillants ; mais il est refoulé par une charge vigoureuse. Le quartier lui-même est enlevé ; la retraite est coupée aux fuyards ; cinq ou six hommes échappent à peine ;

[1] La fin de l'année 1651 et le commencement de l'année 1652 furent signalées en France par de désastreuses inondations.

tout le régiment de Duras est tué ou fait prisonnier. Bougy envoie le chevalier de Vivens avec le régiment de Créquy, attaquer le régiment d'Enghien dans son quartier à Rouffiac ; ce régiment est défait et perd tous ses officiers avec ceux des régiments de Lorges et d'Albret, qui sont venus à son secours. Cependant le boute-selle retentit au loin dans tous les quartiers, la cavalerie de Condé arrive en colonnes dans toutes les directions, Bougy songe à la retraite, et comme il a tout prévu, il a laissé les régiments d'Aubeterre et de Barradas à la garde des défilés par lesquels son petit corps de cavalerie se retire sans être atteint par le gros des forces ennemies, emmenant butin et prisonniers, sans avoir perdu un seul homme.

Ce brillant coup de main, à défaut d'un succès plus complet en bataille rangée, fut vivement applaudi dans l'armée royale [1]. Le prince de Condé n'en fut pas incommodé autrement pour continuer son mouvement de retraite, l'armée royale suivant toujours ses traces, mais à trop grande distance pour le pouvoir atteindre.

Le comte d'Harcourt ayant rencontré sur ses pas le château d'Ambleville, occupé par une garnison du parti des princes, le somma de se ren-

---

[1] Voyez à l'*Appendice*, la relation détaillée, tirée des *Archives du Ministère de la guerre*, de cette affaire demeurée si inconnue.

dre; mais l'officier qui commandait répondit qu'il ne se rendrait pas si aisément, et qu'il était prêt à mourir à la défense de son poste pour le service du roi; les soldats sous ses ordres firent retentir les cris enthousiastes de : *Vive le Roi! Vivent les Princes!* Du Plessis-Bellière, chargé de réduire ce château, fit avancer deux pièces de canon, appuyées par le régiment d'infanterie de Montausier, pensant que cette démonstration suffirait pour entraîner une capitulation immédiate; mais le commandant, probablement dans l'espoir d'être secouru, voulut un délai de quatre jours qui lui furent refusés. Il demanda alors simplement de pouvoir sortir avec armes et bagages; le marquis du Plessis-Bellière lui fit savoir qu'il ne pouvait espérer, lui et ses soldats, que la vie, et que s'il s'opiniâtrait davantage, il n'obtiendrait point de quartier. Le commandant du château accepta l'offre de la vie, et sortit avec sa garnison le bâton à la main [1].

Pendant cette marche, le château de Barbézieux, après quelques jours de siège, se rendit à M. de Bellefonds, maréchal de camp, qui l'avait investi avec un détachement de l'armée royale [2].

[1] *Gazette* du 25 janvier 1652.
[2] La cour fit imprimer à Poitiers la relation de la prise de Barbezieux, qui eut lieu le 15 janvier; un exemplaire de cette relation se trouve parmi les manuscrits de Dubuisson-Aubenay.

La capitulation suivante fut signée de part et d'autre[1] :

« *Articles accordez par le sieur de Bellefonds, mareschal des camps et armées du roi, au sieur de Lévy, comte de Chalus, lieutenant de Sa Majesté au gouvernement de Berry, commandant en la ville et chasteau de Barbezieux.*

« Ledit sieur de Lévy aura la vie sauve avec les officiers, soldats et volontaires estant en ladite place sous sa charge, qui demeureront prisonniers de guerre, du nom desquels sera donné estat au sieur Matharel, thrésorier de l'armée.

« Ledit sieur de Lévy promet de remettre le chasteau demain, seizième janvier, à six heures du matin, avec les armes, bagages, meubles et équipages, et les munitions de guerre et de bouche qui y sont, entre les mains de celui que le comte d'Harcourt nommera.

« Pour asseurance de cette capitulation, ledit sieur de Lévy livrera dès à présent le ravelin qui est devant la porte du chasteau.

« Et il sera donné audit sieur Lévy cinq ou six de ses domestiques pour le servir dans la prison où il sera conduit.

« Faict à Barbézieux, le quinzième janvier 1652.

« BELLEFONDS. »   « DE LÉVY-CHALUS. »

[1] *Gazette* du 1er février 1652.

Un parent du comte de Chalus, le marquis de Lévi, fait prisonnier peu de jours auparavant, lors du coup de main du marquis de Bougy, fut envoyé au château de Saumur; mais il recouvra promptement sa liberté par un de ces échanges entre les prisonniers, très-fréquents dans cette guerre[1]. Il rejoignit le prince de Condé, dont il facilita bientôt, en le faisant passer pour l'un de ses serviteurs, l'aventureux voyage des bords de la Dordogne à ceux de la Loire, voyage que ce prince devait accomplir encore dans le cours de cette laborieuse campagne.

Le prince de Condé, arrivé sur les bords de la Dordogne, fit sa dernière halte de retraite à Saint-André de Cubzac. Confiant dans l'avance qu'il croyait avoir sur l'armée royale, il négligea de se couvrir à distance par des précautions suffisantes. Quelle ne fut pas sa surprise de voir apparaître l'armée du comte d'Harcourt qu'il croyait non loin encore des rives de la Charente! Pour faire tête à l'attaque, le prince n'avait sous la main que des forces insuffisantes; ses troupes étaient dis-

---

[1] Un ordre du roi au comte d'Harcourt, daté de Poitiers, le 27 janvier 1652, prescrit l'échange du marquis de Lévi contre le chevalier d'Albret et de quelques autres officiers qui avaient été faits prisonniers à Pons, entre autres de Monsieur de Vandré, capitaine au régiment de cavalerie du Dognon, échangé contre Monsieur de Saint-Gelais. *Archives du Ministère de la guerre*, vol. cxxxv.

persées dans des quartiers situés à de grandes distances les uns des autres. Sa défaite était inévitable, si le comte n'eût renouvelé la faute déjà commise au pont de la Bergerie, de faire succéder à une marche offensive vigoureuse une trop prudente attaque. Comptant sur la supériorité de ses forces, il ne voulait sans doute rien hasarder en face d'un homme de guerre tel que Condé. Au lieu de foncer avec sa tête de colonne à travers le village de Saint-André, de couper en deux la cavalerie de Condé et d'y jeter un désordre qui n'eût permis à aucun commandement régulier de se transmettre et de la rallier, il mit sa cavalerie en bataille en avant du village; puis, négligeant d'y concentrer le premier effort de son attaque, il fit assaillir un quartier séparé que commandait le colonel Balthazar. Cette fausse manœuvre permit au prince de Condé de respirer et de rallier ses escadrons, pendant que le colonel Balthazar opposait une vigoureuse résistance. Le prince qui a réuni sa cavalerie en toute hâte, charge bientôt le comte avec elle; et, la nuit venant à son aide, force les troupes royales à la retraite.

Le lendemain, le prince de Condé, avec ses escadrons en bon ordre, entrait à Bourg sans être inquiété. Il y fut rejoint par le prince de Conti, qui, sur la nouvelle de la retraite de son frère, s'était empressé d'accourir à sa rencontre.

Dans cette affaire de Saint-André de Cubzac dont le but était manqué, l'armée royale voulut néanmoins se donner, auprès de la cour, les honneurs d'un succès remporté. Comme le colonel Balthazar, tout en donnant, par sa vigoureuse résistance, le temps au prince de Condé de rallier le reste de sa cavalerie, avait dû lui-même à la fin ployer sous le nombre, M. de Folleville, maréchal de camp, chargé de rendre compte au cardinal[1], insista seulement sur l'enlèvement du quartier du colonel, et passa immédiatement aux informations qu'il avait recueillies sur ce qui se passait à Bourg, depuis que le prince de Condé s'y était mis à l'abri de la poursuite des troupes royales.

Le soir même un souper dans la citadelle réunissait six convives de distinction : le prince de Condé, le prince de Conti, l'agent d'Espagne, le comte de Marsin, le comte de Maure et le colonel Balthazar. M de Folleville ajoutait ce renseignement, qu'un vaisseau espagnol, avec de l'infanterie, était arrivé devant Bourg, et que tous les habitants voulaient se sauver avec leurs meubles à Bordeaux, dans la pensée que les Espagnols allaient tenir garnison dans la citadelle.

Il est probable qu'il ne fut pas permis aux

---

[1] *Archives du Ministère de la guerre*, vol. CXXXIII.

habitants d'abandonner leur ville; mais leurs craintes n'étaient pas chimériques, la cession de Bourg à l'Espagne comme port de ravitaillement et de sûreté, était une des conséquences du traité signé par le prince de Condé avec cette puissance.

Il était difficile au comte d'Harcourt, avec de la cavalerie seulement, de forcer le prince de Condé dans une place fortifiée; mais il plaça son camp de manière à l'inquiéter. Le prince de Condé, accompagné de son frère et du colonel Balthazar seulement, tous les trois aventureux comme de simples soldats, s'avancèrent à portée de pistolet pour reconnaître la cavalerie royale. Cette reconnaissance faite, Condé disposa ses troupes avec tant d'avantage et de manière à les faire croire si supérieures en nombre à ce qu'elles étaient réellement que le comte d'Harcourt, après les avoir fait reconnaître à son tour par le chevalier d'Aubeterre qui fut vigoureusement repoussé par le colonel Balthazar, n'osa tenter une attaque et se retira tout à fait.

La campagne paraissait terminée; chose rare à cette époque et pour laquelle il avait fallu toute la vigueur opiniâtre qui caractérise les guerres civiles, elle s'était prolongée jusqu'au cœur de l'hiver. Par une dépêche à la cour du 29 janvier

1652[1], le comte d'Harcourt annonça qu'il faisait prendre à son armée ses quartiers de rafraîchissement le long des rivières de l'Isle et de la Dordogne.

Le cardinal Mazarin venait seulement de rejoindre la cour. Sa marche avait été retardée presque au moment où il croyait toucher au port. La Loire n'avait pas été pour lui un obstacle parce que le peuple de Gien effrayé à la vue de son armée, se souleva contre le marquis de Sourdis, gouverneur de la ville, qu'il força de s'enfuir et de livrer passage; mais il fut arrêté sur le bord du Cher, par Béthune, qui fit armer le peuple et pointer du canon contre le pont. Il dut faire un détour par Saint-Aignan. Malgré cette cause de retard, il se peut que le cardinal eût pu arriver plus tôt; mais quand il se vit assez proche de Poitiers pour y entrer au moment de son choix, il jugea peut-être plus avantageux d'attendre que l'armée royale eût rejeté plus au loin l'armée du prince de Condé. Le 28 janvier, le jeune roi lui-même se rendit à la rencontre du cardinal, à deux lieues de Poitiers, pendant que la reine l'attendait à sa fenêtre avec une impatience et une joie extraordinaires.

[1] *Archives du Ministère de la guerre*, vol. cxxxiii.

Le ministre Châteauneuf, que Mazarin s'appliqua aussitôt à abreuver de dégoûts, et déjà mortifié d'être, à son âge, obligé de descendre au second rang, demanda son congé, et, se retirant à Tours, disparut pour toujours de la scène politique.

CHAPITRE IX.

Excommunication prononcée contre la Fronde par une assemblée d'évêques. — Marche offensive du marquis de Saint-Luc dans la Haute-Guyenne. — Le prince de Conti quitte Bourg pour aller le combattre. — Prise de Caudecoste. — Le camp de Staffort. — Lettres datées de Bergerac, du prince de Condé à Lenet. — Le prince de Condé vole au secours de son frère avec quatre cents chevaux. — Première journée du combat de Miradoux. — Seconde journée, défaite du marquis de Saint-Luc. — Lettre du marquis de Saint-Luc à Le Tellier. — Siège de Miradoux. — Les régiments de Champagne et de Lorraine. — L'arrivée inattendue du comte d'Harcourt force le prince de Condé à lever le siège de Miradoux. — Lettre, datée de Staffort, du prince de Condé à Lenet. — Le prince de Condé surpris dans son camp par le comte d'Harcourt; désastreuse retraite sur Agen. — Sédition des habitants d'Agen. — Troubles dans Bordeaux, défections dans la Guyenne, prise d'Angers, perte de Saintes et de Taillebourg. — Manquement à la parole donnée pour la capitulation de Saintes. — Lettre du marquis de Montausier à Le Tellier. — Indiscipline des troupes; pillages; assemblée de la noblesse pour réprimer ces désordres. — Lettre de désespoir du prince de Condé en apprenant la perte de Saintes. — Le prince de Condé quitte secrètement la Guyenne. — Lettre du baron de Vatteville à Lenet sur ce départ.

(Année 1652.)

En Guyenne comme à Paris, les luttes de la Fronde ne procédaient pas uniquement par les armes; les écrits plus ou moins sérieux, les pamphlets et les libelles croisaient aussi leurs feux sur la ligne de bataille, lorsqu'on vit intervenir l'arme de guerre la plus inattendue dans une lutte où les questions religieuses étaient tout à fait étrangères, les deux partis faisant également profession de la foi catholique : une sentence d'excommunication fut fulminée. Cette sentence, nous croyons pouvoir le dire sans nous tromper, fut une œuvre bien plus politique que religieuse, accomplie sous l'inspiration de la cour par quelques évêques réunis à Poitiers; d'autant plus que le clergé lui-même était loin d'être d'accord sur les questions qui formaient le fond des dissentiments de la Fronde. Les curés de Paris étaient en particulier unanimes en faveur du mouvement; à Bordeaux, l'ordre des Jésuites se montra jusqu'à la paix sympathique à la cause des princes; dans le reste du royaume, les sentiments étaient partagés. Ces dispositions incertaines du clergé de France ne tardèrent pas à se produire avec éclat à l'occasion de la manifestation assez équivoque qu'il fit contre la mise à prix de la tête du cardinal Mazarin. Enfin, la cour de Rome, très-mal disposée pour le cardinal Mazarin, était plus explicite, quand elle accordait, nous le verrons en son lieu, malgré l'opposition de la cour de France, le chapeau de cardinal au coadjuteur de Paris, à ce chef fougueux qui avait rempli et était disposé à remplir encore dans la Fronde du clergé, du parlement et du peuple de Paris, un rôle non moins important que celui du prince de Condé dans la Fronde des armées.

Quoi qu'il en soit, car nous n'entreprendrons point une discussion théologique qui ne serait point de notre compétence, cette excommunication, de l'existence de laquelle nous avons acquis l'irrécusable preuve [1], n'obtint, probablement par ce motif qu'elle était un acte politique plus qu'un acte religieux, ni le retentissement ni l'effet auquel elle était destinée. Les historiens eux-mêmes l'ont passée sous silence, agissant du reste pour ce fait comme pour d'autres non moins intéressants que ce livre a pour but de remettre dans le relief et le jour qui leur doivent appartenir.

Le point de départ de cette sentence d'excommunication était la censure d'un écrit, sans nom d'auteur, sorti, en 1651, des presses de La Court, imprimeur de S. A. le prince de Condé, à Bordeaux, intitulé : *Question canonique, si M. le Prince a pu prendre les armes en conscience, et si ceux qui prennent son parti offensent Dieu, contre*

---

[1] Nous en devons la connaissance aux manuscrits de *Dubuisson-Aubenay*, conservés à la *Bibliothèque Mazarine*, parmi lesquels se trouve un exemplaire imprimé de cette sentence d'excommunication.

les théologiens courtisans. Ce livre concluait affirmativement sur la sécurité de conscience que devaient avoir ceux qui suivaient le parti de la Fronde.

Le 27 janvier 1652, les évêques réunis à Poitiers fulminèrent un acte portant : « Interdiction de lire et de garder le libelle sous peine d'excommunication, interdiction aux confesseurs de donner l'absolution à ceux qui, sous prétexte dudit libelle ou autres semblables, sont engagés dans les partis contraires au service du roi et ne veulent pas se retirer. » La sentence est fulminée au nom de l'archevêque de Bordeaux, primat d'Aquitaine; elle porte les signatures suivantes :

Henri, archevêque de Bordeaux; Gilles, évêque d'Évreux; Ferdinand, évêque de Saint-Malo; Samuel, évêque de Bazas; Pierre, évêque de Couzerans; Louis, évêque de Saintes; Hardouin, évêque de Rodez; Thoreau, doyen de l'église de Poitiers; Fauveau, chanoine de l'église de Poitiers et official; par commandement de mon dit seigneur S. Gourand, secrétaire[1].

---

[1] Nous donnons les noms de famille des évêques d'après les tableaux chronologiques des *Annuaires de la Société de l'Histoire de France :* Henri de Béthune, archevêque de Bordeaux de 1646 à 1680 ; Gilles Boutaut, évêque d'Évreux de 1650 à 1661 ; Ferdinand de Neufville-de-Villeroi, évêque de Saint-Malo de 1646 à 1667; Samuel Martineau, évêque de Bazas de 1646 à 1667; Pierre de Marca, évêque de Couzerans de 1642 à 1652;

Cette sentence fut imprimée et affichée à Poitiers et dans toute la province d'Aquitaine; le 20 février suivant, elle fut réimprimée à Paris et distribuée. Elle aurait dû produire quelque impression, car elle présentait ce fait, digne d'une remarque d'autant plus grande, qu'elle partait du point particulier d'une censure contre un écrit déterminé, censure qui pouvait suffire, pour prononcer une excommunication générale contre tous les adhérents du parti de la Fronde; cependant nous indiquons la seule trace que nous en ayons trouvée.

A Bourg, le prince de Condé avait à se reposer de sa rapide et hasardeuse campagne; le prince de Conti, qui n'avait pas eu à braver les mêmes épreuves, lui rendait compte de ce qu'il avait fait. Depuis Noël, ce prince avait établi son quartier général à Agen, et, de ce centre, rayonnant sur toute la province, s'était assuré des villes situées le long du cours de la Garonne. En réprimant les exactions de l'intendant Guyonnet, il avait rattaché au parti les populations mécontentes. Nuls engagements sérieux n'avaient eu lieu dans cette région, bien que le marquis de

---

Louis de Bassompierre, évêque de Saintes de 1648 à 1676 (il était fils naturel du maréchal de Bassompierre et de Marie de Balzac d'Entragues, sœur d'Henriette, marquise de Verneuil); Hardouin de Péréfixe, évêque de Rodez de 1649 à 1662.

Saint-Luc y commandât un corps de troupes de l'armée royale. Le prince de Conti, en quittant l'Agenais pour se réunir à son frère, avait adjoint à M. de Bellegarde, qui tenait M. de Saint-Luc en respect, le marquis de Chouppes, maréchal de camp ; ces deux chefs étaient allés ravitailler Lauzerte, place située sur les confins du Quercy.

A peine les deux princes étaient-ils réunis à Bourg, qu'un courrier apporte la nouvelle que le marquis de Saint-Luc, lieutenant-général en Guyenne et gouverneur de Montauban [1], mettant à profit le départ du prince de Conti, est descendu le cours du Tarn et de la Garonne et s'est successivement emparé de Moissac, d'Auvillars et de Caudecoste, à deux lieues d'Agen. Aussitôt les deux frères se séparent. Le prince de Condé établit son quartier général à Libourne, se réservant l'achèvement des fortifications de cette ville, de celles de Bergerac, et la défense du cours de la Dordogne, pour empêcher le comte d'Harcourt de tenter d'opérer une jonction avec le marquis de Saint-Luc. Le prince de Conti retourne dans l'Agenois pour repousser les forces de Saint-Luc ; mais elles s'étaient accrues ; outre quatre régi-

---

[1] François d'Espinay, marquis de Saint-Luc, mourut à Paris, en 1670, et fut enterré dans l'église des Célestins, auprès de son père, Thimoléon d'Espinay-Saint-Luc, maréchal de France. Voyez l'*Histoire généalogique du P. Anselme.*

ments de cavalerie, ce général n'avait pas moins de dix régiments d'infanterie sous ses ordres.

Le prince de Conti, sans s'arrêter à Agen, se rendit à Caudecoste, pour tâcher de reprendre cette ville, dont il forma immédiatement le siége[1]. Saint-Luc ne parut point pour secourir la ville. Après sept heures de l'attaque la plus vive, pendant laquelle le prince s'exposa toujours aux endroits les plus périlleux, la place fut emportée de vive force. Pensant avoir suffisamment rétabli par ce brillant coup de main le prestige un peu ébranlé dans cette province des armes de son parti, et la saison devenant plus rigoureuse, le prince de Conti mit ses troupes en quartier d'hiver; il se retira lui-même à Agen.

Toute l'animation que donnent à la guerre les dissensions civiles était nécessaire pour que cette double campagne du Poitou et de l'Agenais eût pu se prolonger ainsi jusqu'au cœur de l'hiver, alors qu'il était si bien convenu, par une sorte de consentement tacite et universel, que les hostilités restaient suspendues dans cette saison. Par un usage reçu, la plupart des officiers quittaient même alors momentanément les armées. La campagne pouvait donc être considérée comme finie. Il n'en fut pas ainsi; le marquis de Saint-Luc

---

[1] Voyez à l'*Appendice* du second volume: *Mémoire pour servir aux affaires de Guyenne.*

ménageait au prince de Conti, pour le tirer de son repos d'Agen, un réveil pareil à celui qui l'avait tout récemment forcé de revenir de Bourg en toute hâte. Le prince est averti d'une nouvelle marche offensive de Saint-Luc sur Staffort, où le marquis de Chouppes commandait un camp de deux mille cinq cents hommes. Aussitôt le prince réunissant avec promptitude les troupes de ses autres quartiers, vole au secours de celui de Staffort; mais arrivé en présence de l'ennemi, il s'aperçoit que toutes les forces dont il dispose sont bien inférieures à celles de l'armée royale. Ne voulant rien hasarder, le prince loge son infanterie dans la ville située sur la rive droite du Gers, et poste sa cavalerie en arrière, sur la rive gauche, de manière à la couvrir, du côté de l'ennemi, par le cours de la rivière; ensuite il s'avance pour reconnaître lui-même le camp occupé par le marquis de Saint-Luc, à une lieue de distance. Cette reconnaissance faite, il dépêche un courrier à son frère pour lui demander l'envoi, en toute hâte, de quatre cents chevaux de vieilles troupes, lui promettant, avec ce renfort, de battre le marquis de Saint-Luc. En attendant l'arrivée du secours demandé, le prince se contente d'escarmoucher avec l'armée royale; et Saint-Luc s'apercevant que, par ses dispositions intelligentes, le prince a pris sur lui l'avantage du poste, passe le pont de Gimbrède, sur la Girolle, et va camper à deux lieues de Staffort, sous les murs de Miradoux.

— Le prince de Condé, auquel son frère demandait l'envoi d'un secours, était resté, nous l'avons dit, sur le cours de la Dordogne, retenu par des soins importants. Il achevait de fortifier les places qui pouvaient empêcher le comte d'Harcourt de franchir ce fleuve, et lui-même, placé à cheval sur les deux rives dont il était maître, surveillait, d'un côté, la guerre de l'Aunis, de la Saintonge et l'Angoumois, que dirigeaient le prince de Tarente et le comte du Dognon; de l'autre, celle de la Haute-Guyenne, pouvant se transporter lui-même, au moment opportun, sur le point le plus menacé. Sa correspondance nous apprendra quelles étaient alors ses préoccupations diverses pour tirer des Espagnols le plus de secours possible, et pour satisfaire les exigences peu commodes du comte du Dognon, qu'il tenait cependant à conserver à tout prix.

Il écrivait à Lenet, de Bergerac, le 7 février :

« Remerciez de ma part M. de Vatteville de la poudre et du canon qu'il a envoyés à Libourne, et priez-le de faire partir promptement ses vaisseaux pour M. du Dognon. Vous pouvez avoir appris par son capitaine des gardes comme il me tomberoit sur les bras sans cela. Je vous prie d'y tenir la main¹. »

Il écrivait encore cette autre lettre à Lenet :

« J'ai receu votre lettre du septième /de ce mois, par laquelle j'ai vu tout ce que vous avez fait avec M. de Vatteville touchant M. de Longueville, dont je suis très-satisfait. Mais pour l'affaire de M. du Dognon, je n'aurai point l'esprit en repos jusqu'à ce que vous ayez fait donner ordre par ledit sieur de Vatteville à la subsistance de ses vaisseaux. Vous savez que ledit sieur du Dognon n'est pas homme à se payer de galimatias, et si vous ne pouviez rien faire avec M. de Vatteville pour cela, vous enverriez quelqu'un vers luy pour aviser au moyen de luy donner contentement. Aymant mieux le satisfaire de mon propre argent que de lui donner subject de désarmer ses vaisseaux, de quoy il faict bruict, et ce qu'il faut prévenir par quelque moyen que ce soit pour quantité de raisons, en particulier si les ennemis tournent du côté de Xaintes. Achevez cette affaire le plus tôt que vous pourrez et vous ne sauriez croire le plaisir que vous me ferez de m'en sortir.

« Louis de Bourbon.

« De Bergerac, le 10 février 1652. »

---

[*] Nous avons tiré cette lettre et la suivante des papiers de

Quand le prince de Condé reçut le message de son frère, quels que fussent les soins qui pouvaient le retenir sur les bords de la Dordogne, il jugea plus utile de s'en éloigner pour accourir en personne à la tête du secours demandé. Le marquis de Saint-Luc passait pour un officier de mérite, et les forces relativement considérables dont il disposait formaient à la fois un danger menaçant et un puissant attrait par les conséquences qui en ressortiraient s'il parvenait à les vaincre. Il importait au prince de frapper un coup décisif dans la Haute-Guyenne, pour rejeter au loin les lignes convergentes qui tendaient chaque jour à le resserrer dans un cercle plus étroit; car, en dehors des troupes commandées par le comte d'Harcourt et le marquis de Saint-Luc, le maréchal de Gramont formait à Bayonne une troisième armée. Il laissa donc au comte de Maure, avec le soin de la défense des passages de la Dordogne, la mission de l'achèvement des fortifications de Libourne et de Bergerac, et partit avec ses quatre cents cavaliers.

Le prince de Condé ayant rejoint son frère au camp de Staffort, s'avança avec lui vers Miradoux. Saint-Luc avait logé son infanterie dans la ville, et placé sa cavalerie dans les villages envi-

Lenet, conservés à la Bibliothèque impériale. Nous les croyons inédites.

ronnants. La supériorité de ses forces ne lui donnant nulle appréhension d'une attaque, il ne faisait garder le pont de Gimbrède que par quinze maîtres à cheval. Ceux-ci, culbutés, en un instant, par la tête de colonne de l'armée des princes, coururent donner l'alarme dans tous les quartiers. Les régiments arrivèrent au plus vite ; mais, l'un après l'autre, selon leur promptitude à se réunir, ou selon les distances. Les princes, donnant l'exemple du courage et chargeant au premier rang, tirèrent de cette faute de l'armée ennemie l'avantage de pouvoir attaquer chaque corps séparément avec des forces plus considérables. La lutte n'en était pas moins acharnée et difficile, parce que les princes ne pouvaient pas renouveler leurs forces comme se renouvelaient celles de leurs adversaires. Le prince de Condé eut son cheval renversé sous lui ; le prince de Conty, se précipitant au devant, couvrit son frère de son corps et lui donna la possibilité de se relever avec son cheval blessé, sur lequel il continua à combattre. Six régiments, dont trois d'infanterie, ceux de Lorraine, de Champagne et de Saint-Luc, vinrent successivement se faire rompre, jonchant le sol de morts et de blessés, et laissant de nombreux prisonniers. La nuit termina cette première affaire.

La défaite du principal corps cantonné dans

Miradoux pouvait cependant seule assurer une complète victoire; les princes le comprirent. Après avoir pris à peine quelques heures de repos, au point du jour ils firent sonner le boute-selle et s'avancèrent hardiment. Saint-Luc répondit à ce mouvement en rangeant en avant de la ville son infanterie en bataille. Pour l'atteindre, il fallait gravir un terrain montueux, entrecoupé de fossés et de sillons, détrempé par la pluie. Le prince de Condé ne tarde pas à s'apercevoir que s'il aborde avec des phalanges rompues par ces obstacles l'infanterie de Saint-Luc postée avec tout l'avantage du terrain, il court à une défaite; aussi donne-t-il le signal d'arrêter la charge. Il tâche, par des escarmouches, d'attirer son adversaire dans la plaine; mais cette ruse reste inutile; Saint-Luc voit le danger de perdre l'avantage de sa position, en face de troupes qu'exalte la poursuite victorieuse de la veille. Le prince de Condé, à bout de ressources pour surmonter cette obstination prudente, a recours à un nouveau stratagème tiré du prestige seul de son nom. Il ordonne de relâcher, sans conditions, les prisonniers tombés la veille entre ses mains. Ceux-ci portent à Miradoux la nouvelle inattendue que Condé lui-même combat à la tête des siens. Les soldats de Saint-Luc qui croyaient le prince sur les rives de la Dordogne, sont frappés d'une sorte de stupeur en apprenant qu'ils ont à lutter contre un général accoutumé à vaincre, lequel, en relâchant ses prisonniers avec tant d'indifférence, prouve qu'il compte pour peu le nombre de ses ennemis. Les officiers de l'armée royale perdent eux-mêmes confiance, et cette ligne naguère si solide et que Condé avait hésité à attaquer, s'ébranle, se replie et commence sa retraite sur Lectoure.

Le prince de Condé s'élance à la poursuite et compromet une victoire complète par une précipitation sans calcul, mais excusable dans le feu de ce premier succès que l'infériorité de ses troupes rendait si peu probable au commencement de la journée. Il n'attend pas que l'infanterie ennemie ait défilé dans un chemin creux où il l'aurait facilement accablée; avant que ce mouvement soit achevé, il coupe la colonne de retraite avec une poignée de cavaliers. Les régiments de Lorraine et de Champagne qui formaient l'arrière-garde, et qui ont la veille éprouvé sa valeur, sont rejetés dans les fossés de Miradoux; le prince de Condé, par une seconde faute, au lieu de poursuivre le marquis de Saint-Luc se retirant avec le gros de ses forces, dirige contre cette arrière-garde l'ardeur de son attaque; et ces régiments démoralisés demandent quartier à leur vainqueur. A ce moment où la rougeur de la honte rejaillit au front de tout vaillant officier, le lieutenant-colonel du régiment de Champagne, La Motte-Védel, s'aperçoit que le prince de Condé n'est suivi que d'une cavalerie peu nombreuse dont la profondeur même du fossé où ses soldats ont été rejetés arrête la charge; il le leur fait observer et ranime leur courage. Ceux-ci dirigent aussitôt un feu de mousqueterie contre les assaillants dont les chevaux caracolent impuissants le long des talus qu'ils ne peuvent franchir. Les régiments de Champagne et de Lorraine rentrent alors dans Miradoux, et cette place ouverte au prince quelques instants auparavant, se trouve avoir une garnison protégée derrière des murailles. Condé ne pouvait, en ce moment, songer à un siége ni même à un assaut, il retourne sur les traces de Saint-Luc pour ressaisir la victoire complète qui vient de lui échapper; mais ce général a pris de l'avance; il le poursuit vainement jusque sous les murs de Lectoure, sans pouvoir atteindre, pour les anéantir plus complétement encore, les débris dispersés de son armée.

Laissons maintenant le marquis de Saint-Luc raconter lui-même sa propre défaite dans une lettre à Le Tellier. Il commence par en jeter amèrement la cause sur l'absence, parmi ses troupes, d'un corps de vieille cavalerie qu'il avait demandé avec d'inutiles instances au ministre. Il double, dans son appréciation, les forces que le prince de Condé avait amenées avec lui, en les portant à huit cents chevaux, et tout en reconnaissant qu'il n'avait aucun avis certain de l'arrivée de ce prince dans le camp ennemi, il n'avoue pas l'impression fâcheuse produite par cette nouvelle quand elle se répandit parmi ses propres troupes. Bien que ne pouvant dissimuler la défaite de la première journée, il signale une charge dans laquelle les assaillants furent, dit-il, assez vigoureusement repoussés et ne convient pas d'avoir cédé un pouce de terrain. Quant à la seconde journée, il rejette la responsabilité de l'ordre de retraite sur l'avis d'un conseil de guerre qu'il avait réuni, avis appuyé sur des considérations de nécessité. Il ne paraît pas s'apercevoir de l'immense faute commise de céder, avec des forces supérieures à celles de l'ennemi, un poste où il avait pour lui tous les avantages, pour être en définitive obligé d'accepter le combat dans une situation défavorable et au milieu du mouvement toujours hasardeux d'une retraite.

Lettre du marquis de Saint-Luc à Le Tellier[1].

« A Lectoure, le 25° de féburier 1652.

« Monsieur,

« Je mande amplement à M. le cardinal la faute que j'ay faicte, si j'eusse eu quelques vieux régiments de cavalerie que je vous avois si longtemps demandés, ce malheur ne seroit pas arrivé. M. le Prince ayant passé la rivière avec huit cents chevaux, vint joindre l'armée de M. le prince de Conty; je n'eus aucun advis certain de leur jonction. Le mercredy vingt-uniesme de ce mois, il vint à minuict avec toute sa cavalerie, au nombre de deux mille chevaux, pour enlever nos quartiers de cavalerie à Miradoux, où j'estois campé; il les trouva à cheval, et les chargea, il prist quelques prisonniers. Aussytost je fis mettre l'armée en bataille en un poste assez advantageux. A la pointe du jour, les ennemis en firent de mesme; et, après deux ou trois heures de temps, ils firent deux attaques : l'une, à la gauche, assez foible, et l'autre, à la droite, plus forte, où je me trouvai; je les fis charger, et ils feurent assez vigoureusement repoussés. Le reste du jour

---

[1] *Archives du Ministère de la guerre,* vol. cxxxiii.

se passa dans une longue escarmouche d'infanterie ; ils ne gagnèrent de tout ce jour un pouce de terre sur nos troupes. Le soir arrivant, je fis assembler touts les principaux officiers pour tenir conseil de ce qu'il falloit faire ; ils feurent touts d'un mesme advis de se retirer, ayant très-peu de munitions de bouche et de guerre. M. de Marins demeura à l'arrière-garde avec quelques escadrons et pelotons d'infanterie pour les soutenir. La retraite ne peust estre cachée aux ennemis qui estoient campés fort près de nous, ils chargèrent l'arrière-garde, qui feust constrainte de se jetter dans Miradoux, les régiments de Champagne et de Lorraine et cent chevaux. Je fis mettre un régiment d'infanterie à un pont pour empescher les ennemis de passer ; ils forcèrent le passage. Je fis touts mes efforts avec M. de Saint-Germain d'Hachon pour rallier quelques escadrons ; il feust impossible de les faire tourner visage dans l'effroy où ils étoient. Me voyant abandonné, je me retirai avec M. de Saint-Germain et de Gohas, et huict ou dix chevaux à Lectoure. Présentement, M. le Prince a faict amener deux pièces de canon à Miradoux pour forcer cette infanterie ; j'ay ouy ce matin qu'il est déjà en batterie. J'ay envoyé M. de Gohas à Fleurance et M. de Saint-Germain dans Auch avec les débris de la cavalerie ; sy l'on ne m'assiste promptement, je croy que la province est en grand péril. J'attends vos ordres. Je suis,

« Monsieur,

« Votre très-humble et obéissant serviteur,

« Saint-Luc. »

La terreur et la dispersion des troupes du marquis de Saint-Luc furent du reste aussi complètes qu'il était possible, puisque ce général avoue lui-même qu'il entra dans Lectoure avec une suite de huit ou dix cavaliers à peine. L'effet de ce désastre éprouvé par l'armée royale fut immense dans ces provinces; des manifestations populaires en faveur de la Fronde eurent lieu à Montauban et à Toulouse; et dans cette dernière ville, le Parlement et les capitouls ayant décidé qu'ils enverraient les canons et les munitions que demandait le marquis de Saint-Luc pour reformer son armée, une émeute entoura l'arsenal et en referma les portes sur les canons qui allaient sortir [1].

Cette défaite de l'armée royale fut célébrée comme une grande victoire dans l'armée des princes. Le récit de cette action envoyé au duc d'Orléans fut imprimé à Paris [2] et répandu à pro-

---

[1] *Manuscrits de Dubuisson-Aubenay*, conservés à la Bibliothèque Mazarine.

[2] Nous avons trouvé, parmi les *Manuscrits de Dubuisson-Aubenay*, cette relation imprimée sous ce titre :

La véritable relation de la déffaite du marquis de Saint-

fusion. Cette relation cite, comme régiments engagés du côté de l'armée royale, ceux de Vaillac, de Saint-Mégrin, de Saint-Luc, de La Boissière, de La Villetière, de Lorraine, de Champagne et la compagnie des gardes du marquis de Saint-Luc ; du côté de l'armée des princes, les régiments de Théobon, de Montespan, de la Marche, de Montmorency, de Galapian, de Gondrin. Elle nomme comme s'étant distingués avec les princes, M. de Montespan, le duc de La Rochefoucauld, MM. les princes de Marcillac et de Valencay, le comte de La Serre, de Castelmoron, le chevalier de Foix, de Laugnac, de Bezols, le sieur Nergassier, lieutenant-criminel d'Agen, qui s'est vaillamment comporté, de Beauville, de Théobon, de la Marche, de Marsin.

Cette relation se termine par cette réflexion :

« Il seroit inutile de faire remarquer icy l'importance de cette deffaite qui assure toute la Haute-Guyenne au service du roy, oste une armée de quatre-mil hommes au cardinal Mazarin et surtout le régiment de Champagne et de Lorraine, unit le Languedoc à ce pays, et achemine

Luc, par les troupes de MM. les princes, envoyée par M. le prince de Conty à Son Altesse Royale. — A Paris, de l'imprimerie de la Ve I. Guillemot, rue des Marmousets, proche l'église de la Magdeleine. 1652. Avec permission.

la paix générale, qui est le seul but que se proposent les armes de MM. les princes. »

Après avoir poursuivi le marquis de Saint-Luc jusques sous les murs de Lectoure, les princes revinrent sur leurs pas pour enlever dans Miradoux les débris de l'armée royale qu'ils y avaient laissés renfermés, débris respectables encore, puisque parmi eux se trouvaient ceux des deux régiments de Lorraine et de Champagne, si renommés par leur valeur que les princes avaient signalé leur défaite comme l'un de leurs trophées les plus brillants. Les noms que portaient autrefois les régiments, plus significatifs et plus propres surtout à graver les souvenirs que les numéros qu'on leur donne aujourd'hui, créaient une émulation de valeur et une réputation à soutenir qui devenaient une force morale puissante dans les armées de la vieille France; ce qui n'empêche cependant pas nos modernes régiments de porter haut devant l'ennemi le numéro inscrit sur leurs victorieux drapeaux.

Marin, maréchal de camp[1], et La Motte-Védel étaient à la tête de ces glorieux restes des régiments de Champagne et de Lorraine. Enfermés dans une mauvaise place, aux murailles même de

---

[1] De Sainte-Colombe-Marin, officier distingué.

laquelle étaient adossées les maisons de la ville, ils auraient accepté une capitulation honorable. Le prince de Condé toujours emporté par son ardeur et persuadé qu'une bicoque ne saurait lui résister, quand il pouvait d'un mot s'assurer une complète victoire, commit la faute de ne pas proposer une capitulation digne de tels soldats. Comme il savait que ces troupes manquaient de munitions, il voulut qu'elles se rendissent prisonnières de guerre ou qu'au moins elles s'engageassent à ne pas porter de six mois les armes contre lui. Il avait affaire à une garnison à laquelle il n'était pas prudent de trop demander. Celle-ci, indignée de ces exigences, et préférant la mort à une capitulation qu'elle considérait comme un déshonneur, résolut de se défendre jusqu'à la dernière extrémité.

Le prince de Condé s'aperçut alors que, quelque mauvaise que fût la place, il ne possédait cependant pas les engins de guerre suffisants pour en entreprendre le siége. Il envoya le prince de Conti à Agen pour lui expédier de l'artillerie ; mais de cette ville, ce prince fut obligé de se rendre en toute hâte à Bordeaux, où des troubles réclamaient sa présence ; de sorte que le prince de Condé resta seul sous les murs de Miradoux. L'artillerie que son frère avait pu lui envoyer d'Agen, ne se composait que de deux pièces de canon, l'un de dix, l'autre de douze livres de balles, et de munitions si rares que le prince dut exposer la vie de ses soldats pour de l'argent; il leur payait les boulets tombés dans les fossés, ils allaient les chercher sous le feu de la place, pour les faire resservir. Les assiégés, en moins de vingt-quatre heures, firent deux vigoureuses et sanglantes sorties pour empêcher tous les travaux d'attaque ; cependant une brèche est ouverte ; les assiégeants se précipitent à l'assaut. Au moment de pénétrer, un spectacle et une barrière inattendus les arrêtent : un second fossé, fournaise ardente, s'ouvre sous leurs pieds! Par un de ces renversements fréquents et singuliers des prévisions humaines, cet obstacle infranchissable est dû à la faiblesse même des fortifications de Miradoux ; celle des maisons adossées à la muraille à travers laquelle le canon avait ouvert un passage, s'étant écroulée dans ses caves, avec ses boiseries et ses charpentes, les assiégés y avaient mis le feu. Pendant que les assaillants sont obligés de suspendre l'assaut, les assiégés construisent en arrière de nouvelles défenses.

Le prince de Condé dut changer la position de sa batterie pour faire brèche à un endroit où les rapports assurent que les maisons n'ont point de souterrains. Dans cet intervalle, comme il manque de forces suffisantes pour investir complétement

Miradoux, Saint-Luc, revenu sur ses pas avec quelques troupes qu'il est parvenu à rallier, ravitaille la place de vivres et de munitions, tandis que Marin et La Motte-Védel avec les vaillants débris de Lorraine et de Champagne, font cinq sorties victorieuses, qui, chaque fois, culbutent les assiégeants. La résistance ainsi prolongée permet d'attendre l'arrivée de secours plus importants[1]. Le canon a ouvert une nouvelle brèche; un second assaut se prépare, lorsque la nouvelle se répand que le comte d'Harcourt lui-même, accourant au secours de Miradoux, sera le lendemain sous ses murs.

Un des caractères les plus surprenants de cette guerre est certainement la mobilité extrême des généraux et de leurs troupes; elle s'explique par la cavalerie qui, formant la force principale des armées d'alors, se transportait rapidement avec eux. Le comte d'Harcourt avait jugé non sans raison qu'il n'avait aucun but plus important à poursuivre dans cette guerre que de se trouver partout où combattrait le prince de Condé, et lorsqu'il avait appris que ce prince avait quitté les bords de la Dordogne pour se rendre dans l'Agenais, il avait quitté la Saintonge pour voler sur ses

---

[1] Lettre écrite de Bordeaux, le 11 mars 1652, reçue à Paris, le 17 mars. *Journal manuscrit de Dubuisson-Aubenay*, t. VI, à la Bibliothèque Mazarine.

pas. Seulement il y avait rencontré de sérieuses difficultés. La Dordogne, depuis Bergerac jusqu'au bec d'Ambez, était exactement gardée par les troupes ennemies; il ne pouvait songer à la franchir en face d'elles, force fut donc d'en remonter le cours en dissimulant son projet. Avant d'arriver au cours supérieur de la Dordogne, il lui fallait franchir la Vézère à Terrasson pour aller passer la Dordogne à Domme. A Terrasson, il était facile d'arrêter la marche du comte d'Harcourt, ainsi qu'il en convient dans sa correspondance ; mais ce général fut assez heureux pour y arriver deux heures avant un corps de troupes de l'armée des princes qui côtoyait sa marche. Le comte put donc gagner sans obstacles le passage de Domme sur la Dordogne, que gardaient, depuis trois jours, pour le lui assurer, MM. de Biron et de Vaillac, avec quelques troupes et de nombreux amis. Après avoir effectué ce passage, le comte d'Harcourt, qui ignorait encore les graves événements de Miradoux, hésitait s'il se rendrait directement dans l'Agenais, ou s'il irait attaquer un corps de partisans des princes qui se réunissait à Castelnau, à une lieue de Domme, lorsque des nouvelles précises de la défaite du marquis de Saint-Luc le décidèrent à marcher en toute hâte sur Miradoux.

Le prince de Condé, qui croyait le comte d'Harcourt au-delà de la Dordogne, éprouva, à la nouvelle de son approche un étonnement semblable à celui qu'il avait causé lui-même au marquis de Saint-Luc, peu de jours auparavant. Dans la crainte d'être pris entre deux feux, il ne jugea pas prudent de l'attendre sous les murs de Miradoux. Il leva immédiatement le siége de cette petite place et se retira à Staffort, poste qui maintenait la Garonne entre le comte d'Harcourt et lui.

Le comte d'Harcourt, arrêté par cet obstacle, entama des négociations pour tâcher de ramener sous l'autorité royale les villes de la province. Le succès de ces tentatives devait infailliblement miner le terrain sous les pas du prince de Condé. Ce prince, s'il eût été environné de populations hostiles, eût vu sa petite armée s'évanouir au premier souffle. Le danger de ces menées diplomatiques n'échappait pas à Condé et était de sa part l'objet des préoccupations que sa correspondance va nous révéler :

A Monsieur Lenet, conseiller ordinaire du roi en son conseil d'État[1].

« Je viens d'avoir advis de diverses parts qu'il estoit arrivé un trompette à Agen de la part de Monsieur le comte d'Harcourt, pour sçavoir d'eux

---

[1] Manuscrits de Lenet, conservés à la Bibliothèque impériale. Nous croyons cette lettre inédite.

s'ils ne vouloient pas recognoistre ses ordres, et que la maison de ville s'estoit assemblée là-dessus dont on ne m'a point encore dit le résultat. Je vous prie de faire en sorte que Messieurs d'Agen me renvoyent le trompette et qu'ils facent réponse que c'est à moy qu'il faut qu'il s'adresse. Je ne doute pas qu'en cette occasion, ils ne facent ce qu'ils doibvent et ce qu'ils m'ont promis. Priez de ma part Messieurs de Rémond et d'Espagnet de visiter la ville pour l'asseurer et d'aller faire un tour à Villeneufe[1] pour la mesme chose et escrire à Monsieur du Buc, touchant Marmande.

« A Staffort, le 4 mars 1652.

« Ne manquez pas de m'envoyer le trompette.

« Louis de Bourbon. »

Le prince de Condé faisait couvrir les approches de son camp de Staffort par une garde nombreuse placée à Auvillars, village sur les bords de la Garonne, situé sur le point où le comte d'Harcourt était obligé de franchir la Garonne pour venir l'aborder. Le prince se croyait donc par cette précaution à l'abri de toute attaque imprévue. Il n'avait pas assez calculé que les nouvelles

---

[1] Villeneuve-d'Agen.

levées auxquelles il avait confié ce poste important, ne formaient qu'une troupe médiocre et inexpérimentée; elle se laissa surprendre et envelopper de telle sorte qu'il n'y eut même pas de fuyards pour aller porter l'alarme au camp de Staffort. Les têtes de colonne de l'armée royale arrivaient aux approches de ce camp, que le prince de Condé ignorait encore que le comte d'Harcourt eût franchi la Garonne. Accepter une bataille offerte d'une manière si inattendue, parut au prince la certitude d'une défaite; il préféra essayer de dérober son armée par une prompte retraite sur Agen. Malheureusement celle-ci, commencée avec une confusion inexprimable, continua avec un désordre toujours croissant, et ses troupes eussent été facilement anéanties jusqu'au dernier homme, s'il n'eût laissé sur deux points des enfants perdus pour couvrir sa marche : soixante maîtres derrière les mauvaises murailles de Staffort, et trois ou quatre cents chevaux au Pergan, quartier ouvert à peu de distance; et surtout si le comte d'Harcourt, qui ne voulait rien laisser derrière lui, n'eût commis la faute de s'acharner contre ces deux obstacles, au lieu de pousser vigoureusement la poursuite. Le prince de Condé put ainsi échapper avec le gros de ses troupes; il parvint à leur faire franchir la Garonne, à Bone, sur des bateaux. Il ne put effectuer lui-même ce passage qu'après avoir couru les plus grands dangers : sur son propre bateau, les balles ennemies renversèrent deux hommes morts à ses côtés. La Garonne se trouvant replacée entre lui et l'armée royale, le prince cantonna autour d'Agen les débris de sa propre armée, n'ayant guère conservé sous sa main que les corps commandés par le comte de Marsin et par le colonel Balthazar, et ceux-ci ne se trouvèrent plus présenter qu'un effectif d'environ quinze cents hommes [1]. Sa cavalerie, par ses ordres, avait continué à suivre, avec les bagages, la rive gauche du fleuve, jusqu'au port Sainte-Marie.

Le comte d'Harcourt, grâce au succès, accroissait au contraire ses forces par le nombre et par les ressources. Le marquis de Saint-Luc l'avait rejoint avec ses troupes qu'il avait reformées; le comte de Vaillac et le marquis de Poyane lui avaient amené les leurs; de sorte qu'ayant passé une revue générale de son armée, il put compter huit pièces de canon et dix mille hommes effectifs sous les armes, auxquels il fit payer une monstre et demi. Le général de l'armée royale qui faisait subsister ses troupes sur les provinces mêmes qu'elles occupaient, suivant l'usage des temps anciens qui rendait les guerres si désastreuses pour les populations envahies, ne négli-

---

[1] Correspondance militaire; *Archives du Ministère de la guerre.*

geait pas en effet de frapper des contributions pour entretenir les siennes; il y en avait même qui étaient payées pour éviter le désordre et le pillage des soldats. Pour obtenir cette garantie, Condom, le Mas d'Agenais, Staffort et Nérac venaient de lui remettre 10,000 écus; il en demandait 20,000 aux habitants du duché d'Albret pour leur accorder la même sûreté [1]. Après cette revue de ses forces, l'opinion générale prêtait au comte d'Harcourt l'intention d'aller former le siége d'Agen.

Le prince de Condé entra d'abord seul dans la ville d'Agen dont les excellentes dispositions des habitants lui étaient précédemment connues; le prince de Conti vint l'y rejoindre. Les deux frères ne tardèrent pas à s'apercevoir que le voisinage de l'armée royale avait singulièrement modifié l'esprit des habitants, et reconnurent la nécessité de s'assurer de la ville par une garnison. L'ordre est donné au régiment de Conti, infanterie, de se saisir de la porte de Grave et d'entrer dans la ville. Les habitants s'émeuvent; ils prennent les armes et enserrent le régiment de Conti de barricades dans la première rue où il est entré. Les révoltés portent des piques et des pistolets sous la gorge des princes qui sont accourus. Le sang-froid des princes ne se dément pas dans cette position cri-

---

[1] Correspondance militaire; *Archives du Ministère de la guerre.*

tique : recourir à la force ouverte des soldats, c'est appeler le carnage, le feu et le pillage, détacher de leur cause toutes les villes qui l'ont embrassée ; céder, c'est ployer sous la honte que n'acceptent jamais ceux qui portent l'épée. Les princes se contentent de menacer si hautement, qu'une réunion à l'Hôtel-de-Ville est convenue par l'intermédiaire du duc de La Rochefoucauld, pour entrer en arrangement. Dans cette conférence, les princes exigent que les bourgeois leur demandent pardon ; ils leur promettent en retour de ne pas mettre de garnison dans Agen, ce qu'ils n'avaient voulu faire, assurèrent-ils, que pour soulager les habitants. Ces concessions réciproques rétablirent le calme. Une condition supplémentaire, imposée cependant par les princes, fut que les habitants lèveraient parmi eux un régiment pour la garde de la ville, le prince de Condé se réservant d'en nommer les officiers.

Ce séjour du prince de Condé à Agen fut marqué par les plus fâcheux événements pour sa cause. Les troubles qui avaient précipitamment obligé le prince de Conti à quitter le siége de Miradoux pour se rendre à Bordeaux étaient loin d'être calmés, et ce prince, de retour auprès de son frère, ne lui rapportait que des renseignements peu satisfaisants sur l'état de cette ville si essentielle à conserver. La ville de Bordeaux n'avait guère de fortifications un peu sérieuses que les châteaux Trompette et du Hâ, et ils n'étaient reliés entre eux que par une enceinte de vieilles tours et de vieux remparts du moyen âge qui n'étaient plus en harmonie avec les progrès accomplis pour la défense et pour l'attaque des places. En outre, cette enceinte était débordée par d'immenses faubourgs qui formaient une nouvelle ville sans défense, ville plus grande que la première. Afin de pourvoir aux nécessités d'une sérieuse résistance, par les ordres du prince de Condé, les faubourgs étaient couverts par des fortifications plus modernes; des bastions et des courtines s'élevaient par corvées imposées aux paysans du Médoc et des environs[1]. Enfin, pour la garde de la ville, le parlement avait levé un régiment de trente compagnies, fort de douze cents hommes[2]. Ces précautions auraient suffi pour mettre Bordeaux en état de résister, si le danger principal n'était venu de la situation intérieure de la ville où les rivalités les plus ardentes régnaient entre les habitants. Le parlement était généralement favorable au mouvement de la Fronde; mais il l'était dans de certaines conditions qui n'en faisaient pas un instrument absolument dévoué à la politique des

---

[1] *Gazette de France.* Nouvelles de Bordeaux, du 8 février 1652.
[2] *Gazette de France.* Nouvelles de Bordeaux, du 12 février 1652.

princes; le peuple, au contraire, était passionné pour les princes et pour leur politique, mais à la condition qu'on lui passerait les plus coupables excès. La bourgeoisie se divisait en deux partis, l'un qui marchait avec le parlement; mais celui-ci se divisa lui-même; l'autre qui désirait le retour à l'autorité royale et à la paix, parti de propriétaires qui songeait surtout à ses vignes et auquel les tribulations n'étaient pas épargnées[1]. Les factions acharnées se livrèrent à des persécutions et à de sanglantes luttes, et ces troubles, dont plus tard se développera le pénible récit, devinrent pour le parti des princes une cause de lassitude, de dégoût et de faiblesse qui contribua puissamment au rétablissement de l'autorité royale.

D'autres nouvelles plus graves encore pour le moment parvenaient des contrées plus éloignées. La première était la perte d'Angers. Le duc de Rohan-Chabot, gouverneur d'Anjou, lié au prince de Condé par des motifs de reconnaissance déjà connus, avait fait déclarer sa province en faveur du prince. La cour ayant voulu faire occuper les ponts de Cé par le régiment de Picardie, afin de

---

[1] M. de Marin, maréchal de camp de l'armée royale, écrivait de Saintes à Le Tellier, le 21 mars 1652 : « Je compte sur l'effet que produira sur les habitants de Bordeaux la menace d'arracher leurs vignes, qui est le plus grand châtiment qu'on leur puisse faire. » *Archives du Ministère de la guerre*, vol. CXXXIII.

maintenir l'Anjou sous son obéissance, le duc de Rohan s'y était opposé, sous le prétexte à peine spécieux que cette garnison pouvait faire craindre à toutes les villes de la province de recevoir des garnisons semblables, et qu'elles se soulèveraient. Après cet éclat, il ne restait plus qu'à lever hautement l'étendard de la Fronde, et le duc le fit. Si cette première démonstration eût été suivie d'actes plus vigoureux, cette diversion, se joignant à l'approche des vieilles troupes arrivant de Stenay sous la conduite du duc de Nemours, changeait de face la situation du prince de Condé et lui présageait enfin un succès toujours contesté par la fortune contraire. On ne saurait qualifier d'acte utile à la cause qu'elle prétendait servir une mesure au moins singulière à laquelle le duc eut recours, dans la crainte de l'influence qu'Arnaud, évêque d'Angers, pouvait avoir sur les habitants dans un sens favorable à la politique royale. Un jour qu'il était sorti, il lui fit fermer au retour les portes de la ville; et l'évêque rejoignit la reine. La cour, voyant de ce côté un nouveau péril à conjurer, s'empressa de quitter Poitiers pour s'avancer jusqu'à Saumur, afin de veiller de près au siége d'Angers dont la résolution fut prise. Elle avait deux maréchaux de France sous la main pour leur confier l'entreprise : le maréchal de La Meilleraye, grand-maître de l'artillerie, et le maréchal. d'Hocquincourt, qui venait d'aller chercher à la frontière le cardinal Mazarin en arborant ses couleurs. Entre les mérites du premier, qui avait la réputation d'un preneur de villes, et qui n'eût pas été fâché d'avoir à combattre le duc de Rohan-Chabot avec lequel il avait eu des dissentiments récents à l'occasion de la présidence des États de Bretagne, et les services du second, d'une incontestable bravoure, mais général médiocre, il ne pouvait, à ce qu'il parut, y avoir d'hésitation pour la reine et pour le cardinal Mazarin. Le maréchal d'Hocquincourt reçut la mission de commander au siége d'Angers; c'était faire la partie belle au duc de Rohan-Chabot.

Le maréchal d'Hocquincourt débuta par une imprudence qui devait faire anéantir son armée. N'ayant point d'artillerie, il l'avait laissée en arrière pour pouvoir ramener de la frontière le cardinal à plus grandes journées, il devait faire camper ses troupes à distance de la ville jusqu'à ce qu'il eût reçu du canon pour former ses attaques ; mais au lieu de prendre ces mesures indiquées par la plus simple prudence, il logea ses troupes dans les faubourgs de la ville, les y laissant dispersées sans ordre. Les soldats y trouvèrent du vin en si grande abondance, qu'en peu d'heures l'ivresse fut générale. Il est demeuré inexplicable que le duc de Rohan-Chabot n'ait pas mis à profit une si favorable conjoncture pour faire une sortie : sans coup férir, il eût écrasé l'armée royale, et ceux qui s'étaient endormis dans le vin se fussent éveillés dans les flots de leur propre sang. Il resta inactif derrière ses murailles, donnant aux soldats de l'armée assiégeante le temps de revenir de leur ivresse, et au maréchal d'Hocquincourt celui de recevoir des canons demandés à Nantes au maréchal de La Meilleraye, artillerie qui remontait lentement sur des bateaux le cours de la Loire. Les canons enfin arrivent et sont mis en batterie. Le gouverneur d'Anjou n'avait qu'un parti à prendre pour servir sérieusement la cause du prince de Condé : résister jusqu'à la dernière extrémité ou tout au moins le plus longtemps possible. En attirant sur lui et en retenant occupées les forces royales, par cette diversion puissante, il donnait au prince les moyens de relever sa cause. Les choses ne se passèrent pas ainsi. A peine les premiers boulets eurent-ils endommagé les murailles, que le gouverneur déféra, sans y apporter d'obstacles, au vœu des habitants pour une capitulation immédiate. La cour ne fut pas exigeante pour les conditions, trop heureuse de se débarrasser si facilement d'une grosse affaire. Une amnistie générale fut accordée, et l'autorisation donnée au gouverneur d'Anjou de se retirer à Paris avec sa famille auprès du duc d'Orléans.

La seconde catastrophe dont la nouvelle vint assaillir le prince de Condé, sur la tête duquel tous les désastres semblaient vouloir se précipiter à la fois, fut la perte de la ville de Saintes assiégée par MM. du Plessis-Bellière et de Montauzier; nous empruntons au texte même de la *Gazette* le récit de l'attaque de cette place :

Ce qui s'est passé au siége de Xaintes.

« Le 6 de ce mois (mars 1652), les sieurs du Plessis-Bellière et de Montauzier, lieutenants-généraux dans les armées de Sa Majesté, partirent de Pons avec toutes leurs troupes pour investir la ville de Xaintes, à la réserve de celles que commandoyent les sieurs de Folleville et de Baulle, mareschaux de camp, dont le premier avoit esté envoyé par ledit sieur du Plessis vers Taillebourg, sur l'avis qu'il avoit eu que le prince de Tarente qui estoit dans ladite place, se devoit retirer à Brouage, mais il estoit déjà passé avec sept hommes : et ledit sieur de Baulle eut ordre de demeurer à Saint-Savinien, où il s'estoit avancé pour en garder le poste, et faire croire à ceux du parti contraire que l'on en vouloit à cette ville de Taillebourg.

« Le reste du jour fut employé à prendre les quartiers à l'entour de ladite ville de Xaintes; et le lendemain 7, le sieur du Plessis-Bellière ayant résolu de reconnoître la place de plus près, fit, pour cet effet, dès le matin, commander deux cents hommes de Picardie, Montauzier, Noirmoustiers et Saint-Geniez; puis détacha quarante fuzeliers qu'il soutint lui-mesme avec les sieurs de Montauzier, de Breval, de Forgues, le chevalier d'Albret et de Lorière, mareschaux de camp, et quantité d'autres officiers et volontaires qui se trouvèrent près d'eux, et fit donner dans le faubourg de Saint-Vivien : lequel, nonobstant la résistance que firent ceux du parti contraire, qui s'estoyent postez dans les mazures de quelques maisons brûlées, fut emporté. En laquelle occasion les sieurs de Poillac, Cardillac et autres officiers du régiment de Picardie, et les sieurs de Clozière, commandant le régiment de Montauzier et de Bois-Guillaume, commandant celui de Noirmoustiers, donnèrent des preuves de leur courage et de leur expérience. Mais sur tous, les généraux y firent des merveilles, et malgré la grêle des mousquetades qui venoit du rempart, reconnurent eux-mêmes les fossez et tous les dehors de la place avec tant de bonheur, que tous ceux qui donnèrent teste baissée dans le fauxbourg et les rues enfilées, veües de tout ledit rempart, il n'y eut qu'un soldat légèrement blessé au bras : ces généraux y ayant trouvé assez de couvert pour loger les soldats de la brigade de Picardie, composée dudit régiment et de ceux de Montauzier, Noirmoustiers et Saint-Geniez et de cent hommes détachés de celui de Périgord.

« Ensuite de cette action, ledit sieur du Plessis-Bellière, sur l'avis que l'on avoit dessein de brusler quelques maisons qui restoient encore dans le fauxbourg Saint-Eutrope, manda au sieur de Genlis, mareschal de camp, commandant les gardes du roy, d'y faire avancer la garde, laquelle estoit composée de cent hommes dudit régiment commandés par le sieur de Pierrepont, lieutenant, qui se rendit maistre du clocher : dans la tour duquel ceux du parti contraire avoient laissé trente hommes commandez par un capitaine et deux lieutenans qui en avoyent rompu les degrés pour en empêcher l'accez ; mais la fumée d'une botte de foin qu'on y apporta les contraignit de se rendre à discrétion.

« Le mesme soir, ces généraux firent ouvrir une tranchée entre les Pères de la Mission et la rivière, qui fut à l'instant poussée fort avant par les gardes : où le sieur de Genlis faisant voir ses soins et sa diligence receut une mousquetade dans son haut de chausse, laquelle ne le blessa point : et une autre tranchée pour attaquer la citadelle au-dessus des Cordeliers, qui se trouva assez facile : ledit sieur de Clausière ayant percé de maison en maison jusqu'au pied du rempart : auquel travail le sieur de Gondovilliers, capitaine, et l'aide-major de Picardie furent légèrement blessez.

« Le 8 se passa à disposer les batteries : et la nuit suivante, le marquis de Breval, mareschal de camp, poussa bien avant la retraite de la ville avec deux compagnies des gardes suisses et le régiment de La Meilleraye commandé par le sieur de Bauvais-Riou; et le sieur de Lorière, mareschal de camp, avec le régiment de Montauzier, se logea sur le haut du fossé, que les sieurs du Plessis et de Montauzier allèrent reconnoistre et en arrachèrent les palissades.

« Le lendemain, la batterie que l'on a faite dans le jardin des Pères de la Mission se trouva en estat : mais ledit sieur du Plessis ne voulut pas qu'elle tirast que celle qu'il fait faire entre les deux attaques ne fût aussi achevée, afin d'emporter en mesme temps tous les dehors de la place.

« Le soir, le marquis de Créqui-Hemon, mareschal de camp, fit encore grandement avancer la tranchée du costé de la ville, avec les régiments de Poitou, Grammont et Mazancour, dont les officiers y donnèrent des marques de leur expérience; et le sieur de Montafilant, ingénieur, fut blessé d'une mousquetade de laquelle il eut le bras rompu, et mourut le 10 sur le soir, la balle lui estant entrée dans le ventre.

« Ce jour-là 10, le chevalier d'Albret, mareschal de camp, avec les régiments de Saint-Geniez et de Noirmoustiers, se logea contre la palissade de la citadelle; et ceux de la place qui n'avoient point encore fait de sortie, en firent une en plein midi sur la tranchée de la citadelle avec beaucoup de vigueur, mais avec perte de quelques officiers tuez ou faits prisonniers. Les assiégeans ont aussy perdu les sieurs de Bois-Guillaume, commandant Noirmoustiers, Ansillon, lieutenant en ce régiment; le sieur d'Orival, enseigne de la mestre de camp de Poitou, blessez à mort, et eu les sieurs de la Rabelière, de Bruc, de Barsillon, capitaines au mesme régiment de Poitou, blessez, le premier, dans le sein et le dernier à la teste, sans péril, et le sieur de la Cour, ci-devant gouverneur de Lislers, et volontaire en cette occasion, aussi légèrement blessé au bras; mais la perte y eut esté plus grande si les sieurs du Plessis et de Montauzier n'y fussent accourus avec le sieur de Folleville, mareschal de camp, les sieurs du Plessis, de Cosme, d'Arnolfigny, volontaires auprès dudit sieur du Plessis-Bellière, et plusieurs autres, qui tous, l'espée à la main, repoussèrent ceux de la place. »

A la suite de cette vigoureuse attaque et de cette infructueuse sortie, Chambon, gouverneur de la place, bien qu'il disposât d'une très-nombreuse garnison et de tous les approvisionnements nécessaires, ne jugea pas à propos de prolonger davantage la résistance, et entra en négociation pour capituler. Il obtint, il est vrai, des conditions honorables : la sortie de la garnison avec armes et bagages, sans engagement de ne plus combattre, et la faculté de la conduire au prince de Condé ; mais il fut blâmé hautement pour n'avoir pas fait une vigoureuse et longue résistance. Chambon allégua pour sa justification qu'il avait cru plus avantageux aux intérêts du prince de Condé de lui ramener sa garnison pour renforcer son armée, que de la compromettre à une défense inutile dans laquelle il aurait fini par succomber. Ces raisons, qui ne compensaient pas la perte d'une place importante, furent mal accueillies par le prince de Condé et par son parti ; aussi lorsque Chambon parut à Bordeaux, il faillit être massacré par la populace.

La capitulation n'avait même pas été observée, par suite de déplorables circonstances. Lorsque la garnison sortit de la place, les troupes assiégeantes rangées en bataille suivant l'usage, pour la voir défiler, quittèrent leurs rangs, malgré tous les ordres contraires, et se ruèrent sur elle. Un grand nombre d'officiers et de soldats furent tués, tous furent dépouillés, et les sept régiments qui composaient cette garnison, réduits à des débris dispersés, furent presque complétement perdus pour le prince de Condé. Cette violation des conditions de la capitulation produisait un avantage considérable pour la cause royale; mais ce manquement à la parole donnée était une tache de déshonneur dont le marquis de Montausier repoussa avec indignation toute solidarité. Pour maintenir intactes les conditions de la capitulation, il se précipita l'épée à la main, avec le marquis du Plessis-Bellière, contre ses propres soldats; ceux-ci, oubliant tout respect et toute discipline, chargèrent leurs généraux ainsi que leur escorte. M. de Montausier racontera lui-même au lecteur cet épisode inédit de nos guerres civiles et de l'indiscipline militaire :

Le marquis de Montauzier à M. Letellier[1].

« Monsieur,

« La joye que j'ay receue par le petit service que nous venons de rendre au Roy en remettant Xaintes sous son obéissance, m'a estée bien rabattue par un accident qui nous est arrivé; car la fureur de nos soldats a esté si grande et la mauvaise intention de la plus part des officiers aussy, que contre la parole que M. du Plessis-Bellière et moy avons donnée, la garnison qui

[1] *Archives du Ministère de la guerre*, vol. CXXXIII.

sortoit d'icy a esté toute dépouillée et plusieurs
tuez, quelque résistance que M. du Plessis et moy
y ayons faite, qui en avons tué grand nombre;
mais nous l'avons pensé estre l'un et l'autre plus
de vingt fois; car l'armée que nous avions toute
faite mettre en bataille s'est toute desbandée contre ces pauvres gens, ayant chargé nostre propre
escorte, despouillé plus de vingt de nos officiers
et un nombre infiny de soldats. Le sieur de la
Chapelotte vous en rendra compte plus au long.
Ce désordre pourtant n'apporte pas peu d'avantage au Roy, ayant absolument ruyné sept régimens de M. le Prince; mais, Monsieur, je vous
avoue que cela ne me console pas; car quoy que
je n'aye manqué à aucune des prévoyances nécessaires pour empescher cela, et qu'ainsy je ne
sois point coupable, on ne laissera pas de m'accuser par tout le monde. Au reste, Monsieur,
j'eusse bien souhaité demeurer icy pour y restablir les choses; mais j'ay cru estre plus obligé
d'aller au siége de Taillebourg, où je seray ce
soir pour faire ouvrir les tranchées, M. du Plessis
estant party dès hyer pour prendre les quartiers
devant la place. Quand elle sera prise, je reviendray icy pour mettre ordre à un million de
choses qui en ont besoing, et je ne manqueray
pas de vous bailler avis très ponctuellement de
l'estat de nos affaires. Sans que vos occupations

m'obligent à ne vous importuner que le moins qu'il m'est possible, je vous rendrois mille grâces de la continuation de vos bontés; mais il me suffit de vous assurer que j'en auray toute la recognoissance qui leur est deüe, et que je seray toute ma vie,

« Monsieur,

« Vostre très humble et très obéissant serviteur,

« Montauzier.

« A Xaintes, ce 16e mars 1652. »

Les troupes royales, dans cette guerre, avaient contracté des habitudes de pillage et d'indiscipline qui passaient toutes les bornes; elles étaient le sujet de plaintes nombreuses de la part des habitants mêmes dévoués à la cause royale, qui n'étaient pas plus épargnés que les autres. Une assemblée de la noblesse du Poitou s'était réunie spontanément au bourg de Puybelliard, en Bas-Poitou, pour s'entendre sur les moyens de résister à ces désordres. La cour, très-disposée à s'alarmer des réunions de la noblesse, avait envoyé un émissaire pour assister à celle-ci. Il lui rendit compte que cette noblesse était bien intentionnée pour le service du roi; mais qu'il était nécessaire de prendre des mesures pour faire droit à ses justes griefs, et de ne plus permettre aux troupes de vaguer dans la province[1].

Le siége de Taillebourg, qui suivit immédiatement le siége de Saintes, fut accompagné du même succès; mais avec une résistance beaucoup plus vigoureuse de la part de cette petite place de guerre, dont la position était du reste excellente. Le comte d'Estissac avait envoyé à ce siége, des environs de La Rochelle, son régiment d'infanterie, composé de vingt compagnies, avec deux pièces de canon en fonte verte[2]. Le Tellier avait écrit qu'il fallait raser immédiatement le pont fortifié sur la Charente, qui unissait les deux villes et le château qui les dominait. Marin, maréchal de camp, qui, se multipliant, avait quitté Miradoux aussitôt après la levée du siége, pour se rendre dans la Saintonge, lui répondit le 21 mars[3], que l'ordre était excellent et serait exécuté; mais qu'auparavant il fallait les prendre. Il annonce que les deux villes, après une assez vigoureuse résistance qui a duré quatre jours, ont été emportées avec une demi-lune devant la porte du

---

[1] Lettre de M. des Roches-Baritaud à Le Tellier, datée de Luçon, le 5 mars 1652. *Archives du Ministère de la guerre*, vol. CXXXIII.

[2] *Gazette de France.* Nouvelles datées de La Rochelle le 7 mars 1652.

[3] Lettre datée de Saintes. *Archives du Ministère de la guerre*, vol. CXXXIII.

château; mais que celui-ci est bâti sur un roc difficile à miner, et qu'on ne le prendra pas sans perte; il assigne un délai de quatre ou cinq jours encore pour en venir à bout. Il ne se trompa pas dans son calcul; une dépêche des marquis du Plessis-Bellière et de Montausier à Le Tellier, datée de Taillebourg, le 25 mars, apprit au ministre que le château s'était rendu; mais que de bonnes conditions avaient dû être faites aux assiégés, en raison de la force de la place[1].

La petite ville de Saint-Surin fut ensuite attaquée et capitula promptement, sans qu'il s'y soit passé aucune action mémorable, si ce n'est un fait surprenant que nous apprend la *Gazette*, et dont nous lui laissons le récit :

« De Xaintes, 12 avril 1652.

« Le sieur du Plessis-Bellière, au lieu d'aller à Talmont, ensuite de la prise de Taillebourg, comme le bruit en couroit, fit marcher ses troupes vers Saint-Surin, laquelle place ayant investi le 4 de ce mois, et fait dresser devant une batterie le 6, il s'en rendit maistre le lendemain par composition; puis s'en alla camper près de Coze. Il ne s'est rien passé de remarquable à ce siège, si non que le premier coup de canon qui fut tiré de

[1] *Archives du Ministère de la guerre*, vol. cxxxiii.

la place ayant emporté la moitié du corps à l'un de ceux qui estoient près dudit sieur du Plessis-Bellière, il fut un quart d'heure sans donner aucun signe de vie, en sorte que chacun le croyoit mort : mais il se réveilla comme en sursaut, cria par trois fois miracle et pria qu'on lui donnast son scapulaire, lequel après avoir baisé et tesmoigné beaucoup de contrition de ses fautes, il mourut, ne s'étant pu trouver de prestre pour le confesser. »

Le prince de Condé venait de quitter la Guyenne lorsque la nouvelle de la prise de Taillebourg eut pu lui parvenir; mais il y reçut la nouvelle de la reddition de Saintes au moment d'une excursion d'Agen à Marmande. Sous l'empire de l'émotion dont il fut saisi en apprenant la perte si prompte d'une ville qu'il considérait comme l'un des boulevards les plus solides de son parti, il prit la plume pour exprimer son désespoir. Sa lettre, d'une écriture précipitée et presque illisible, est un témoignage encore présent, autant par son côté matériel que par son côté moral, des sentiments dont il fut assailli[1]. Il songeait toutefois à utiliser les débris de la garnison, ignorant encore toute l'étendue de la catastrophe qui les avait réduits à un triste fantôme.

[1] Papiers de Lenet, conservés à la Bibliothèque impériale. Nous croyons cette lettre inédite.

*Le prince de Condé à M. Viole, ou en son absence
à M. Lenet.*

« La perte de Saintes me met au désespoir. On dirige la garnison à Bourg, il faut l'envoyer du côté de Libourne, dans des quartiers d'où on s'en puisse servir comme on le jugera pour le mieux. J'appréhende fort qu'ils ne viennent à Libourne qu'après l'affaire de Taillebourg faicte; c'est pourquoy il faut les mettre en lieu qu'on s'en puisse servir à Libourne en cas de besoin.

« Louis de Bourbon.

« A Marmande, 18 mars 1652. »

De loin comme de près, les déceptions les plus amères répondaient aux combinaisons du prince de Condé; ses généraux étaient faibles ou malheureux; lui-même s'exposait vainement comme un simple soldat, au milieu du hasard des batailles, sans parvenir à ressaisir la victoire, qui, lors de ses débuts militaires, avait souri si volontiers à ses premiers efforts. Il était découragé par la mauvaise qualité des troupes de son armée de Guyenne; recrues inexpérimentées, elles l'exposaient à des surprises; elles étaient moins vives enfin à le suivre sur le chemin des attaques impétueuses qui enlèvent un succès, qu'elles n'étaient promptes à la retraite. Ce prince prit, en conséquence, une grande résolution : celle de transporter ailleurs le principal théâtre de la guerre, en allant prendre lui-même le commandement de ses vieilles troupes, dont la solidité était nécessaire à la hardiesse de ses conceptions. Ce corps d'armée, ramené par le duc de Nemours des environs de Stenay, était en marche pour atteindre les bords de la Loire. Un avantage non moins considérable ressortait pour le prince de Condé de cette combinaison, celui de se rapprocher de Paris, dont la centralisation gouvernementale, accrue par les persévérants efforts d'une longue suite de rois, faisait déjà pencher le plateau de la balance politique pour le parti que cette ville adoptait. Enfin, il pouvait retrouver sur ses pas l'occasion de renouveler, sur le jeune roi, cette tentative d'enlèvement dont sa marche manquée sur Chef-Boutonne, pendant la campagne de Poitou, avait été, d'après nos conjectures, un premier essai.

Ce projet, qui l'obligeait à parcourir, sans être reconnu, cent vingt lieues de pays ennemi, exigeait le plus grand secret. Après avoir remis au prince de Conti la conduite des affaires de la Guyenne, le prince de Condé partit d'Agen, le dimanche des Rameaux, 24 mars 1652, annonçant publiquement qu'il se rendait à Bordeaux. A quelques lieues, se dérobant de la route ordinaire suivi de quelques cavaliers, il tourna dans la direction du nord-est pour accomplir son aventureux voyage.

Lorsque le baron de Vatteville, amiral de la flotte espagnole, eut appris ce départ, il écrivit à Lenet une lettre dont nous extrayons ce passage :

« Monsieur,

« J'ai receu votre lettre avec une extrême joye d'avoir appris l'estat de vostre bonne santé, et au mesme temps bien marry du voyage de Monsieur le Prince, pour l'absence d'une maîtresse de ses mérites et hautes vertus ; et, d'autre costé, fort consolé, espérant par là l'entier salut de ses affaires. Enfin, ce sont des coups qui au temps passé estoient réservés pour César, et au présent pour Son Altesse [1], etc.

« Votre très humble et très affectionné serviteur,

« VATTEVILLE.

« A Bourg, ce jeudi 28ᵐᵉ de mars 1652. »

---

[1] Papiers de Lenet conservés à la Bibliothèque impériale. Le surplus de la lettre est relatif à ses préparatifs pour mettre la flotte espagnole en état de combattre l'armée navale

Ce départ du prince de Condé n'interrompit point les opérations militaires de la campagne d'hiver, en Guyenne et en Poitou ; nous y reviendrons, après avoir suivi le cours des événements qui vont se dérouler sur une autre scène[1].

de France. Il dit que l'intention du roi d'Espagne étant d'assister les princes de la manière qu'ils croiront la plus avantageuse, l'amiral croisera avec sa flotte dans la haute mer ou la placera dans la Gironde, suivant qu'ils le préféreront pour le commerce et pour la conservation de Bordeaux.

[1] Pour compléter l'historique de la portion si animée de la campagne que nous venons de retracer, nous donnons aux *Appendices*, deux documents trop étendus pour être insérés dans notre récit, dont ils auraient trop longuement interrompu le cours. L'un fut rédigé sous l'inspiration du comte d'Harcourt, et fait partie de l'*Appendice* du premier volume ; l'autre, sous celle du prince de Conti. Par leurs points de départ opposés, ces deux documents se contrôlent et méritent un sérieux intérêt. Le document rédigé sous l'inspiration du prince de Conti n'est pas le même que la relation envoyée par lui, à Paris, du combat de Miradoux, dont ce chapitre donne l'analyse ; il embrasse un beaucoup plus grand nombre de faits de cette campagne, et traite des événements de la Guyenne jusqu'à la paix de Bordeaux. Par ce motif, ce document sera placé à l'*Appendice* du volume qui terminera l'histoire de la Fronde.

APPENDICE.

―◆―

NOTE PREMIÈRE.

LISTE
DU PARLEMENT DE PARIS[1].

―

GRANDE CHAMBRE.

Messieurs présidens :
Molé, cour du Palais.
N. de Bailleul, rue du Bac.
De Nesmond, quai de la Tournelle.
De Bellièvre, rue des Bourdonnais, à l'hôtel de Fleury.

[1] Cette liste comprend les noms des présidents et Conseillers du parlement de Paris pendant la période de la Fronde. Nous l'avons relevée en conservant l'orthographe, sur une liste imprimée comprise parmi les manuscrits de Dubuisson-Aubenay conservés à la Bibliothèque Mazarine, n° 2786, t. VII.

De Longueil, rue Béthisy.
Potier, rue des Blancs-Manteaux.
De Mesme, rue Saincte-Avoye.
Le Cogneux, rue des Quatre-Fils, proche l'échelle du Temple.

Messieurs les conseillers laiz :
N. Chevalier, dans la cour du Palais.
P. Broussel, au port Sainct-Landry.
I. le Nain, dans la cour du Palais.
M. Ferrand, rue des Ratz.
De Champrond, isle Nostre-Dame.
C. le Musnier, cloistre Sainct-Jean de Latran.
Lesné, cloistre Notre-Dame.
Gontier, près l'hostel de Condé.
Doujat, rue de la Harpe.
Seuin, près les Enfants-Rouges.
C. Maynardeau, rue des Petits-Champs.
Baron, cloistre Sainct-Médéric.
De Guélin, isle Nostre-Dame, vis-à-vis la Tournelle.
G. Menardeau, rue Montmartre.
Courtin, rue Saincte-Avoye.
Fedeau, rue Saincte-Croix de la Bretonnerie.
Bouchet, rue Saincte-Croix de la Bretonnerie.
Renard, rue Boutybourg, près le cymetière Sainct-Jean.

Messieurs conseillers clercs :
P. Bougnier, rue des Trois-Pavillons.
Du Tillet, rue Sainct-Jacques.
Deslandes-Payen, rue Sainct-Thomas, au faubourg Sainct-Michel.

Le Prevost, cloistre Nostre-Dame.
De Longueil, rue Michel-le-Comte.
De Réfuge, rue de Grenelle.
Sainctot, isle Nostre-Dame.
Benoise, vieille rue du Temple.
De Saveuse, près le petit Sainct-Antoine.
Perrot de Mal-Maison, rue du Jardinet.

PREMIÈRE CHAMBRE DES ENQUESTES.

Messieurs présidens :

De Thou, rue des Poictevins, derrière Sainct-André.
Potier de Blancmenil, rue Neuve-Sainct-Médéric.

Messieurs conseillers laiz :

A. de Cumont, rue Neufve-Sainct-Lambert.
Du Tillet, rue Saincte-Catherine de la Cousture.
De Gilbert, rue Poupée.
Du Tronchay, rue des Augustins.
Roy, rue Neuve-Sainct-Médéric.
Lotin de Charny, rue du Roy de Cicille.
A. le Cocq, rue de Seyne.
Canage, sur le rempart des Quinze-Vingts.
De Creil, rue Sainct-Martin, près la rue Briboucher.
De Geniers, à l'Esgoust de Sainct-Paul.
Le Maistre, rue des Massons.
Maupeou, rue Sainct-Martin, près la rue des Estuves.
De Bermond, près Sainct-Landry.
Le Musnier, cloistre Sainct-Jean de Latran.

Fraguier, près les Enfans-Rouges.
Servin, rue de Seine.
Feydeau, cloistre Nostre-Dame.
De Machault, rue des Enfants-Rouges, près le Temple.
De Bailleul, rue d'Anjou-aux-Marais.
Malebranche, rue Neufve-Sainct-Honoré.
Savarre, cloistre Nostre-Dame.
De Vertamont, rue de la Harpe, devant Sainct-Cosme.
Lallement, rue Gilles-Cœur.
Bonneau, rue Saincte-Avoye.
Enjorant, rue du Chaulme.
De Fourcy, rue de Jouy.
Le Tonnelier, rue . . . . .

DEUXIÈME CHAMBRE DES ENQUESTES.

Messieurs présidens :

Le Ferron, rue Barre-du-Bec.
De Bragelonne, vieille rue du Temple.

Messieurs conseillers laiz :

I. Magdeleine, rue de Seyne.
I. Le Cocq de Corbeville, près la Charité.
Janvier, isle Nostre-Dame.
Vedeau, rue Sainct-Germain.
Tambonneau, à la Grenouillière.
Camus, rue Neufve-Sainct-Médéric.
De Villemontée, rue Geoffroy-Lasnier.
C. le Clerc de Courcelles, isle Nostre-Dame.

APPENDICE.

Mandat, rue Sainct-François-aux-Marais, près les escuries à Monsieur de Bouillon.

Genou, rue Thibaut-Taudée.

De Voisin, rue du Plastre, près la rue Saincte-Avoye.

P. Bricé, rue Simon-le-Franc.

G. Boucherat, Grand'rue, isle Nostre-Dame.

C. Quentin, rue Quinquampoix.

Ursin Durand, rue de la Ticeranderie, près la Macque.

I. Doujat, rue Hauté-Feuille.

De Nesmond, quay de la Tournelle.

Guillard, rue Neufve-Sainct-Paul.

De Lambert, devant la grand'porte des Carmélites, aux Marais, rue Courtauvillain.

Dalesso, rue des Juifs, derrier le petit Sainct-Antoine.

Le Grand, rue Saincte-Croix de la Bretonnerie.

Feideau de Bernay, rue Saincte-Croix de la Bretonnerie.

Miron, rue du Chevallier-du-Guet.

Frizon, rue de la Calandre.

Le Prestre, rue Gilles-le-Cœur.

Phelippeaux, sieur d'Arbaux, quay des Célestins.

De Merle, sieur de Versigny, près l'hostel de Guise.

TROISIÈME CHAMBRE DES ENQUESTES.

Messieurs présidens :

Particelle de Thore, rue des Petits-Champs.

De Guénégauld, rue des Franbourgeois, vis-à-vis la rue des Trois-Pavillons.

Messieurs conseillers laiz :

Portail, rué Beautreillis.
Bitault, rue du Foing.
Catinal, rue Sorbonne.
Brisart, rue du Pot-de-Fer, près les Jésuites du faux-bourg Sainct-Germain.
Grangier, rue des Roziers.
Thubeuf, rue de la Grande-Truanderie.
Hervé, isle Nostre-Dame.
De Séve, rue des Marais, aboutissant à la rue de Seine.
Colombel, rue des Augustins.
De Guillon, cloistre Nostre-Dame, près le Terrin.
A. de Paris, rue d'Anjou, derière l'hostel de Neu.
Faure, rue de Montmartre, près la Magdeleine.
Fouquet de Croisy, devant la fontaine de Paradis, proche l'hostel de Guise.
De Mareau de Villeregy, rue du Temple.
Du Bois, rue des Augustins.
J. Scarron, rue de Jouy.
Daurat, rue Paradis, près l'hostel de Guise.
Tronçon, rue du Baillet, près la Monnoye.
Hallé, rue des Escousses, derrier le petit Sainct-Antoine.
Le Boindre, rue Hautefeuille, chez M. Bechefer.
De Fieubet du Monteil, rue des Lyons.
Destrappes, rue Pavée, près les Augustins.
Rancher, rue des Mauvaises-Parolles, faux-bourg de Sainct-Germain.
De Breteignères, rue du Petit-Mus, près l'Arsenal.
De Perigny, rue Sainct-Antoine, dans les Jésuites.

Barentin, rue des Deux-Portes, près le cimetière Sainct-Jean.

Dreux [1], cloistre Nostre-Dame.

QUATRIÈME CHAMBRE DES ENQUESTES.

Messieurs présidens :

Perrot, isle Nostre-Dame, vis-à-vis de Sainct-Paul.
Violle, en l'isle Nostre-Dame.

Messieurs conseillers laiz :

Le Comte, sur le quay des Augustins.
De Brillac, vieille rue du Temple.
Fayet, rue Beautreillis.
Godart, sieur de Petit-Marais, vieille rue du Temple, près la rue Saincte-Croix de la Bretonnerie.
Foucault, rue du Coq, près la Grève.
Le Doux de Melleville, rue de la Harpe.
De Vertamond, cloistre Nostre-Dame.
Bourlon, rue Sainct-André des Arts.
Maupeou, rue Pierre-Sarazin.
Besnard, rue du Parc-Royal.
Dorat, isle Nostre-Dame, vis-à-vis de Sainct-Paul.
Roujault, rue Haute-Feuille.
Racine, isle Nostre-Dame, rue Regratière.

---

[1] Son nom est accompagné de cette note de la main de Dubuisson-Aubenay,

« Saint-Martin, de la religion prétendue. »

Cette note, uniquement pour son nom, semble indiquer qu'il était seul conseiller protestant du parlement. Le conseiller Dreux-Saint-Martin est la souche de l'honorable famille de Dreux-Brézé.

Ferrand, rue des Ratz.
Pinon, près le Temple.
Le Febvre, rue Geoffroy-Lasnier.
Bouvart, rue de la Verrerie.
Le Coigneux de Boischaumont, rue Sainct-François aux Marais, près la Fontaine.
Le Maistre, de Belle-Jambe, rue Pavée-du-Temple, près les Augustins.
Le Vasseur, rue Neufve-Sainct-Louys, aux Marais.
De Boyvin-Vaurouy, rue des Bernardins.
De Mesme, rue Saincte-Avoye.
Mandat, rue de Jouy, au cul-de-sac.
Le Boutillier, à l'hostel Sainct-Paul.
Mollé, cour du Palais.
De Vassan, port Malaquais, près la porte de Nesle.
De Vallée, sieur de Chenaille, rue Neufve-Sainct-Louys, aux Marais.
De Barillon, rue de l'Homme-Armé.
Auguste Mascel le Boulanger, rue des Petits-Augustins, au faux-bourg Sainct-Germain.
Du Fos, rue Bertin-Poirée.

CINQUIÈME CHAMBRE DES ENQUESTES.

Messieurs présidens :
De Hodic, rue Sainct-Thomas du Louvre.
Molé, rue Saincte-Croix de la Bretonnerie.

Messieurs conseillers laiz :
Petau, rue Poupée.
Palluau, isle Nostre-Dame.
Nevelet, rue d'Anjou, aux Marais.

Hébert, cloistre Nostre-Dame, au cul-de-sac.
Le Boults, rue des Augustins.
De la Martellière, rue Saincte-Avoye.
Bavyn, près la rue de la Perle, aux Marais.
Maugis, sur le quay de la Tournelle.
De Lattaignant, rue Beautreillis.
Du Laurens, rue des Bernardins.
Le Bret, rue des Fossés, près Saint-Germain de l'Auxerrois.
Malo, rue Sainct-Anthoine, près les Jésuites.
Le Boulanger, rue Thibaulthaudée.
Davy de la Fautrière, faux-bourg Sainct-Michel, rue d'Enfer.
Le Meusnier, rue Neufve des Bons-Enfants, près le Palais-Royal.
Le Clerc de Lesseuille, rue des Deux-Boulles.
Le Clerc Chasteau du Bois, rue des Poitevins.
Bonneau, rue des Mauvais-Garçons, près le cymetière Sainct-Jean.
Daligre, rue des Fossez, près Sainct-Germain de l'Auxerrois.
Le Febvre de Comartin, près l'Échelle du Temple.
De Bullion, rue Christine.
Amelot, près les Enfants-Rouges, rue du Grand-Chantier.
Hilerin, quay de la Reine-Marguerite.
Meliant, rue Neufve-Sainct-Louis, aux Marais.
Du Mets, devant le petit Sainct-Antoine.
Le Fère de Laubrière, cour du Palais.
Daneau de Sainct-Gilles, rue des Bares, près Sainct-Gervais.
De Sainct-Martin, rue . . .

CHAMBRE DE L'ÉDICT.

Monsieur président :
De Mesme, rue Saincte-Avoye.

Messieurs conseillers de la grande chambre :
Menardeau.
De Guélin.

Messieurs des enquestes :
Palluau.
Lottin de Charny.
Hébert.
Le Doux de Melleville.
Le Cocq.
Canage.
De Sève.
Tambonneau.
Maupeou.
Le Clerc de Courcelles.
Mandat.
Fouquet de Croissy.
Ferrand.
D'Aligre.

CHAMBRE DE LA TOURNELLE.

Messieurs présidents :
De Longueil.
De Potier de Novion.
Le Cogneux.

Messieurs conseillers laiz :

P. Broussel.
M. Ferrand.
C. le Meusnier.
Lesné.
Gontier.
G. Menardeau.
Bouchet.

Messieurs des enquestes :

De Gilbert.
Janvier.
Bourlon.
De Latteignant.
De Mareau de Villeregy.
Quentin.
De Bullion.
Mandat.
Destrappes.
Lallemant.

NOTE DEUXIÈME.

LISTE

DE MESSIEURS LES COLONELS DE PARIS, SUIVANT L'ORDRE DE LEUR RÉCEPTION[1].

	Compagnies.
M. Vauroui, conseiller de la cour, reçu colonel du .. mars 1624.	9
M. de Serre, sieur de Chastignonville, maistre des requestes, reçu colonel du 3 août 1635, au lieu de M. de Serre-Saint-Julien, son père	9
M. de Génégaud, secrétaire d'État, reçu colonel du 8 octobre 1636, au lieu de M. le président de Chevry ; depuis, il a donné la charge à M. de Génégaud, son frère, président aux enquêtes	7
M. Miron, maistre des comptes, reçu colonel du 11 septembre 1641, au lieu de M. le président Miron, son père.	4
M. Boucher, reçu le ... février 1649, au lieu de M. Barthélemy de Senlis, maistre des comptes, reçu colonel du 11 février 1642, au lieu de M. Piorot	7
M. de Lamoignon, maistre des requestes, reçu	
A reporter.	36

[1] Ce document, provenant des papiers de M. de Lamoignon, a été imprimé pour la première fois dans l'*Histoire de la Fronde*, par M. le comte de Sainte-Aulaire.

APPENDICE.

	Compagnies.
Report.	36

colonel du 23 juin 1644, au lieu de M. le président de Nesmond 9

M. d'Estampes de Valançay, conseiller d'État, reçu colonel du 15 janvier 1648, au lieu de M. le président Barentin 6

M. Scarron de Vasvres, reçu colonel du 15 janvier 1648, au lieu de M. Scarron de Mandime. 6

M. Tubeuf, conseiller de la Cour, reçu colonel du 15 janvier 1648, au lieu de M. de La Cour 7

M. Favier, conseiller d'État, reçu colonel du 28 août 1648, au lieu de M. le président de Novion. 14

M. de Bragelone, président aux enquêtes, reçu en place de M. Guay Bagneux, maistre des requestes, reçu colonel du 8 janvier 1649. . 9

M. . . . ., maistre des requestes, reçu colonel du 9 janvier 1649, au lieu de M. de Montauron. 6

M. Mesnardeau, sieur de Champré, conseiller de la Cour, reçu colonel du 10 janvier 1649, au lieu de M. de Bullion. 9

M. Martineau, conseiller de la Cour, reçu colonel du 10 janvier 1649, au lieu de M. le président Tubeuf. M. Tubeuf, président en la chambre des comptes, a repris sa place depuis le siége de Paris 11

M. Molé de Champlastreux, conseiller d'État, reçu colonel du ... janvier 1649, au lieu de M. des Roches. 9

A reporter. 122

	Compagnies.
Report.	122
M. de Longueil de Maisons, conseiller de la Cour, reçu colonel du 15 janvier 1649, au lieu de M. le président de Maisons, son père . .	4
Nombre des compagnies . . .	126

Ordre de service.

De par MM. les prévôt des marchands et échevins de la ville de Paris, et M. de Lamoignon, colonel :

Il est enjoint à tous officiers et bourgeois, n'ayant point d'excuse légitime reçue et agréée par mondit sieur le colonel et par leur capitaine, dans chaque compagnie, de se trouver sous le drapeau les jours que l'on doit monter la garde, à six heures précises du soir, et pour les assemblées extraordinaires, aussitôt qu'ils entendent battre la caisse, à peine d'amende arbitraire.

Ceux qui, par raison particulière, seront dispensés par le commandant de servir en personne, seront tenus de mettre en leur place des personnes capables de porter les armes, agréées par le commandant, desquelles ils répondront en leurs propres et privés noms, et seront obligés de les armer de mousquets, ainsi qu'il leur sera ordonné par les officiers.

Chaque soldat tiendra ses armes nettes et en bon estat, et le mousquetaire ne viendra jamais au drapeau qu'avec six charges de poudre au moins, autant de balles de calibre, et une brasse de mèche, et ne mettra point de plomb dans son mousquet sans commandement.

Dans les marches, chacun gardera son rang, suivra sa file, observera ses distances, et ne s'amusera point à tirer non plus qu'aux environs des corps-de-garde, ny pendant les marches.

Deffenses à tous soldats d'enlever aucunes armes des corps-de-garde, ny prendre celles d'autruy pour les siennes, d'y jurer, quereller, faire bruict ny désordre, ny autre action indécente; de l'abandonner, ny d'en sortir sans congé de l'officier qui y commande, pour quelque cause et occasion que ce soit, et, en cas de congé, de s'y rendre et revenir précisément à l'heure qui leur sera ordonnée, le tout à peine de l'amende; et pour éviter tous abus, l'appel se fera en la manière accoutumée, ou au moins deux fois de jour et une fois de nuit, et plus souvent si le commandant le juge à propos.

Les sergents et caporaux auront grand soing de poser et relever les sentinelles d'heure en heure, visiter leurs armes avant que de les mettre en faction, et leur faire oster les balles de leurs mousquets lorsqu'ils les relèveront, avec deffenses sous peine de la vie auxdites sentinelles de rien arrester que ce qui leur sera commandé en les posant, ny de tirer si elles ne sont forcées avec grande violence, et qu'elles ne puissent se deffendre autrement.

Ceux qui ne se trouveront au corps-de-garde lorsque leur compagnie sera relevée, seront punis par confiscation de leurs armes et amendes arbitraires.

Tout ce que dessus sera exécuté ponctuellement à peine d'amende arbitraire, confiscation d'armes, mesme de punition corporelle à l'encontre des contrevenants, si le cas y eschet, ainsi que le capitaine ou commandant le jugera à propos.

S'il arrive quelque délict ou cas considérable, tant dans les corps-de-garde qu'ès environs, marches et quartiers desdites compagnies, les délinquants seront arrestez, désarmez, et mis prisonniers pour estre militairement jugés en la manière accoustumée.

Et à l'égard des désordres qui arrivent par la désobéissance d'aucuns soldats et insolence de quelques vagabonds et gens de néant qui taschent de faire rumeur et empescher que l'ordre ne soit exactement observé dans les gardes ou ailleurs, les officiers feront faire main basse sur eux, conformément aux ordonnances du Roy et de ladite ville.

Et pour le surplus des ordonnances anciennes, sur le faict de la milice seront observées sous les peines portées par icelles.

NOTE TROISIÈME,

pour le chapitre vi, page 220.

Léon de Barbançois, marquis de Sarsay [1], appartenait à une ancienne famille de la Marche Limousine, établie en Berry depuis la fin du treizième siècle. Son aïeul Charles de Barbançois, baron de Sarsay, s'étant jeté dans la ville d'Issoudun, assiégée par les protestants, en 1562, obligea par sa valeur les assiégeants à se retirer. En reconnaissance, les habitants donnèrent à une des tours de la ville le nom de Sarsay. Charles IX, pour récompense de ses services, le nomma, en 1568, gouverneur de la ville et du château d'Issoudun, et chevalier de ses ordres. Louis de Bourbon, duc de Montpensier, lui annonça cette dernière faveur par une lettre terminée par cette formule : « vostre bon voysin et meilleur amy. »

Léon de Barbançois, marquis de Sarsay, attaché à la maison de Condé par un dévouement héréditaire, fut nommé par le prince de Conti mestre de camp de son régiment de cavalerie, par le brevet suivant :

« Nous, Prince de Conty, Prince du sang, Pair de France, Gouverneur et lieutenant général pour le Roy en Champagne et Brie, généralissime des armées de Sa Majesté. Estant nécessaire de pourvoir à la seureté

---

[1] Son nom a été imprimé, par erreur, *Jarsay*, à la p. 220.
Les pièces originales qui font l'objet de cette note, m'ont été communiquées par mon neveu M. le comte Alexis de Barbançois, descendant du marquis de Sarsay.

publique, maintenir les déclarations du Roy, arrests de ses parlements et autres cours souveraines et ès règlements faits pour le soulagement des peuples, afin de calmer les désordres que le cardinal Mazarin a excitez dans l'Estat et que ses partisans qu'il a de nouveau establiz dans le ministère, y continuent avec lui pour restablir la tyrannie de ce ministre proscrit et exilé; qui, pour cet effet, s'est saisi de la personne du Roy et de l'autorité Royalle. Nous avons jugé que pour parvenir à un si juste dessein, à la paix généralle et empescher l'oppression de tous les gens de bien, rien n'est plus nécessaire que de mettre sur pied des trouppes qui puissent s'opposer à la violance de celles qui sont commandées par leurs créatures, et par ce moyen mettre le Roy en plaine liberté et pouvoir d'user de son autorité toute entière, et de donner la paix à ses subjects, que ces perturbateurs du repos public ont empeschez jusqu'à présent. A CES CAUSES, ne pouvant faire un meilleur choix pour la levée et conduite de nostre régiment de cavalerie que la personne du *sieur marquis de Sarsay*, dont la naissance, la valeur et expérience au faict de la guerre nous sont assez cogneus, Nous, soubz le bon plaisir du Roy, avons commis et commettons, par ces présentes signées de notre main, ledict sieur marquis de Sarsay, mestre de camp de nostre dict régiment de cavalerie, pour iceluy mettre sur pied le plus diligemment qu'il luy sera possible, au nombre de ... compagnies. Les cavaliers armez d'espez et pistolets; et ledict régiment commander, conduire et exploicter soubz l'autorité de Sa Majesté, celle de Monsieur le Prince, nostre frère, et la nostre; et nous luy ferons payer ensemble aux officiers et cavaliers dudict régiment les estat, appointemens et soldes qui leur seront dubtz et suivant les monstres et reveues qui en seront faictes tant et sy longuement que ledict régiment sera sur pied pour le service du Roy, tenant la main à ce qu'ils vivent en si bon ordre et discipline, que personne n'ayt subjet de s'en plaindre.

« Faict à Bourdeaux le second novembre 1651.

« ARMAND DE BOURBON.

« Par Monseigneur :

« MEURTET DE LA TOUR. »

NOTE QUATRIÈME,

pour le chapitre vi, page 267.

ARTICLES accordés entre Messieurs le cardinal Mazarin, le garde des sceaux de Châteauneuf, le coadjuteur de Paris, et Madame la duchesse de Chevreuse [1].

Que le Coadjuteur, pour se bien maintenir dans la créance des peuples, se réserve de pouvoir parler au parlement et ailleurs contre le cardinal Mazarin, jusqu'à ce qu'il ait trouvé un temps favorable de se déclarer pour lui sans rien hasarder, et que cependant Monsieur de Châteauneuf et Madame de Chevreuse feront semblant d'être mal avec lui, pour traiter séparément avec ledit sieur Cardinal, et posséder l'esprit de la Reine, et se conserver en même temps dans le public par le moyen dudit sieur Coadjuteur;

Que madite dame de Chevreuse et les dits sieurs de Châteauneuf et Coadjuteur feront tous leurs efforts pour détacher M. le duc d'Orléans des intérêts de M. le Prince, sans pourtant s'obliger de le faire rompre absolument avec lui, sachant bien qu'ils n'en ont pas le pouvoir, et qu'ils perdroient par là leur crédit avec son Altesse Royale, à laquelle ils n'oseroient rien proposer qui fust directement en faveur dudit

---

[1] Ce traité fut saisi sur un courrier qui le portait au cardinal Mazarin, et fut imprimé à Paris par ordre du prince de Condé, dans le but de compromettre ses adversaires.

sieur Cardinal, connoissant l'affection que son Altesse Royale a pour le public et l'aversion qu'il a pour ledit sieur Cardinal, et qu'il ne peut se fier en lui après les choses qui se sont passées; il suffira pour satisfaire à leur parole, qu'ils fassent tout ce qui dépendra d'eux pour empescher que son Altesse Royale ne pousse tout à fait ledit sieur Cardinal;

Que M. de Châteauneuf sera premier ministre, qu'il suffira qu'on rende les sceaux pour quelque temps à M. le premier-président, lequel aussi lui cédera le premier rang;

Que M. le marquis de la Vieuville sera surintendant des finances moyennant quatre cent mille livres qu'il donnera audit sieur Cardinal, et cinquante et tant de mille livres au sieur Bartet, qui a négocié pour lui à Cologne; et ce pour l'aider à payer la charge de secrétaire du cabinet qu'il a eu permission d'acheter;

Que ledit sieur Cardinal fera donner audit sieur de Châteauneuf toutes les assurances nécessaires de la charge de chancelier, si elle vaque durant que les sceaux seroient en d'autres mains que les siennes;

Que ledit sieur Cardinal fera donner toutes les paroles et expéditions nécessaires pour la nomination du Roi au cardinalat et pour la charge de ministre d'Estat audit sieur coadjuteur, pour en jouir incontinent après la tenue des États-Généraux, n'étant pas à propos que cela se fasse auparavant: lequel pourra servir très-utilement ledit sieur Cardinal dans l'assemblée des Estats, pourvu qu'il ne soit pas connu estre son ami. Et que si ladite assemblée des Estats se porte comme ledit sieur l'espère, à demander au

Roi qu'il soit appelé dans son conseil, ledit sieur Cardinal promet de le faire établir ministre, à la prière desdits Estats, afin que paroissant obligé au public plutôt qu'audit sieur Cardinal, il le puisse servir plus utilement en cette place ;

Comme aussi ledit sieur Coadjuteur promet d'employer son crédit pour faire casser par l'assemblée des Estats la déclaration que le parlement a fait donner contre son avis pour exclure les cardinaux françois ;

Que ledit sieur Cardinal fera jouir dès à présent le marquis de Noirmoustier des honneurs et des avantages accordés aux ducs, en conséquence des lettres qu'il lui en a fait accorder par la Reine ;

Que ledit sieur Cardinal fera donner la somme de cent mille livres au sieur de Laigues, sur la finance que payera le sieur de Nouveau, pour une charge de secrétaire d'Estat, laquelle ledit sieur Cardinal lui a fait promettre, en reconnoissance des bons offices qu'il lui a rendus, en fournissant des courriers confidens pour la négociation d'entre ledit sieur Cardinal, Madame de Chevreuse et ledit sieur de Châteauneuf ;

Que ledit sieur Cardinal donnera au sieur Mancini le duché de Nevers ou celui de Rethelois, avec le gouvernement de Provence, et lui fera épouser Mademoiselle de Chevreuse aussitôt qu'il sera en possession desdits duché et gouvernement, et d'une charge dans la maison du Roi, auprès duquel lesdits sieur et dame favoriseront son retour et son établissement ;

Que ledit sieur Cardinal empeschera que Monsieur de Beaufort ne puisse avoir aucune part dans la confiance de la Reine ni du Roi, et ne fera aucun accommodement avec lui, mais le considérera comme son ennemi, aussi bien que lesdits sieur et dame, en ce que les abandonnant il s'est attaché à Monsieur le Prince non obstant qu'il ait eu la charge de l'Amirauté par les soins desdits sieur et dame, et par l'autorité dudit sieur Cardinal ;

Que ledit sieur Cardinal autorisera auprès de la Reine Messieurs de Châteauneuf et le Coadjuteur, et dame de Chevreuse, et aura une entière confiance en eux, sur les paroles que ledit sieur de Châteauneuf lui donne, par lui, et par Messieurs de Villeroi, d'Estrées, de Senneterre et de Jars, qui se rendent les cautions d'être tout à fait attachés aux intérêts dudit sieur Cardinal, et de vouloir servir à son retour toutes fois et quantes qu'il se pourra. Comme aussi, Madame de Chevreuse et ledit sieur de Châteauneuf s'obligent à la même chose envers ledit sieur Cardinal pour ledit sieur Coadjuteur, lequel n'entre point dans le présent traité pour les raisons susdites, et demeure libre pour désavouer ce qui pourroit être dit de lui sur ce sujet, au cas que ledit sieur Cardinal voulût dire ou faire entendre qu'il lui eût rien promis, le tout à condition qu'il ne se parlera plus des choses passées avant, durant ou depuis la guerre de Paris, et aussi depuis l'accommodement desdits sieurs et dame avec ledit sieur Cardinal, et depuis l'emprisonnement de Messieurs les Princes, contre lesquels se fait principalement la présente union : l'intérêt commun desdits sieurs Cardinal Mazarin, garde des sceaux de Châteauneuf, Coadjuteur et Madame de Chevreuse, étant fondé sur la ruine de Monsieur le Prince, ou du moins sur son éloignement de la cour ; et promet ledit sieur Cardinal auxdits sieurs et dame d'empescher que M. le duc d'Orléans n'ait connoissance du présent traité, ni des conférences ou négociations que ladite dame de Chevreuse et ledit sieur de Châteauneuf ont eues ou auroient ci-après avec ledit sieur Cardinal.

NOTE CINQUIÈME,

pour le chapitre VIII, page 315.

ORDRE au sieur de Chalesme pour se saisir des châteaux de la Rochefoucaud, Verteuil et la Vergne[1].

DE PAR LE ROY :

Sa Majesté voullant s'asseurer des châteaux et lieux de la Rochefoucaud, de Verteuil et de la Vergne, et les faire garder pour son service sous son obéissance et se confiant en la valeur, expérience en la guerre, diligence et bonne conduitte du sieur de Chalesme, capitaine au régiment d'infanterie de la Reine, et sa fidélité et affection à son service pour les preuves qu'il en a données en divers employs et occasions, Sa Majesté l'a choisy et ordonné pour se transporter esdits lieux de la Rochefoucaud, de Verteuil et de la Vergne, se charger de la garde d'iceux et des maisons fortes desdits lieux, sy employer avec le nombre de cent cinquante hommes commandez par un lieutenant, un enseigne et trois sergens, lesquels il mettra sur pied à cette fin et prendra la subsistance du jour qu'ils y entreront à raison de 60 sols pour ledit Chalesme, 30 sols pour le lieutenant, 20 sols pour l'enseigne, 12 sols pour chaque sergent et 6 sols pour chacun soldat, et ce pour toutes choses, par chacun

---

[1] Nous avons tiré ce document inédit des *Archives du Ministère de la guerre*, vol. CXXXV.

jour, et en estre payé par les receveurs tenanciers ou fermiers desdites terres sur les fruicts et revenus d'icelles, auxquels il en donnera ses quittances et les rolles de payemens de ladite subsistance pour leur servir et valloir à leur décharge, voulant qu'en vertu de la présente, lesdits receveurs, fermiers ou tenanciers, soient contraints par corps comme pour les deniers et affaires de Sa Majesté au payement de ce que montera ladite subsistance et moyennant la présente ou copie d'icelle deuement collationnée avec les quittances des officiers et le roolle du payement des soldats certiffié dudit Chalesme, des officiers de la justice des lieux, contenant le nombre au vray des effectifs, tout ce qu'il aura payé à l'occasion susdite leur sera passé, et alloué en rendant raison de leur recepte par tout où il appartiendra. Mande Sa Majesté au gouverneur et son Lieutenant général en la province dont lesdits lieux dépendent et tous autres ses officiers et sujets qu'il appartiendra de donner audit de Chalèsme toute l'assistance dont il aura besoin pour l'exécution de la présente, et aux officiers et habitants desdits lieux de quelque qualité et condition qu'ils soient de le reconnoître et obéir en toutes les choses qu'il leur ordonnera pour le service de Sa Majesté, sur peine de désobéissance.

Faict à Saumur, ce 18ᵉ février 1652.

Il a été écrit à M. le comte d'Harcourt et à M. le marquis de Montauzier sur ce sujet, ledit jour.

NOTE SIXIÈME,

pour le chapitre viii, page 377.

RAPPORT à Leurs Majestés du succès remporté par le marquis de Bougy sur l'armée de M. le Prince [1].

Une partie des troupes de l'armée de Flandre qui ont eu ordre de venir joindre celle de Guyenne, dont le commandement a esté donné à M. le comte d'Harcourt estant arrivée auprès de Saint-Jean d'Angely, où il avoit son principal quartier et ayant eu advis que l'armée de M. le Prince s'estoit avancée à Brisambourg entre les rivières de Boutonne et de Charente, se résolut de marcher le huitième de ce mois à dessein de combattre M. le Prince, qui depuis quelques jours publioit d'estre dans la résolution de l'attendre; mais soit qu'il eust quelque crainte de la suitte des premiers avantages que nous avons eus sur luy ou qu'il eust peu de confiance aux troupes qu'il a levées pour susciter une guerre si injuste, il eust plus tost repassé la Charente à Xaintes que ledit sieur comte n'eust le temps d'aller à luy, ce qui l'obligea de marcher le neuf à Cognac et d'envoyer ordre auparavant de réparer le pont et en faire un de batteaux, pour y pouvoir faire deffiler avec plus de diligence l'armée du Roy, le lendemain dixième. Et

---

[1] Nous avons tiré ce rapport inédit des *Archives du Ministère de la guerre*, vol. cxxxiv, p. 423. Nous indiquons la page parce que ce document est inscrit à la table du volume sous un titre défectueux.

ayant sceu par des partys qu'il avoit envoyez du costé de Xaintes, que M. le Prince estoit déjà à Pons et qu'il logeoit son armée au delà et le long de la rivière du Né dont il avoit fait rompre les ponts et gaster les guays, ledit sieur Comte dont le zèle et la vigueur s'augmentent à mesure qu'il prévoit des difficultées, donna ordre quelques heures avant son départ de Cognac au sieur de Bougy, mareschal-de-camp, commandant la cavalerie légère de ladite armée, d'aller avec cinq cents chevaux chercher les occasions de prendre quelque avantage sur les ennemis par des lieux qui luy devoient estre indiquez par un gentilhomme du pays, nommé de Fonteveux, dont l'affection au service du Roy s'est fait remarquer en cette occasion. Ledit sieur de Bougy partist avec le régiment de cavalerie d'Harcourt, commandé par le baron de l'Aubépin, mareschal-de-camp, et soubz luy les sieurs chevaliers de Fourrille, de la Sauve et du Mesnil, capitaines; celuy de Créquy, commandé par les sieurs chevaliers de Vivens, de la Plante, etc., capitaines; celuy de Bougy, commandé par les sieurs de Saint-Thomas, le Fay de Boisguyon, capitaines, et de Beauregard, lieutenant de la mestre de camp; celuy d'Espieds, commandé par les sieurs de Beaufort, Tourotte et Moussy, capitaines; celuy de la Vieuville, commandé par le sieur de la Vespière, premier capitaine; celuy de Baradas, commandé par les sieurs d'Aumartin, Choisel et Fourone, capitaines; celuy du sieur chevalier d'Aubeterre, commandé par les sieurs Trécour, Valdompierre et Fénélon, capitaines, et estant arrivé le soir du dixième sur le bord de la rivière du Né, au guay de Merpin, le plus difficile à passer et par conséquent le moins gardé par les ennemis, il fit travailler tous les paysans du lieu aussy bien que les cavaliers de ces régiments, à réparer ce guay et raccommoder le pont que les ennemis avoient rompu en quatre endroits, où il fust fort aydé par ledit sieur de Fonteveux, y ayant fait travailler avec tant de diligence, que ce passage, qui a près de mille pas de long, fust en estat de s'en pouvoir servir deux heures avant le jour. Auquel temps ledit sieur de Bougy ayant fait deffiler ses troupes, marcha droit au quartier de Brive, qui estoit le plus proche de son passage, et quoy qu'il trouvast en si peu de distance quatre grands deffilez causez par les débordements des eaux qui couvroient jusques à la selle des chevaux, il ne laissa pas de franchir ces difficultées et d'arriver à demie-heure de jour à la veue du quartier de Brive, où il sceut que le régiment de Duras estoit logé; à l'approche duquel le commandant dudit régiment qui avoit eu l'allarme, estant venu avec quelques cavaliers, le chevalier de Fourrille, qui avoit esté destaché avec quarante maistres qui servoient de coureurs au régiment d'Harcourt, ayant l'avant garde, l'approcha de fort près sans se faire connaître pour ennemy, et le chargea si brusquement qu'il l'obligea de rentrer dans son quartier en désordre; en mesme temps, ledit sieur de Bougy fist soutenir ledit chevalier de Fourrille par ledit sieur baron de l'Aubépin, avec le régiment d'Harcourt, qui donna si vivement dans ledit quartier, qu'il tua ou prist généralement tout ce qui y estoit dudit régiment de Duras, tant officiers, cavaliers que bagages, ne croyant pas qu'il s'en soit sauvé plus de cinq ou six;

leur retraite ayant esté empeschée par le reste des troupes qui estoient en bataille au passage des fuyards. Le bruit et les descharges ayant donné l'alarme à tous les quartiers voisins, et ledit sieur de Bougy entendant sonner à cheval de tous costez, il fist avancer à la haste le régiment de Créquy, commandé par le chevalier de Vivens, et l'envoya pour attaquer le régiment d'Anguyen qui estoit logé à Rouffiac à une demie lieue de là, et d'autres hameaux où il y avoit partie des régiments d'Albret et de Lorges, qui venoient au secours de leurs compagnons, et pour les empescher de se saisir des deffilez que ledit sieur de Bougy faisoit garder par les régiments d'Aubeterre et de Barradas, ayant pris cette précaution pour se mettre à couvert de l'orage de toute l'armée ennemie qui se préparoit à luy tomber sur les bras. Mais sa conduite et ses ordres furent si bons qu'il se retira avec toute la cavalerie qui avoit fait cette généreuse exécution et le butin qu'elle avoit gaigné sans perdre un seul homme. Le régiment d'Harcourt ayant fait l'arrière-garde avec pareil bonheur, et le régiment d'Espieds aussy.

Tous les officiers des régiments de Duras et d'Anguyen et quelques-uns de ceux de Lorges et d'Albret y ont esté tuez ou faits prisonniers, à la réserve du commandant de celuy de Duras qui se sauva ayant eu le premier l'alarme.

De nostre côté, le sieur Fouchaut, cornette de la mestre de camp du régiment d'Harcourt, frère dudit chevalier de Fourrille, et le frère dudit sieur du Mesnil, capitaines audit régiment, y ont esté tuez; les sieurs baron de l'Aubépin et le sieur de la Roque, son cornette, blessez légèrement ; ledit baron de l'Aubepin, les chevaliers de Fourrille et de la Sauve avoient mis pied à terre pour forcer les principalles maisons où quantité d'officiers qui n'avoient pas eu le temps de monter à cheval faisoient grande résistance.

Je crois vous avoir assez fait remarquer quelle a esté la conduite et la vigueur dudit sieur de Bougy; je ne sçaurois m'empescher de dire encore qu'il a bien confirmé par cette action la haute opinion que l'on a de sa valeur et de son expérience. Il n'y a pas un officier, particulièrement les commandants des corps, qui ne méritast une éloge particulière.

Les sieurs de Cagny, ayde de camp dudit sieur de Bougy, qui prit un officier du régiment de Duras prisonnier, y a fait paroistre beaucoup de cœur aussy bien que les sieurs d'Arnolfiny, Anglisqueville et Mitoys, volontaires.

On a trouvé vingt-cinq ou trente officiers des ennemis, et près de quatre cents chevaux-légers prisonniers; le reste estant demeuré sur la place, et nous espérons de vous donner bientost quelque suitte plus glorieuse du bonheur qui a accompagné les armées du Roy, soubs la conduite de nostre brave et fidelle général.

Le sieur baron de l'Aubépin, mareschal-de-camp, commandant le régiment d'Harcourt, à la valeur duquel une bonne partie de l'exécution est deue, a porté à Leurs Majestés cette bonne nouvelle.

NOTE SEPTIÈME,

pour le chapitre IX, page 398.

RELATION de ce qui s'est passé en l'armée du Roy commandée par M. le comte d'Harcourt, depuis qu'elle est partie de Périgord jusques à la fin du mois de mars 1652.

(**La levée du siége de Miradoux et la déroute de l'armée de Monsieur le Prince**[1].)

Tous les avantages que M. le comte d'Harcourt a remportez jusques à présent sur M. le Prince, depuis qu'il commande l'armée du Roy, n'ont pas médiocrement augmenté la gloire qu'il s'est acquise par tant d'autres actions signalées qui l'ont rendu si utile et si cher à l'Estat, et celles que vous allez apprendre ne vous confirmeront pas moins cette vérité, qu'elles vous persuaderont qu'il ne se peut rien adjouter à son zelle, à sa fidellité, et à sa généreuse conduitte.

Monsieur le Comte ayant eu avis au quartier de Bourdeilles en Périgord, que les trouppes du party avoient dessein de se saisir de Sarlat par le moyen de leurs intrigues, et que pour les faire réussir à leur avantage, ils s'avançoient au pont de Terrasson, sur la Vézère, pour s'en rendre les maistres, partit de Bourdeilles le vingt-deuxième féburier pour con-

---

[1] Nous avons tiré cette relation inédite des *Archives du Ministère de la guerre*, vol. CXXXIII.

server cette place, dont la perte luy auroit osté les moyens de passer la Dordogne à Domme, où il avoit envoyé quelques jours auparavant le sieur de Saint-Abre, mareschal-de-camp, pour pourveoir à la seureté de ce poste et y faire assembler des batteaux, et vint coucher à Coulaures sur la rivière de l'Isle, à deux lieues de Périgueux ; le lendemain à Terrasson, et le troisième jour il se rendit à Sarlat ; et ses trouppes, le jour suivant, sur le bord de ladite rivière, ayant laissé à leur teste M. le comte de Lislebonne, lieutenant-général, qui l'estoit venu joindre depuis deux jours. Cependant, comme il avoit jugé un jour avant son départ de Bourdeilles, qu'en détachant un corps de cinq cents chevaux, soubz les ordres de M. de Sauvebœuf, lieutenant-général, il s'asseureroit d'autant plus de passages nécessaires à la marché de l'armée du Roy, il le fit partir si heureusement, que quelques heures avant son arrivée à Terrasson, les ennemis l'avoient envoyé recognoistre, et, ayant eu avis de la marche de ce corps de cavallerie, ils s'estoient retirez en diligence au-delà de la Dordogne.

La présence de M. le Comte à Sarlat contribua sy fort au rafermissement des affaires du Roy, qui quelques jours auparavant avoient esté fort esbranlez dans l'incertitude du secours qu'il espéroit de l'armée de Sa Majesté, qu'après son passage il n'a pas esté nécessaire d'y laisser aucunes trouppes pour s'en asseurer. Cependant comme touttes choses se disposoient au passage de la Dordogne, M. le Comte apprit confusément les choses, et que les trouppes qui estoient dans la haute Guyenne, soubz les ordres de M. de Saint-Luc, lieutenant-général de la province, avoient receu un échec; et jugeant bien qu'il ne pourroit apporter assez de diligence à s'avancer vers la Garonne pour ramasser les débris desdites troupes, et secourir les régiments de Champagne et de Lorraine qu'il apprenoit s'estre jettez dans une petite ville en Armagnac, nommée Miradoux, que M. le Prince assiégeoit, fit passer toutte l'armée en deux jours dans un fort médiocre nombre de batteaux; les ennemis s'estant particulièrement attachez à les enfermer tout au long de cette rivière pour nous en rendre le passage impossible; mais tous leurs soings et leurs précautions furent renduz inutiles, n'y ayant rien de difficille à un général comme le nostre qui sert le Roy avec tant de zelle et de fidélité.

Les ennemis ne pouvant s'opposer directement à nostre passage par les soings que M. le Comte avoit apporté pour s'en asseurer, ayant mandé quelques jours auparavant à MM. les marquis de Biron et de Vaillac de s'y jeter avec leurs régiments, voulurent au moings faire paroistre qu'ils n'y consentoient poinct, et s'estant asseurez le plus prez qu'ils purent de la rivière à la faveur d'un ruisseau qui les couvroit, escarmouchèrent quelques heures avec l'avant-garde de l'armée, commandée par M. de Sauvebœuf, lieutenant-général, et le sieur de Bellefonds, mareschal-de-camp en jour, qui fut blessé dans l'escarmouche, après y avoir faict tout ce qui s'en pouvoit attendre. Le sieur chevalier d'Aubeterre, aussi mareschal-de-camp, qui s'y rencontra, et auquel ledit sieur de Bellefonds en remit la conduitte après sa blessure, acheva l'ouvrage aussi vigoureusement qu'il avoit esté commencé.

M. le Comte estant arrivé à Domme, y rencontra heureusement des députés qui venoient s'asseurer de la fidellité d'une petite ville nommée Auvilars, du comté d'Armagnac, située sur le bord de la Garonne, à deux lieues de Miradoux, et jugeant qu'il estoit de la dernière importance d'asseurer ce poste pour le passage de l'armée, il envoye le sieur de Valcourt, mareschal-de-bataille et lieutenant-colonel de son régiment d'infanterie, avec des lettres à MM. de Montauban, pour les obliger à lui donner des hommes et des batteaux pour les apporter audit Auvilars en diligence, ce qu'ils firent avec beaucoup de témoignages de zèle et de fidellité; et ledit sieur de Valcourt arriva si à propos, qu'au moment qu'il eut débarqué ses gens, un party considérable de trouppes de M. le Prince, commandé par Marsin, faiseoit sommer cette ville; mais il s'en estoit advisé trop tard pour recevoir l'effest qu'il s'estoit promis, et pour s'apercevoir de la faute que M. le Prince avoit faicte de n'avoir pas apporté plus de diligence à occuper ce port comme la seule ressource qui restoit à M. le Comte pour secourir Miradoux et sauver les régiments de Champagne et de Lorraine, dont la perte auroit été très-nuisible aux affaires du Roy. Cependant, comme il estoit adverty que nos assiégez estoient dans les dernières extrémitez, et qu'il ne pouvoit prendre de soings plus utilles que celluy de faire préparer le nombre de batteaux nécessaires à diligenter le passage de l'armée sur la Garonne, il envoya, à son départ de Domme, le sieur de Sainte-Colombe-Marin, maréchal-de-camp, à Moissac, avec tous les ordres nécessaires pour faire assembler et descendre des batteaux à poinct nommé le jour de son arrivée, et partir le deuxième, pour s'avancer à moitié chemin de Cahors où il passa le lendemain le Lot, et vint à la Bastide, qui en est à une lieue; le troisième à Montcuq et le quatrième à Valence, vis-à-vis d'Auvilars, et deçà de la Garonne, qu'il commença de faire passer le lendemain dès la pointe du jour, et ce temps y fust si bien employé que, bien qu'il se trouvast fort contraire, toutte l'armée eust passé en deux jours, pendant lesquels M. le Comte s'attacha particulièrement à donner de ses nouvelles aux assiégez; mais son arrivée leur fust plustost connue par la levée du siége que par ses lettres, M. le Prince ayant a peyne attendu que la moityé de l'armée feust passée pour se retirer à Staffort, sur la rivière de Lectoure et ses troupes à couvert de cette rivière.

Il n'est pas juste que les particularitez de ce siége vous soient inconnues et que je desrobe à de sy braves gens la gloire qu'ils y ont acquise par leurs actions et par les extrêmitez qu'ilz y ont souffertes. Vous sçaurez donc que les régiments de Champagne, de Lorraine et ledit de Marin, maréchal-de-camp, se jettèrent, après le combat de M. de Saint-Luc, dans une place dont les murailles estoient ouvertes en plusieurs endroits, dépourveue de toutes sortes de vivres et de munitions, en sorte que M. le Prince n'espéroit pas moins que de la réduire dans trois ou quatre jours comme il y avoit apparence. Si M. de Saint-Luc n'eust faict des efforts extraordinaires pour y jeter de la poudre, et sy heureusement qu'il leur donna moyen d'attendre le secours, et de faire pendant ce siége, qui a duré quatorze jours entiers, des actions dignes de la réputation que ces braves régiments se sont acquise depuis sy longtemps, et particulièrement celui de Champagne. Le sieur de Marin, mareschal-de-camp, qui les commandoit, a beaucoup de part à leur gloire, et il n'y a point d'officier et de soldat qui ne se soit signallé dans plusieurs sorties par quelque action de vigueur, et, entre autres, un sergent ayant été commandé pour sortir sur les mineurs qui venoient d'estre attachez, en tua quatre et blessa le cinquième à la veue de M. le Prince et soubz le feu de toutte sa mousqueterie.

Cet heureux succez ne pouvoit arriver plus à propos pour rétablir les affaires du Roy, que la perte du dernier combat avoit fort esbranlées, et l'arrivée de M. le Comte ne pouvoit pas produire un moindre effect ny une suitte moings avantageuse que celle que vous allez apprendre. M. le Comte, à son départ d'Auvillars, qui fut le septième de ce mois, estant venu à la ville de Lomagne pour y faciliter la jonction des régiments de Champagne et de Lorraine, y receust les tesmoignages de la joye qu'eurent les officiers de se voir secourus si à propos, et y séjourna deux jours pour deslasser un peu les trouppes des fatigues extraordinaires qu'elles avoient souffertes dans une si longue et si continuelle marche, et dans ces nuits qu'elles avoient campé aux passages des rivières de Dordogne et de Garonne, et tesmoigna avoir dessein d'assiéger une petite ville, nommée Beaumont, qui appartient à M. le Prince, pour lui oster la pensée de celluy qu'il avoit de le surprendre dans ses quartiers, et ayant, soubz ce prétexte, donné ordre au reste des trouppes de M. de Saint-Luc, qui estoient vers Auch, de venir du costé de Beaumont, il assembla toute l'armée à Saint-Léonard, prez de Leytoure, et marcha à Florence le onzième, d'où il repartit le lendemain à la pointe du jour; et comme il avoit esté informé qu'il y avoit plusieurs deffilez dans sa marche qui auroient pu le retarder de quelques heures s'il n'y prenoit ses précautions, il pria M. le marquis de Fimarçon, gentilhomme de grande condition et de grand crédit en ces quartiers, et le sieur de Bouaix, mareschal-de-camp, aussy fort acrédité, de faire remplir les fossez qui pouvoient obstruer le chemin, et de faire faire des ponts sur les ruisseaux, de quoy ils s'acquittèrent avec beaucoup de ponctualité, et M. le Comte ne trouva aucun obstacle au dessein qu'il avoit de surprendre les ennemis dans leurs quartiers que la longueur du chemin qui ne lui laissa que deux heures de jour pour le faire réussir.

Il estoit aisé à juger par la gayeté qui se remarquoit dans noz trouppes du succez de nostre dessein et leur joye contribua si fort à diligenter nostre marche qu'avant les quatre heures du soir toutte l'armée eust faict cinq grandes lieues du pais et se trouva entre deux des quartiers de M. le Prince sans qu'il en eust aucun advis.

L'armée marcha en cet ordre : la brigade de la Meilleraie avoit l'avant-garde de tout commandée par M. de Sauvebœuf, lieutenant-général, le sieur de Saint-Abre, mareschal-de-champ en jour, le sieur de Bougy, commandant la cavallerie, et le sieur chevallier de Créquy, mareschal-de-camp, qui debvoit entrer en jour et les sieurs de Marins et de

Sainte-Colombe, son frère, mareschaux-de-camp, qui voulurent s'y rencontrer volontairement. Les gentilzhommes volontaires compozans un fort bon escadron dont la conduitte fut donnée au sieur de la Rogue Saint-Chamarand, mareschal-de-champ, et les gardes de notre général commandez par le sieur de Poignant se joignirent à l'avant-garde. M. le Comte, avec M. le comte de Lislebonne, lieutenant-général, et les mareschaux-de-camp, à la réserve du sieur Marquis de Vaillac qui fust commandé comme sortant de jour pour faire suivre l'arrière-garde en diligence, marchoient à la teste de la brigade de la Villette qui suivit celle de Meilleraie, celle de Mercœur ensuitte, et aprez celle d'Anjou marchoient les trouppes de M. le marquis de Saint-Luc.

M. le Comte eust advis dans sa marche par un parti qui avoit été commandé que le quartier de M. le Prince estoit à Staffort[1], celluy de ses gardes et de ceux de tous les officiers généraux à Perguain, et celluy de sa gendarmerie à la Plume à une grande lieue les uns des autres, et ses autres trouppes dans des quartiers beaucoup plus près de la rivière de Garonne et par conséquent plus esloignez de nostre marche, ce qui obligea M. le comte d'Harcourt de se faire conduire par des gentilzhommes du pais qui luy servoient de guides au milieu de ces trois quartiers, où estant arrivé il commanda à M. de Sauvebœuf de s'avancer le plus près qu'il pourroit de Staffort pour charger les trouppes qui sortiroient du quartier de M. le Prince, et à M. le Comte de Lislebonne

---

[1] Suivant les documents, ce lieu s'écrit encore *Estaffort* ou *Astaffort*.

et au sieur chevalier d'Aubeterre, mareschal-de-camp, de marcher, avec la brigade de la Villette commandée par le sieur de la Villette, mestre-de-camp, du costé de la Plume pour entreprendre sur la gendarmerie de M. le Prince, et à M. de Saint-Luc d'investir avec deux cents mousquetaires qui avoient esté détachez de l'infanterie, et deux escadrons des brigades de Mercœur et de la Villette, le quartier de Perguain¹, pendant qu'il demeureroit avec le reste de la brigade de Mercœur et celle d'Anjou au milieu de tous pour secourir ceux qui en auroient besoing. Tous ces ordres ayant esté exécutez avec toutte la ponctualité qui estoit à désirer, M. le Comte eut advis quelque temps après de M. le comte de Lislebonne que les ennemis qui estoient au quartier de la Plume se retiroient au nombre de six escadrons, à la faveur de leur quartier plus avancé du costé de la Garonne et qu'il attendoit ordre de ce qu'il auroit à faire, et M. de Sauvebœuf l'envoya avertir en mesme temps que M. le Prince se retiroit à couvert de la rivière qui passoit en son quartier² et qu'il estoit par conséquent impossible de le couper. M. le Comte voyant approcher la nuict et ne jugeant pas à propos de séparer ses trouppes en tant d'endroictz, tous les autres quartiers ayant eu le temps de se joindre à la gendarmerie qui auroit faict par conséquent un corps assez considérable pour deffaire celluy qu'il y opposoit avant qu'il l'eust pu secourir, envoya ordre à M. de Lislebonne et à M. de Sauvebœuf de revenir

¹ Ou *du Pergan*, comme nous l'avons écrit p. 415; l'orthographe de ce lieu varie selon les documents.
² Le Gers.

sur leurs pas, remettant au lendemain à prendre quelque avantage qui respondit à celluy que nous nous estions asseuré en assiégeant tous les gardes des généraux dans le quartier de Perguain au nombre de quatre-cents maistres.

Toute cette nuit fut employée à prendre un soin particulier de la seureté du siège et empescher qu'il n'en sortist rien; et à la pointe du jour, M. le Comte marcha avec les brigades d'Anjou, La Villette et Mercœur et laissa celle de la Meilleraie avec les trouppes de M. de Saint-Luc et toutte l'infanterie devant Perguain. Il ne paroissoit pas à l'ardeur de noz trouppes qu'elles eussent si long temps fatigué, et les chevaux qui avoient le jour auparavant faict plus de sept lieues et passé la nuict sans repaistre n'eurent jamais tant de vigueur.

Vous croirez sans doute facillement que M. le Prince ne perdit pas beaucoup de temps à mettre ses trouppes à couvert de la rivière de Garonne, et en effet il apporta avec raison tant de diligence à les faire passer, s'estant rencontré heureusement pour luy près d'Agen qui luy fournit aussy grand nombre de batteaux qui lui étoit nécessaire, que M. le Comte ne trouva que deux ou trois escadrons en deça qui se retirèrent dans le faux-bourg d'Agen à la faveur de quelque infanterie. M. le Comte de Lislebonne, lieutenant-général, et M. le chevalier de Créquy, mareschal-de-camp en jour, s'estant rencontrez à la teste de la noblesse volontaire, de la Compagnie des gardes de M. le Comte, des régiments de Solainvilliers et du Coudray-Montpensier à la teste duquel le mestre de camp, quoyque le mareschal-de-camp[1] voulut s'y trouver pour avoir sa part à la gloire, ayans tous mis pied à terre furent suivis de ce qu'il y avoit d'officiers et de cavallerie qui attaquèrent le fauxbourg si vigoureusement qu'après une résistance fort opiniastrée, ils forcèrent trois baricades, y firent quantité de prisonniers et poussèrent le reste à la rivière dans laquelle un grand nombre qui ne trouva poinct de batteaux fut noyé. On ne scauroit assez admirer l'abandonnement de M. le comte de Lislebonne non plus que la vigueur avec laquelle les sieurs chevalier de Créquy et du Coudray-Montpensier attaquèrent ce faux-bourg, qui firent sans mentir à l'envie l'un de l'autre des actions tout à faict dignes de leur valleur, et quantité de gentishommes du Quercy volontaires dont les noms seroient trop longs à desduire, et le sieur Dumay, commandant lors la compagnie des gardes de M. le Comte, en firent paroistre une très signallée. Quelques officiers du régiment de Solainvilliers et de celluy du chevallier de Créquy y ont esté blessez, ceux du régiment du Coudray s'étant rencontrés plus heureux.

Après cette exécution qui se passa à la veue d'Agen et qui par conséquent n'y donna pas une médiocre espouvante, M. le Comte passa le reste de la journée à Estillac, à la veue de cette ville, et y receust des prisonniers qu'on luy amenoit de touttes partz parmy lesquelz se sont trouvez le sieur cheva-

---

[1] Le maréchal-de-camp avait le grade supérieur sur le mestre-de-camp, chef direct d'un régiment. Certains régiments avaient à leur tête un mestre-de-camp, d'autres un colonel; le titre était différent, mais le grade était le même.

lier de Roquelaure, mareschal-de-camp dans l'armée de M. le Prince, quelques uns de ses domestiques qui avoient esté pris le jour auparavant, quelques officiers du régiment de Bourdeaux et d'autres de la garnison de Brouage qui estoient venus quelques jours auparavant trouver M. le Prince, et plusieurs autres dont le desnombrement seroit trop long.

Le lendemain, M. le Comte ayant eu advis que les assiégez s'opiniastroient à se deffendre, partit d'Estillac pour y aller donner ses ordres; mais il trouva qu'à la persuasion de M. de Saint-Luc et des extrêmitez qu'ilz avoient souffertes n'y ayant poinct d'eau dans ce lieu, ils commençoient à parler de capitulation, comme en effect ils se rendirent ce mesme jour et sortirent le lendemain tous prisonniers de guerre, à la réserve de trois ou quatre des officiers dont M. le Comte accorda la liberté à la prière des officiers généraux qui avoient conduit le siège à une sy précieuse fin; les chevaux au nombre de plus de cinq cents et le buttin furent distribuez à toute l'armée et les prisonniers envoyez à Leytoure et à Florence.

M. de Sauvebœuf, lieutenant-général, qui estoit demeuré avec la brigade de la Meilleraie et l'infanterie devant Perguain, ayant voulu recognoistre la profondeur du fossé fut blessé d'une mousquetade au bras gauche qui n'est, Dieu mercy, pas dangereuse. Le sieur du Fay, major au régiment d'infanterie d'Harcourt, fut blessé du mesme coup, mais légèrement.

Cependant M. le Comte ayant appris que le canon de M. le Prince estoit resté dans le quartier de Staffort avec deux ou trois cents mousquetaires, commanda à M. du Coudray-Montpensier, mareschal-de-camp en jour, de prendre ceux du régiment de Champagne et d'Auvergne qui avoient esté commandez pour suivre la cavallerie, et deux cents chevaux, et pria M. de Fimarçon, qui est seigneur de ce lieu, d'y aller pour obliger les habitans à donner quelque marque de leur zelle et de leur fidélité, ce qu'ilz firent avec beaucoup plus de honnesté que l'on n'auroit deu vray-semblablement espérer d'une bourgeoisie, et la garnison s'estant rendue sans s'opiniastrer à une fort longue résistance, les officiers demandèrent à se retirer chez eux soubz promesse de ne plus servir contre le Roy et les soldatz ont pris party dans ses trouppes. Les dits sieurs de Fimarçon et du Coudray s'attachèrent à faire conduire le canon et les munitions de guerre qui estoient restez au dit Staffort, au quartier de M. le Comte, qui ordonna que les chevaux de l'artillerie de l'armée de M. le Prince qui avoient été pris avec un grand nombre d'autres fussent rassemblez pour estre achetez.

Nous n'avons pas esté fort long-temps à nous apercevoir des bons effectz qu'ont produit ces avantages, ny ayant poinct de villes dans le haut pays mesme de celles d'Alby qui appartiennent à M. le Prince, qui n'ayent porté les clefz à M. le Comte, et il est ce me semble assez inutille que je fasse particulièrement valloir la conduitte et la vigilance de nostre général, puisqu'elle vous paroist assez dans cette relation et que sa réputation vous est cogneue. Je vous feray seullement considérer qu'il n'a pas médiocrement contribué à surmonter les obstacles qui auroient pû se rencontrer au passage de tant de rivières, en ayant passé six dans sa marche dont la moindre est celle de l'Isle.

M. le chevalier de Créquy a esté choisy par M. le Comte pour porter cette dernière nouvelle à leurs Majestez, et le chevalier de Fourilles, celle de la levée du siège de Miradoux.

NOTE HUITIÈME,

pour le chapitre vii, page 295, et pour le chapitre ix, page 398.

Nous insérerons seulement à la fin du volume qui terminera l'histoire de la Fronde, le traité conclu par le prince de Condé avec l'Espagne, parce que ce traité se rapporte non-seulement au premier volume, mais à tout l'ensemble des faits.

Nous insérerons à la même place, pour le même motif, la relation du siége de Miradoux et des événements subséquents, rédigée par les ordres du prince de Conti. Voyez la *Note* de la page 439.

FIN DU PREMIER VOLUME.

TABLE DES MATIÈRES

DU PREMIER VOLUME.

INTRODUCTION.

CHAPITRE PREMIER.

Le Limousin. — Le château et le nom de Cosnac. — Éléonore de Talleyrand. — Mort tragique de Henri de Saint-Aulaire. — François, seigneur de Cosnac. — Transformation politique et sociale. — Conspiration du comte de Chalais, beau-frère de François de Cosnac. — La comtesse de Chalais. — La duchesse de Chevreuse. — Les principaux chefs de la conspiration. — Le cardinal de Richelieu rejoint le roi. — Trahison du comte de Louvigny. — Le jugement, la condamnation et la mort du comte de Chalais. — Mariage du duc d'Orléans, frère de Louis XIII. — Les ancêtres de Daniel de Cosnac attachés à la cour. — Livre de François, seigneur de Cosnac, contre le ministre protestant de Turenne. — Les abbesses de la maison de Cosnac. — Le cardinal Bertrand de Cosnac nonce en Espagne. — Les évèques de la maison de Cosnac. — Éducation de Daniel de Cosnac. — Le collége de Navarre. — Le caractère de Daniel de Cosnac apprécié par des juges illustres. — Ses degrés à l'Université et à la Sorbonne. — Son entrée dans le monde.. . . . . Pag. 1

CHAPITRE II.

Désir de Daniel de Cosnac d'aller à Rome. — Le village de Nazareth. — Formation et caractère du régime féodal. — Aspect du château de Turenne. — Histoire de la vicomté de Turenne et de ses quatre dynasties. — Erreur historique touchant l'origine de la maison de Noailles. — Les premiers vicomtes de Turenne institués par Charles Martel. — Les Comborn. — Les Comminges. — Les d'Aragon. — Les Beaufort. — Deux papes de cette maison. — Les mariages de trois sœurs de la maison de Gimel. — Les La Tour d'Auvergne. — Curieux testament d'Antoine, vicomte de Turenne. — Le vicomte de Turenne, Louis de Cosnac et Antoine de Noailles, envoyés à Madrid pour la célébration du mariage, par procuration, de François Ier avec Éléonore d'Autriche. — La seigneurie de Noailles devient la possession de la maison de Cosnac. — Procès de famille. — Splendides funérailles de François II, vicomte de Turenne. — Henri, vicomte de Turenne, premier duc de Bouillon de sa maison. — Frédéric Maurice, duc de Bouillon. — Le maréchal de Turenne. — Langlade. — Daniel de Cosnac est attaché au prince de Conti. — Le duc de la Rochefoucauld le présente à ce prince.. . . . . . . Pag. 53

CHAPITRE III.

La maison de Condé. — Henri II, prince de Condé, et Charlotte-Marguerite de Montmorency. — Passion de Henri IV. — Prison du prince de Condé. — Éducation du grand Condé, du prince de Conti, de la duchesse de Longueville. — Le couvent des Carmélites de la rue Saint-Jacques. — Un bal à la cour. — Mariage de la duchesse de Longueville. . . . . Pag. 82

CHAPITRE IV.

La société de l'hôtel de Rambouillet née des débordements de la cour de Henri IV. — Le marquis et la marquise de Rambouillet. — Les demeures du moyen âge. — Architecture et aménagement intérieur de l'hôtel de Rambouillet. — La société de l'hôtel de Rambouillet forme un trait d'union entre la cour et la ville. — Le respect empêchait la confusion des rangs. — L'esprit de la noblesse de France comparé à l'esprit de la noblesse d'Angleterre. — Les précieuses. — Les deux époques de la société de l'hôtel de Rambouillet et ses plus célèbres habitués. — La belle Julie. — Le duc de Montausier. — *La Guirlande de Julie.* — Les princes du sang. — Sarrasin. — Mademoiselle du Vigean. — Célèbre querelle littéraire des deux sonnets de *Job* et d'*Uranie*. . . Pag. 107

CHAPITRE V.

La Fronde née du réveil des traditions du gouvernement représentatif. — Prétention du parlement de Paris, appuyée par les rois, de se substituer aux assemblées représentatives de la nation. — Les édits fiscaux provoqués par la pénurie du trésor, font naître les premiers mécontentements. — Édit du toisé. — Essai d'emprunt. — Édit du tarif. — Création de nouveaux offices. — Renouvellement de la Paulette. — L'union des quatre cours souveraines. — Mesures de rigueur de la régente bravées par les magistrats. — L'union des cours souveraines pour la réformation de l'État est autorisée. — Articles de la réformation. — Clôture des séances de la chambre Saint-Louis prononcée par un lit de justice. — Refus d'obéissance du parlement. — *Te Deum* à Notre-Dame. — Enlèvement du conseiller Broussel. — Le coadjuteur gouvernant l'effervescence populaire. — Journée des barricades. — Un compromis rétablit le calme. — La cour quitte Paris. (Années 1648—1649.). . . . . Pag. 163

CHAPITRE VI.

Le calme promptement troublé. — Le parlement refuse de se soumettre à un ordre d'exil. — Alliance entre les princes, la noblesse et le parlement. — Le duc d'Elbeuf. — Le prince de Conti généralissime. — Le duc de Bouillon chef véritable. — Les hostilités. — La paix. — Exigences du prince de Condé. — Arrestation des princes. — La noblesse court aux armes. — La princesse de Condé au château de Turenne. — Siége de Bordeaux. — Liberté des princes. — Le cardinal Mazarin quitte la France. — Assemblée de la noblesse demandant la convocation des états-généraux. — Changement de ministère. — Lettre du cardinal Mazarin à Hugues de Lyonne. — Correspondance du cardinal Mazarin avec la reine. — Caractère de l'attachement de la reine pour son ministre. — Rupture du mariage projeté entre le prince de Conti et Mademoiselle de Chevreuse. — Conférences nocturnes de la reine et du cardinal Mazarin. — Conséquences. — La politique du prince de Condé. — Sa fuite à Saint-Maur. (1649—1651.).| . Pag. 203

CHAPITRE VII.

Cause de la fausse alerte du prince de Condé. — Réunion à Saint-Maur des principaux chefs du parti des princes. — Présentation de Daniel de Cosnac par le duc de La Rochefoucauld. — La duchesse de Chevreuse et sa fille publiquement insultées. — Trois ministres congédiés. — La reine envoie au parlement un acte d'accusation contre le prince de Condé. — Orageuse séance, où le prince et le coadjuteur, avec leurs partisans en armes, sont en présence. — Déclaration solennelle de la majorité de Louis XIV. — Amnistie en faveur du prince de Condé. — Déclaration contre le cardinal Mazarin. — Conseils du duc de Bouillon à Daniel de Cosnac. — Les princes se rendent à Montrond. — Une erreur de route fait échouer un accommodement. — Le conseil des princes décide la guerre. — Vues ambitieuses du prince de Condé. — Échec de son projet d'alliance avec Cromwell. — Traité avec l'Espagne. — Les princes quittent Montrond. — La duchesse de Longueville retient Daniel de Cosnac auprès du prince de Conti. — Il est envoyé en mission auprès du prince de Condé. — Défection du duc de Bouillon et du maréchal de Turenne. — Tentative d'enlèvement du coadjuteur. — Le premier président Molé se lie au parti de la cour. — Violence du prince de Conti à l'égard du maire de Bourges. — Le prince de Conti et la duchesse de Longueville obligés de sortir de cette ville. — Accidents causés par la destruction de la grosse tour de Bourges. (Année 1651.). . . . . Pag. 270

CHAPITRE VIII.

Le prince de Condé organise ses forces dans la Guyenne et dans les provinces limitrophes. — Mort du duc de La Force. — Chefs principaux : le duc de La Rochefoucauld, le prince de Tarente, le comte du Dognon. — Le baron de Vatteville et la flotte espagnole. — Le conseiller Lenet. — La princesse de Condé, la duchesse de Longueville, le prince de Conti quittent Montrond. — Daniel de Cosnac rejoint, à Coutras, le prince de Conti. — Le comte d'Harcourt choisi pour combattre le grand Condé. — La maison de Lorraine et la maison d'Harcourt. — Le prince de Conti envoyé à Agen. — La cour se rend à Poitiers. — Rentrée en France du cardinal Mazarin. — Les nièces du cardinal. — La tête du cardinal mise à prix par le parlement de Paris. — Les envoyés du parlement reçus par une charge de cavalerie. — Commencement de la guerre en Guyenne. — Prise de plusieurs villes. — Échec sous les murs de Cognac. — Les tours de la Rochelle, horrible massacre du gouverneur. — Retraite du prince de Condé sur Tonnay-Charente. — Il passe la Charente à La Bergerie. — Un pont de bateaux rétabli par le comte d'Harcourt livre passage à son avant-garde. — Jonction du comte de Marsin. — Départ du duc de Nemours pour prendre le commandement de l'armée de Flandre. — Lettre du comte d'Harcourt au cardinal Mazarin. — Lettre du roi au comte d'Harcourt. — Mouvement offensif du prince de Condé entre la Charente et la Boutonne. — Autre lettre du comte d'Harcourt. — Probabilité d'un coup de main hardi, projeté par le prince de Condé pour enlever le roi à Poitiers. — Nouvelle lettre du comte d'Harcourt. — Lettre du marquis de Montausier. — Retraite du prince de Condé sur la Dordogne. — Échecs pendant la retraite. — Le comte d'Harcourt repoussé à Saint-André de Cubzac. — Entrée à Bourg du prince de Condé. — Le comte d'Harcourt repoussé. — La campagne paraît terminée. (Années 1651—1652.).. . . . . Pag. 343

CHAPITRE IX.

Excommunication prononcée contre la Fronde par une assemblée d'évêques. — Marche offensive du marquis de Saint-Luc dans la haute Guyenne. — Le prince de Conti quitte Bourg pour aller le combattre. — Prise de Caudecoste. — Le camp de Staffort. — Lettres datées de Bergerac, du prince de Condé à Lenet. — Le prince de Condé vole au secours de son frère avec quatre cents chevaux. — Première journée du combat de Miradoux. — Seconde journée, défaite du marquis de Saint-Luc. — Lettre du marquis de Saint-Luc à Le Tellier. — Siége de Miradoux. — Les régiments de Champagne et de Lorraine. — L'arrivée inattendue du comte d'Harcourt force le prince de Condé à lever le siége de Miradoux. — Lettre, datée de Staffort, du prince de Condé à Lenet. — Le prince de Condé surpris dans son camp par le comte d'Harcourt; désastreuse retraite sur Agen. — Sédition des habitants d'Agen. — Troubles dans Bordeaux, défections dans la Guyenne, prise d'Angers, perte de Saintes et de Taillebourg. — Manquement à la parole donnée pour la capitulation de Saintes. — Lettre du marquis de Montausier à Le Tellier. — Indiscipline des troupes; pillages; assemblée de la noblesse pour réprimer ces désordres. — Lettre de désespoir du prince de Condé en apprenant la perte de Saintes. — Le prince de Condé quitte secrètement la Guyenne. — Lettre du baron de Vatteville à Lenet sur ce départ. (Année 1652.). Pag. 388

APPENDICE.

NOTE PREMIÈRE.

Liste du Parlement de Paris. . . . . Pag. 441

NOTE DEUXIÈME.

Liste de Messieurs les Colonels de Paris, suivant l'ordre de leur réception.. . . . . Pag. 452

NOTE TROISIÈME.

Brevet de mestre-de-camp pour Léon de Barbançois, marquis de Sarsay.. . . . . Pag. 457

NOTE QUATRIÈME.

Articles accordés entre Messieurs le cardinal Mazarin, le garde des sceaux de Châteauneuf, le Coadjuteur de Paris et Madame la duchesse de Chevreuse. . . . . Pag. 460

NOTE CINQUIÈME.

Ordre au sieur de Chalesme de se saisir des châteaux de La Rochefoucauld, Verteuil et La Vergne. . . . . . Pag. 465

NOTE SIXIÈME.

Rapport à Leurs Majestés du succès remporté par le marquis de Bougy sur l'armée de Monsieur le Prince.. . . . . Pag. 467

NOTE SEPTIÈME.

Relation de ce qui s'est passé en l'armée du Roy, commandée par Monsieur le comte d'Harcourt, depuis qu'elle est partie de Périgord jusqu'à la fin du mois de mars 1652. . . Pag. 472
(*La levée du siége de Miradoux et la déroute de l'armée de Monsieur le Prince.*)

NOTE HUITIÈME.

Renvoi de l'insertion de diverses pièces aux volumes suivants.. Pag. 486

FIN DE LA TABLE DES MATIÈRES DU PREMIER VOLUME.

ERRATA.

Page 220, lignes 18, 20 et 24, *au lieu de* marquis de Jarsay, *lisez* : de Sarsay.

Page 296, ligne 21, *au lieu de* marquis de Parsan, *lisez :* de Persan.

www.ingramcontent.com/pod-product-compliance
Lightning Source LLC
Chambersburg PA
CBHW071617230426
43669CB00012B/1969